海派经济学

Journal of Economics of Shanghai School

学术顾问

刘国光　李慎明　于祖尧　李成勋　杨圣明　魏礼群　吴易风　周新城
胡　钧　丁　冰　王振中　王志伟　文　魁　张薰华　洪远朋　吴宣恭
刘思华　杨承训　逄锦聚　李建平　颜鹏飞　简新华　李炳炎　何干强

主　编

程恩富　中国社会科学院学部主席团成员、世界政治经济学学会会长
　　　　中国政治经济学学会会长、全国人大教科文卫委员会委员
顾海良　北京大学博雅讲席教授、教育部社会科学委员会副主任
　　　　全国马克思主义经济学说史研究会名誉会长

副主编

章忠民　上海财经大学马克思主义学院院长
秦淑娟　上海对外经贸大学马克思主义学院院长
丁晓钦　上海财经大学海派经济学研究院副院长

学术委员会主任

于鸿君　北京大学党委常务副书记兼经济管理学部主任
林　岗　中国人民大学原副校长、中国《资本论》研究会会长

学术委员会委员(以地区和国家为序)

胡乐明　中国社会科学院
余　斌　中国社会科学院
侯为民　中国社会科学院
张　旭　中国社会科学院
杨　静　中国社会科学院
曹和平　北京大学
杨　志　中国人民大学
邱海平　中国人民大学
贾根良　中国人民大学
王天义　中共中央党校
朱安东　清华大学
尹栾玉　北京师范大学
郭　飞　对外经济贸易大学
刘永佶　中央民族大学
周　宏　中央财经大学
刘新刚　北京理工大学
宋宪萍　北京理工大学
王智强　首都师范大学
罗玉辉　中国农业大学
何自力　南开大学
刘凤义　南开大学
龙　斧　武汉大学
王今朝　武汉大学
周绍东　武汉大学
戴圣鹏　华中师范大学
朱　奎　华中农业大学
黄　娟　中国地质大学
姚王信　安徽大学

裴晓鹏　安徽省委党校
肖　斌　厦门大学
舒　展　福州大学
黄茂兴　福建师范大学
钟卫华　福建三明学院
李立男　厦门工学院
武建奇　河北经济贸易大学
张　杨　河北金融学院
卿定文　长沙理工大学
曾　鹏　广西民族大学
韩喜平　吉林大学
李　政　吉林大学
谢　地　辽宁大学
刘宁宁　东北大学
王学军　东北师范大学
孙立冰　吉林财经大学
孙业霞　东北师范大学
兰　玲　吉林师范大学
张东辉　山东大学
鲁保林　曲阜师范大学
冯道杰　山东财经大学
顾钰民　复旦大学
张新宁　复旦大学
高建昆　复旦大学
马　艳　上海财经大学
冯金华　上海财经大学
伍山林　上海财经大学
王朝科　上海对外经贸大学
吕守军　上海交通大学
龚晓莺　同济大学
汪洪涛　同济大学
董金明　上海海事大学
尹　兴　上海海事大学
鲁春义　上海立信会计金融学院
谭劲松　浙江理工大学
陈惠雄　浙江财经大学
周广庆　浙江树人大学
谢长安　浙江工商大学
朱炳元　苏州大学
卢映西　南京财经大学
朱必祥　南京理工大学
程言君　徐州市委党校
王新建　江苏淮阴师范学院
方兴起　华南师范大学
朱富强　中山大学
郑志国　广东社会科学院
徐跃华　广州大学
刘　伟　广东东莞理工学院
刘佑铭　广东财经大学
黄志亮　重庆工商大学
张　衔　四川大学
蒋永穆　四川大学
赵　磊　西南财经大学
王　丰　西南大学
段学慧　延安大学
薛宇峰　云南财经大学
齐义军　内蒙古师范大学
刘明国　贵州财经大学
卢根源　江西社会科学院
杜书云　郑州大学
孙世强　河南大学
陈家涛　河南大学
大卫·科茨　美国麻省大学
艾伦·弗里曼　加拿大明尼拖巴大学
西蒙·莫亨　英国伦敦大学
大西广　日本庆应大学
让·克罗德·迪劳内　法国马恩河谷大学
亚历山大·布兹加林　俄罗斯莫斯科大学
路易斯·费尔南德斯　古巴哈瓦那大学
梁春逵　越南国民经济大学

编辑部　刘晓音(主任)　上海财经大学马克思主义学院院长助理

主办单位

中国政治经济学学会
上海财经大学海派经济学研究院
上海对外经贸大学马克思主义学院

支持单位

世界政治经济学学会
全国马克思主义经济学说史学会

目录

论　文

信　息

CONTENTS

Paper

Information

海派经济学
第 19 卷第 1 期，2021　Journal of Economics of Shanghai School　No. 19, 1, 2021

对中国特色社会主义基本经济制度的超前性理论创新
——新马克思经济学综合学派“四主型经济制度观”

李保民

内容提要　对于主张重建中国社会主义经济学的程恩富教授来说，中国特色社会主义基本经济制度研究一直是最为重要的研究领域之一。程恩富教授不仅最早从所有制、分配制度、经济运行机制三个方面及相互关系研讨社会主义基本经济制度，而且对其中的每一个方面都进行了深入的研究，提出了一系列新颖独到的原创性观点，形成了一套系统独特的理论体系，为推动中国特色社会主义基本经济制度理论研究与实践探索取得重大创新成果贡献了自己的智慧。

关键词　程恩富；社会主义基本经济制度；所有制；分配制度；经济运行机制

中图分类号　D616

党的十九届四中全会通过的《中共中央关于坚持和完善中国特色社会主义制度 推进国家治理体系和治理能力现代化若干问题的决定》(以下简称《决定》)，将社会主义基本经济制度的内涵概括为“公有制为主体、多种所有制经济共同发展，按劳分配为主体、多种分配方式并存，社会主义市场经济体制”①。与此前党的文件表述相比，这一概括新增加了“按劳分配为主体、多种分配方式并存”和“社会主义市场经济体制”两个方面内容。这是习近平新时代中国特色社会主义思想指引下，党对社会主义基本经济制度理论认识上的一个创新成果。它既体现了社会主义制度优越性，又同我国社会主义初级阶段生产力发展水平相适应，是党和人民的伟大创造。应当看到，我国有一批马克思主义经济学家，立足于我国国情和改革发展实践，长期致力于从学术与学理上提炼和总结实践中的规律性成果，将实践经验上升为“系统化的经济学

作者简介：李保民，河南大学经济研究所所长、教授，河南省公共政策与地方治理软科学研究基地主任。

基金项目：本文系河南省高校科技创新人才(人文社科类)“马克思城乡就业一体化理论的文本解读、现代阐释及在中国应用”、河南大学教改重点项目“《政治经济学》精品课程建设的探索与实践”和河南省哲学社会科学规划项目“《法德农民问题》中蕴含的农业合作社思想及其当代价值研究”(2020BKS004)的阶段性研究成果。

①《中共中央关于坚持和完善中国特色社会主义制度 推进国家治理体系和治理能力现代化若干问题的决定》，《人民日报》2019 年 11 月 6 日。

说”,为推动中国特色社会主义基本经济制度理论取得创新成果也做出了重要贡献。

社会主义基本经济制度是中国特色社会主义制度的重要支柱。对于主张重建中国社会主义经济学的程恩富教授来说,社会主义基本经济制度研究自然一直是重要的研究领域之一,在其学术思想体系中占有相当重的分量。

一、最早从所有制、分配制度、经济运行机制三方面研讨社会主义基本经济制度

在党的文件中,社会主义基本经济制度这一范畴最早出现在1997年9月召开的党的十五大的报告里。“公有制为主体、多种所有制经济共同发展,是我国社会主义初级阶段的一项基本经济制度”①,是当时的原文表述,也是党的十九届四中全会召开以前党的文件一直沿用的表述。因而,党的十九届四中全会通过的《决定》,首次将“按劳分配为主体、多种分配方式并存”和“社会主义市场经济体制”纳入社会主义基本经济制度范畴,与时俱进地将其内涵从所有制一个方面的内容拓展到包括所有制、分配制度、经济运行机制三个方面的内容,迅速引起各界的极大关注、多种解读和热烈研讨。然而,学界从所有制、分配制度、经济运行机制三个方面说明和研讨社会主义基本经济制度却要早得多。

程恩富教授就是最早在学术方面从所有制、分配制度、经济运行机制三个方面及相互关系说明和研讨社会主义基本经济制度的学者。他先后提出的思想观点主要是:

其一,以多种公有制形式为主体的多元所有制结构、新型的计划调控下的市场经济体制、以多种按劳分配形式为主体的多元分配结构三个方面,共同构成了社会主义初级阶段的生产关系基本内容。程恩富教授从所有制、分配制度、经济运行机制三个方面来研究社会主义基本经济制度,最早可以追溯到他在《复旦学报(社会科学版)》1988年第1期发表的《关于划分社会经济形态和社会发展阶段的标志——兼论社会主义初级阶段的经济特征》一文。在该文中,他为了说明生产关系在划分社会发展阶段的作用,提出将生产关系分为生产资料所有制形式、社会经济活动的方式和运行机制、分配制度三个方面,并依据三者是否发生部分质变来判断一个社会所处的发展阶段是否发生变化。② 在此基础上,程恩富教授依据辩证唯物主义质量互变规律的普遍性和

① 江泽民:《高举邓小平理论伟大旗帜,把建设有中国特色社会主义事业全面推向21世纪——在中国共产党第十五次全国代表大会上的报告》,北京:中央文献出版社,2002年,第426页。

② 程恩富、周环:《关于划分社会经济形态和社会发展阶段的标志——兼论社会主义初级阶段的经济特征》,《复旦学报(社会科学版)》1988年第1期。

复杂性原理，富有前瞻性地提出我国社会主义将经历三个阶段——社会主义社会的初级阶段、中级阶段、高级阶段①，具体说明了生产关系在划分社会发展阶段的直接作用。他认为，生产资料所有制形式、社会经济活动的方式和运行机制、分配制度三个方面的部分质变或成熟完善程度，将依次显示社会主义社会的初级阶段、中级阶段、高级阶段。他依据马克思的理论思路和我国现实提出，我国社会主义生产资料所有制形式将经历“以多种公有制形式为主体的多元所有制结构”“以多种公有制为特征的所有制结构”“以单一的全社会所有制为特征的所有制结构”；社会经济活动的方式和运行机制将经历“新型的计划调控下的市场经济体制”（有计划的商品经济和国家调节市场、市场引导企业的经济运行机制）、“有商品关系存在的计划经济体制”“单一的计划经济结构”；分配形式将依次呈现为“以多种按劳分配形式为主体的多元分配结构”“以多种按劳分配形式为特征的分配结构”“单一的一级按劳分配结构”。在社会主义初级阶段，“以多种公有制形式为主体的多元所有制结构”是社会主义公有制作为主体经济而占据统治地位，非公有制经济成分则作为公有制经济的补充而存在。社会经济活动的方式是有计划的商品经济，经济运行机制是国家调节市场、市场引导企业，其实质是一种新型的计划调控下的市场经济体制。分配形式呈现为以多种按劳分配形式为主体的多元分配结构，按经营成果分配、按资分配和按劳动力价值分配等多种非按劳分配形式则处于“补充”的地位。总之，“这种以多种按劳分配形式为主体的多元分配结构，与上述所有制结构及经济活动方式和运行机制的特征一起，共同构成了社会主义社会初级阶段的生产关系基本内容”②。按照程恩富教授“生产关系即经济制度”的思想观点③，他所使用的“生产关系基本内容”的含义与基本经济制度相吻合。因此，从文本的角度看，程恩富教授是最早从所有制、分配制度、经济运行机制三个方面来研究社会主义基本经济制度的。

其二，社会主义市场经济条件下生产关系和经济制度的基本层面和运行机制，包括以公有制为主体、各种所有制共同发展的基本经济制度，与基本经济制度相适应的以按劳分配为主体、多种分配方式并存的基本分配制度，以及市场在经济资源配置中的决定作用和政府多种调控作用并存的基本调节制度，等等。④ 这是程恩富教授在《毛泽东邓小平理论研究》2017年第9期发表的《多层面丰富和发展21世纪》一文，在谈到中国特色社会主义政治经济学的

① “社会主义三阶段论”是程恩富教授在该论文中同时提出和论证的另一个与众不同的核心理论，在他于1991年广东高等教育出版社出版的《社会主义三阶段论》著作中得到系统阐发。

② 程恩富、周环：《关于划分社会经济形态和社会发展阶段的标志——兼论社会主义初级阶段的经济特征》，《复旦学报（社会科学版）》1988年第1期。

③ 程恩富：《经济理论与政策创新》，北京：中国社会科学出版社，2013年，第55页。

④ 王中保、程恩富：《多层面丰富和发展21世纪马克思主义》，《毛泽东邓小平理论研究》2017年第9期。

研究对象时所提出的理论观点。该理论观点显然承袭了程恩富教授从所有制、分配制度、经济运行机制三个方面把握社会主义基本经济制度的研究思路与思想传统，但是，与此前的表述相比，这三个方面内容的表述无疑都与时俱进了。

其三，中国特色社会主义既遵循马克思主义的科学社会主义基本原则，又紧密联系中国实际，在社会主义初级阶段坚持实行公有制为主体、多种所有制经济共同发展的基本经济制度，坚持实行按劳分配为主体、多种分配方式相结合的分配制度，坚持在经济运行机制方面建立完善社会主义市场经济体制，逐步迈向科学社会主义更高的经济制度目标。[①] 程恩富教授和杜奋根教授在2017年11月合作发表的《中国特色社会主义经济制度是科学社会继承性发展》一文提出的这一论断，是他继续承袭从所有制、分配制度、经济运行机制三个方面把握中国特色社会主义基本经济制度的研究思路而提出的最新理论观点。这同2019年11月党的十九届四中全会通过的《决定》对中国特色社会主义基本经济制度在所有制、分配制度、经济运行机制三个方面内容的规定可以说是高度一致的。这反映了程恩富教授长期基于对中国特色社会主义发展全过程和最终趋势的科学把握所形成的独到、新颖、深刻的理论观点，总能使其以"理论先导者"的角色有力地推动实践创新和理论突破。

二、关于"以公有制为主体、多种所有制经济共同发展"的重要创新性观点

程恩富教授秉承与弘扬马克思主义科学精神，以巨大的理论勇气、宽广的学术视野、前瞻性的思维，不仅最早从所有制、分配制度、经济运行机制三个方面及相互关系研讨社会主义基本经济制度，而且对每一个方面都有着独到、深刻的研究，提出了诸多重要的创新性观点。其中，在坚持与完善"以公有制为主体、各种所有制共同发展"方面，程教授提出的重要创新性观点主要是：

(一)公有制高绩效论

在我国所有制改革过程中，新自由主义思潮自20世纪80年代中后期在我国广泛扩散并取得主流地位，"无论中国还是外国，国有企业的效率都低于私有企业""国有企业缺乏效率归因于公有化程度提高和公有经济规模扩大""私有制高效率"等理论观点与舆论氛围甚嚣尘上，企图通过全面贬低与否定国有经济的基础地位与主导作用、动摇公有制主体地位，为国有企业特别是中央企业大规模私有化营造声势，形成了强大的舆论压力。针对这些论证和理

① 杜奋根、程恩富：《中国特色社会主义经济制度是科学社会继承性发展》，《马克思主义研究》2017年第11期。

论观点，程恩富教授依据新中国的实践和马克思主义经济学与中国特色社会主义理论，另辟蹊径、有理有据、独树一帜地提出了“公有制高绩效论”，并构成了他坚持公有制为主体、国有经济为主导、各种所有制共同发展和反对搞私有化或民营化的重要理论依据。

程恩富教授运用大量现实数据证明，新中国成立以来，公有制经济的平均效率不是低于而是明显高于私有制经济。即使在被所谓的主流经济学家诟病的计划经济条件下，包括因失误而导致效率下降的“大跃进”和“文化大革命”阶段，这一结论依然成立。在 20 世纪 90 年代，60%多的国有企业出现亏损，这是市场经济转轨过程中出现的暂时现象，不足以说明公有制的效率就一定低于私有制。还应该认识到，私有制低效和破产是市场经济司空见惯的现象。而且，我国的国有企业通过改革从传统计划经济体制下解脱出来，发挥了优越性，提高了生产率，焕发了活力。① 他通过实证分析得出的结论是：改革开放前 30 年，我国取得了举世瞩目、史无前例的高绩效(年均增长 6%多)；改革开放后 30 年，我国绩效更高(年均增长 9%多)。无论是从全社会的宏观视域看，还是从企业的微观视域看，公有制总体上肯定要比私有制效率高。他从马克思主义经济学中概括出来的“公有制高绩效论”，是指在计划经济条件下生产资料归全社会成员共同所有的公有制体系能达到的社会绩效最大化；从中国特色社会主义经济理论中概括出来的“公有制高绩效论”，则是指在市场经济条件下生产资料全民所有制和集体所有制能达到的社会绩效最大化。②

程恩富教授确认，公有制高绩效并非是无条件的，它需要大体同时具备不存在严重的社会腐败、委托代理双方权责合理、国企承担的额外社会义务需另行核算、选聘的经理具有较高素质等多种前提条件。如因缺失这些前提条件而导致过去或现实生活中公有制存在某些低效现象，都不能证明公有制不可行。③

(二)公有主体型多种类产权制度论

程恩富教授认为，调整和完善所有制结构，必须构建公有主体型的多种类产权制度。所谓公有主体型的多种类产权制度，是指我国在公有制为主体(包含资产在质上和量上的优势)的前提下，发展中外私有制经济，多种所有制经济共同的动态发展中保持的“主体—辅体”的宏观所有制结构。④

对于为什么要坚持公有制的主体地位，他除了以“公有制高绩效论”作为理由依据外，还特别强调：其一，公有制的主体地位，不是主观加封的，而是必

---

① 程恩富：《中国社会主义市场经济论》，北京：中国财政经济出版社，2019 年，第 150 页。

② 程恩富：《改革开放以来新马克思经济学综合学派的若干理论创新》，《政治经济学评论》2018 年第 6 期。

③ 程恩富：《改革开放以来新马克思经济学综合学派的若干理论创新》，《政治经济学评论》2018 年第 6 期。

④ 程恩富：《经济理论与政策创新》，北京：中国社会科学出版社，2013 年，第 124 页。

须坚持的社会主义根本原则。① 他运用社会基本矛盾原理论证，作为中国共产党执政的整个社会主义性质的上层建筑的经济基础，只能是社会主义公有制经济。如果没有以国有经济为核心的公有制经济，就没有社会主义的经济基础，也就没有共产党执政的强大物质手段和整个社会主义的上层建筑。其二，坚持公有制的主体地位，根本原因在于公有制经济符合解放生产力和发展生产力要求，是调动广大劳动者的积极性、实现共同富裕的根本保证。②

对于公有制如何同市场经济兼容，他的观点是，公有制同市场经济有机兼容，不是传统理解的“公有制”和“市场经济”的兼容，而是在公有制和市场经济相互保持对方的基本属性和基本要求的前提下，在实践中探索自身的实现形式。公有制可以大胆利用一切反映社会化大生产规律的经营方式和组织形式，在实践中探索多样化的实现形式，在更大范围内获得发展空间。③

对于如何构建公有主体型的多种类产权制度，他建议，必须坚持公有制为主体的底线，决不能听任“国退民进”“公退私进”和动摇社会主义基本经济制度；必须重塑国有经济的质量和数量优势，不断增强国有经济对国民经济命脉的控制力，不断提高国有资产整体质量；必须壮大城乡集体经济和合作经济；必须鼓励和引导非公有经济健康发展，以调动各方面积极性、充分利用社会资源、发展生产力、扩大就业。④

（三）处理好两个“毫不动摇”的非常必要论

党中央要求，坚持与完善公有制为主体、多种所有制经济共同发展的基本经济制度，必须毫不动摇地巩固和发展公有制经济，毫不动摇地鼓励、支持、引导非公有制经济发展，并将二者统一于社会主义现代化建设的进程中。然而，在落实两个“毫不动摇”的实践中，却存在淡化前一个“毫不动摇”、强调后一个“毫不动摇”的倾向。针对这一倾向，程恩富教授深刻地提出了深化认识和正确处理两个“毫不动摇”辩证关系的极端必要性。⑤

程恩富教授认为，要充分认识前一个“毫不动摇”和后一个“毫不动摇”之间的统一性或依赖性。在社会主义初级阶段，前一个“毫不动摇”是后一个“毫不动摇”的前提，如果公有制的主体地位动摇了，非公有制经济也就失去了中国特色社会主义赋予的规定性。非公有制经济必须借助于强大的国有经济，才能作为民族经济的一部分得以应对外国资本竞争，获得生存发展；才能获得

---

① 杜奋根、程恩富：《中国特色社会主义经济制度是科学社会继承性发展》，《马克思主义研究》2017年第11期。

② 杜奋根、程恩富：《中国特色社会主义经济制度是科学社会继承性发展》，《马克思主义研究》2017年第11期。

③ 杜奋根、程恩富：《中国特色社会主义经济制度是科学社会继承性发展》，《马克思主义研究》2017年第11期。

④ 程恩富：《经济理论与政策创新》，北京：中国社会科学出版社，2013年，第124页。

⑤ 程恩富：《中国社会主义市场经济论》，北京：中国财政经济出版社，2019年，第152—154页。

国有经济已经控制的主要原材料、战略物资、基础设施等雄厚的物资支撑；才能通过汲取公有制经济遵纪守法的组织约束力、思想政治教育的凝聚力、内部管理的民主性、自觉调节和完善管理体制的主动性等优点以克服自身的局限；才能获得因公有制经济的主体作用、国有经济的主导作用的发挥所形成的稳定的外部环境；才能在公有制经济的鼓励、支持、引导下最终转向社会主义公有制经济。反过来说，前一个“毫不动摇”必须借助于后一个“毫不动摇”，而不能孤军独进。因为，非公有制经济在生产领域的存在与健康发展，有利于公有制经济充分利用社会分工、抓住核心技术，实行专业化生产；有利于公有制经济通过控股、参股、兼并非公有制经济壮大自身；非公有制经济在流通领域的存在和发展，有助于公有制经济充分利用非公有制经济布局灵活、大小零售点延伸广泛等特点，加快资本的循环与周转，增强自身的增值能力。

另一方面，也必须充分认识前一个“毫不动摇”和后一个“毫不动摇”之间的矛盾或对立。主要表现为：公有制经济和非公有制经济两者在经济资源和市场占有上存在竞争；私营企业主的高收入会对公有制经济管理层人员形成诱惑；公私经济并存也为假公济私提供了便利条件；股份制企业内部可能出现私人资本排斥公有资本，等等。

因此，程恩富教授强调，只有正视和正确处理两个“毫不动摇”的辩证关系，才能促进公有制经济和非公有制经济相互促进、共同发展，巩固与完善公有制为主体、多种所有制经济共同发展的基本经济制度。

三、关于“以按劳分配为主体、多种分配方式并存”的若干重要思想

（一）市场型按劳分配为主体

程恩富教授强调，按劳分配是科学社会主义的一条基本经济原则，也是社会主义经济制度的分配原则。“以按劳分配为主体、多种分配方式并存”仍以按劳分配为主体，就是对这一分配原则的继承性发展。现阶段，尽管社会主义市场经济的运行要求个人收入分配必须遵循市场经济的基本规律，但是，决不能因劳动也属于生产要素范畴而混淆按劳分配原则和按生产要素分配原则，更不能以按生产要素分配替代按劳分配。况且，按劳分配能否与市场经济有效融合的问题，也已被改革发展实践所解决。他将这种实践中出现的、可以与市场经济有效融合的按劳分配称为“市场型按劳分配”，以区别于过去的计划型按劳分配。①

① 杜奋根、程恩富：《中国特色社会主义经济制度是科学社会继承性发展》，《马克思主义研究》2017 年第 11 期。

通过与过去的计划型按劳分配进行比较，程恩富教授总结出市场型按劳分配在实践中体现的四个特点：其一，按劳分配的“劳”还不是直接的社会劳动，而只是以企业为单位的局部劳动的组成部分；其二，按劳分配还不是在全社会范围内实行，而只能在某个独立核算的企业范围内实行；其三，按劳分配还不是直接以劳动者提供的劳动量来计量，而只是以他在劳动交换中还原的劳动量来计算；其四，按劳分配还不是用“劳动券”直接换取劳动消费品，而只是通过商品货币形式来实现。

程恩富教授指出，“以按劳分配为主体”就是要求“按劳分配”在全社会范围内、在各种方式中占的比重最大，一方面，公有制企业劳动者获取的按劳分配收入，在其全部收入中占有的比重较大；另一方面，公有制企业劳动者获取的按劳分配收入，是其他所有制形式下的劳动者和非生产部门的劳动者的收入标准确定的重要参考。

(二)劳动主体型的多要素分配制度

劳动主体型的多要素分配制度，是程恩富教授提出的经济体制改革目标或社会主义和谐社会的经济体制基础——“四主型经济体制”其中之一[①]，即按劳分配为主体，多要素所有者可凭产权参与分配。

基于分配关系由生产资料所有制决定基本原理，程恩富教授分析认为，由于社会主义初级阶段的生产力水平相对不发达，实行以公有制为主体、各种所有制共同发展的经济制度，决定了必然实行劳动主体型的多要素分配制度。这一分配制度坚持以人民为中心，要求发展成果更多地由人民共享，使全体人民在共建共享中有更多获得感；强调消灭剥削、消除两极分化，逐步实现共同富裕。[②]

对于如何完善社会主义市场经济条件下的分配制度和分配关系，程恩富教授强调要缩小收入差距，坚持居民收入增长和经济增长同步、劳动报酬提高和劳动生产率提高同步，健全科学的工资水平决定机制、正常增长机制、支付保障机制，完善最低工资增长机制、市场评价要素贡献并按产权贡献分配的机制。[③] 他还提出，应采取产权和分配上的双重措施，努力做到“提低、扩中和控高”地分配和谐；高度重视劳动关系，积极化解各类矛盾特别是非公有制企业的劳资矛盾。[④]

(三)公平与效率互促同向变动论

国际学术界流行思潮将公平或平等等同于收入平均化或均等化，进而将

---

① 2004年，程恩富教授又扩展性地提出“中国特色社会主义初级阶段的经济公式是‘四主型’的：公有主体型的多种类产权改革观，劳动主体型的多要素分配改革观，国家主导型的多结构市场改革观，自力主导型的多方位开放改革观”。程恩富：《注重原创 繁荣学派 推动中国学术发展》，《探索与争鸣》2004年第11期。

② 程恩富：《中国特色社会主义政治经济学八个重大原则》，《唯实》2017年第1期。

③ 程恩富：《中国特色社会主义政治经济学八个重大原则》，《唯实》2017年第1期。

④ 程恩富：《经济理论与政策创新》，北京：中国社会科学出版社，2013年，第126—127页。

公平与效率的关系阐发为一种此消彼长的替代关系。随着国外经济理论大量引入,这一国际流行思潮在国内也成为颇为流行、极具误导性的理论观点。程恩富教授勇于超越国外经济学现有理论,在科学评析这一国际流行思潮的代表性理论观点的严重逻辑错误的基础上,依据国内外日趋增多的正反实例,提出"公平与效率互促同向变动论"。

不同于将公平或平等等同于收入平均化或均等化观点,程恩富教授认为,公平是指经济活动制度、权利、机会、结果等方面的平等和合理,具有客观性、历史性和相对性。只有从宏观和微观整体上考虑,才能正确理解其完整含义。经济公平所体现的经济平等不仅指分配上的平等,还包括进入市场的机会平等、市场竞争中的地位平等及最后的分配结果的平等。经济公平的内涵大大超过收入平均的内涵。①

根本区别于将公平与效率之间看作是一种此消彼长的替代关系的"公平与效率高低反向变动论",程恩富教授提出的"公平与效率互促同向变动论",强调效率本身就意味着公平,公平本身也体现着效率,二者之间是一种此长彼长、此消彼消的正反同向的交促关系和互补关系。也就是说,经济活动制度、权利、机会、结果等方面越是公平,效率就越高;越不公平,效率就越低。他认为,当代公平和效率最优结合的载体就是市场型按劳分配。市场型按劳分配是既含有差别性,又体现出"劳动的平等和产品分配的平等"的分配制度。在有效的市场竞争和政策调节下,这种经济公平能够最大限度地发挥人的潜力,从而直接和间接地促进效率的极大化。②

四、关于社会主义市场经济体制的创新性思想

程恩富教授对于社会主义市场经济体制的研究,同样可以追溯到 1988 年在《复旦学报(社会科学版)》发表的《关于划分社会经济形态和社会发展阶段的标志——兼论社会主义初级阶段的经济特征》一文,长期持续的深入研究形成了诸多颇有创新性的思想。

(一)"市场决定性作用"的社会历史性分析

"使市场在资源配置中起决定性作用",是党的十八届三中全会在社会主义市场经济理论上的重大突破和实践上的重大创新。在如何理解"市场在资源配置中起决定性作用"上,针对国内外秉持新自由主义将"市场决定性作用"绝对化的"市场神话"理论解读与宣传,程恩富教授依据历史唯物主义原理对"市场决定性作用"的社会历史性进行了科学分析。

---

① 程恩富:《效率与公平交互同向论》,《经济纵横》2005 年第 12 期。

② 程恩富:《公平、效率与经济人分析——与张五常先生商榷之二》,《学术月刊》1996 年第 1 期。

程恩富教授分析认为，市场在资源配置中起决定性作用开始于简单商品经济向资本主义商品经济转化之后，它在资本主义的不同阶段具有不同的表现。其一，在自由竞争资本主义阶段，“市场决定性作用”表现为商品价格在价值规律的自发作用下波动对资源的自发配置。由于没有政府的调节和干预，商品价格波动较大，导致商品供求失衡成为常态和生产相对过剩的经济危机周期性爆发。其主观原因在于，形成于该阶段、主导经济学界和政府管理者头脑的自由放任思想，导致价值规律的盲目自发作用还没有受到约束；其客观原因则在于，价值规律和剩余价值规律的共同作用，使“市场决定性作用”对经济运行和社会发展具有两面性，即积极的正面效应和消极的负面效应。其二，在国家垄断资本主义阶段，政府通过宏观调节、微观规制和直接参与生产过程等方式，对“市场决定性作用”进行了不同程度的干预和调节，然而，由于这并不能从根本上消除经济危机产生的根源——生产社会化和生产资料资本主义私人占有之间的矛盾，因而，经济危机仍不断爆发，但表现出一些新的特点。①

他强调，社会主义市场经济中的“市场决定性作用”不同于资本主义市场经济中的“市场决定性作用”。它以“公有制为主体、多种所有制经济共同发展”为经济基础，受与新自由主义政策导向不同的宏观调节和微观规制双重作用的共同矫正，能够从根本上消除经济危机产生的根源，促使国民经济又好又快地发展。②

(二)市场国家功能性双重调节论

如何处理好市场和国家(政府)的关系一直是我国经济体制改革面临的核心问题。对于这一问题，程恩富教授既不赞成将两者看作是此消彼长的“对立论”，也不赞成第一次市场调节、第二次国家调节的“两次调节论”。从在《财经研究》连续发表构建“以市场调节为基础、以国家调节为主导”的新型调节机制“三论”以来，他逐步形成了系统的“市场国家功能性双重调节论”。

程恩富教授指出，一方面，“以市场调节为基础”的基本含义是着重发挥市场调节的微观经济均衡功能、资源短期配置功能、市场信号传递功能、科学技术创新功能和局部利益驱动功能这五大功能强点。但是，市场调节也具有容易偏离宏观经济目标、某些领域调节作用有限、协调产业结构速度缓慢、现实交易成本昂贵等固有的功能弱点。这就决定了市场调节在资源配置中所起的是决定性作用而不是全部作用，并且，市场失灵也需要得到矫正。另一方面，“以国家调节为主导”的基本含义是着重发挥国家调节在整个宏观经济和少数

---

① 程恩富、高建昆:《论市场在资源配置中的决定性作用——兼论中国特色社会主义的双重调节论》,《中国特色社会主义研究》2014年第1期。

② 程恩富、高建昆:《论市场在资源配置中的决定性作用——兼论中国特色社会主义的双重调节论》,《中国特色社会主义研究》2014年第1期。

微观经济领域的宏观经济制衡功能、经济结构协调功能、市场竞争保护功能、整体效益优化功能、公平分配维护功能，同时它又容易患上偏好主观、转换迟钝、政策内耗、动力匮乏等功能性痼疾。这就决定了国家调节的主导地位和市场调节的基础性地位或决定性作用。①

他认为，市场国家功能性双重调节之所以具有可行性，是因为市场调节和国家调节之间存在对立统一关系。这就决定了这两种调节机制的功能具有互补性，即层次均衡上微宏观互补、资源配置上短长期互补、利益调整上个整体互补、效应变动上内外部互补、收入和财富分配上高低性互补；同时，具有机制背反性，即由于这两种调节机制在出发点、利益动因、作用方式等方面都不相同，从而存在相互矛盾甚至冲突的一面。因而，有必要根据市场调节和国家调节相结合的深浅程度、融离方式、广狭范围和强弱力度，切实搞好两者各种形式的动态配组。②

尽管斯蒂格利茨、克鲁格曼等西方学者已阐述功能性双重调节机制，但程恩富教授强调，如果要消除西方国家因过分实施市场调节所形成的周期性多种危机及困境，处于社会主义初级阶段的我国，应在建设廉价、廉洁、民主和高效的政府的基础上，构建小而强的国家调节体系。市场调节和国家调节之间要通过建立高效和灵活的调控机制，形成强市场和强政府的“双强”格局。③

(三)社会主义市场经济具有社会主义基本经济制度的规定性

在党的十九届四中全会通过的《决定》中，社会主义市场经济体制上升为一项社会主义基本经济制度。由此引起当前学界热烈探讨的一个重要理论问题就是：为什么社会主义市场经济体质具有社会主义基本经济制度规定性？程恩富教授在此之前就已经在事实上回答了这一问题。他认为，尽管市场经济具有自身的一般特征和要求，既不姓“资”，也不姓“社”，但它一旦与公有制主体联系在一起，就被打上了社会主义烙印，就属于社会主义性质的市场经济，要为社会主义服务。譬如，它要求市场主体追求自身的直接利益同满足社会成员的需要保持一致，局部利益服从于社会整体利益，市场活动要受到国家宏观调控的制约，等等。④

① 程恩富：《构建“以市场调节为基础、以国家调节为主导”的新型调节机制》，《财经研究》1990 年第 12 期。

② 朱奎：《程恩富的学术贡献和经济思想》，《海派经济学》2009 年第 4 期。

③ 程恩富：《改革开放以来新马克思经济学综合学派的若干理论创新》，《政治经济学评论》2018 年第 6 期。

④ 杜奋根、程恩富：《中国特色社会主义经济制度是科学社会继承性发展》，《马克思主义研究》2017 年第 11 期。

The Advanced Theoretical Innovation of the Basic Economic System of Socialism with Chinese Characteristics

—"Four Main Economic System View" of the New Marxist School of Comprehensive Economics

Li Baomin

Abstract For Professor Cheng Enfu, who advocates the reconstruction of Chinese socialist economics, the research on the basic economic system of socialism with Chinese characteristics has always been one of the most important research fields. Professor Cheng Enfu was the first to discuss the basic economic system of socialism from the three aspects of ownership, distribution system and economic operation mechanism and the relationship between them. He also made in-depth research on each of them and put forward a series of novel and original views, forming a set of systematic and unique theoretical system, which is helpful for contributing his wisdom to promote the theoretical research and practical exploration of the basic economic system of socialism with Chinese characteristics making great achievement.

Key words Cheng Enfu; socialist basic economic system; ownership; distribution system; economic operation mechanism

马克思的劳动的变换理论及其当代意义

李增军　卢嘉瑞

内容提要　劳动的变换理论是马克思劳动发展理论的"硬核"。劳动的变换规律是劳动的变换理论的核心。这个规律是"自然规律",是"社会生产的普遍规律"。劳动的变换是资本主义生产方式发展到大工业阶段的必然现象。大工业的本性决定了工人的劳动的变换,即劳动的方式、形式、方法、内容、职能的变动和工人的全面流动。马克思既一针见血地揭露了劳动的变换给工人阶级造成的"灾难性"后果,又给工人指出了活路,即努力成为能够"适应于不断变动的劳动需求"的"全面发展的个人"。劳动的变换理论具有超越时代的历史意义,是探索和理解马克思的全部劳动范畴和劳动发展理论的"通衢",是马克思奉献给工人阶级、教导工人淬砺、全面发展以适应劳动变换要求的教程,是机器大工业进入智能化时代分析研究工人阶级前途命运的思想武器。

关键词　大工业的本性;劳动的变换;劳动的变换规律;全面发展

中图分类号　F0-0

一、引　言

劳动的变换理论是马克思劳动发展理论的"硬核"。

在人类漫长的历史上,劳动的变换伴随着生产力的发展极其缓慢地进行着,直到资本主义生产方式发展到机器大工业阶段才成为普遍现象,成为"不可克服的自然规律"。

劳动的发展史包括劳动的变换的历史。

劳动发展史是理解全部社会史的基础和锁钥。恩格斯在《路德维希·费尔巴哈和德国古典哲学的终结》一文中肯定了一个面向工人阶级的并得到工人阶级同情的"新派别",正是这个新派别"在劳动发展史中找到了理解全部社会史的锁钥"。

本文旨在通过回顾工场手工业以来资本主义生产方式的历史沿革,揭示机器大工业阶段工人劳动变换的缘起、阐明大工业的本性怎样决定了劳动的

作者简介:李增军,衡水职业技术学院党委书记、研究员;卢嘉瑞,河北经贸大学国家二级教授。

基金项目:本文系 2020 年度河北省社会科学发展研究课题"人工智能发展与劳动力人口供需矛盾研究"(20200202008)的阶段性研究成果。

变换、马克思为什么说劳动的变换是一个“不可克服的自然规律”和“普遍规律”以及劳动的变换规律的内涵等问题，并论述人工智能视域下劳动的变换理论的现实意义。

二、劳动的变换规律的内涵

(一)劳动的变换是一个迟到的历史现象

从一般意义上讲，人的劳动、劳动方式和职能的改变，是随着生产技术的创新和劳动资料的进步、产业的分工和发展、社会文明程度的提高而发生的。但是，这个改变在人类历史的一个相当长的阶段并没有发生。从旧石器时代到新石器时代，在长达几百万年的时间里，人类使用的劳动工具一直极其简陋，劳动的方式方法也极其简单，没有什么大的变化。即使到了9世纪或10世纪，农民才用马拉犁耕田，劳动方式也没有多大进步。中世纪晚期，欧洲进入一个转型时期，农村建立了租地农场，手工业出现集中的手工工场。在集中的手工工场，如绸厂、布厂、磨坊、油坊、木器厂等，工人成为完全出卖劳动力的雇佣劳动者。直到18世纪40年代资本主义工业革命开始，手工工场一直是工业生产组织的基本形式，其特点是，以手工劳动为基础，逐渐实行了生产过程的分工，生产规模扩大了。这种分工一方面提高了社会劳动生产力，另一方面却“把工人变成畸形物”，成为“局部工人”，渐渐丧失了生产整个产品的独立操作能力。他们虽然成了某些岗位的熟练工人，但却无法培养出适应脚步日益逼近的技术革命、机器大工业和不断加剧的部门竞争所需要的劳动的变换和职能更动的能力；因而对于工人来说，这就“生死攸关”了。

只是到了资本主义工业化的早期阶段，资本主义生产方式完成了从工场手工业向机器大工业的过渡，在技术革命带动下，机器生产逐步取代手工劳动，大规模工厂化生产取代工场手工业生产，工人的劳动变换和职能变换才得以提速。但无论怎样变换，都不是最后的形式、最后的结果，因为决定这种变换的是大工业，大工业的技术基础是发展着的、变化着的。

(二)劳动的变换规律的内涵

马克思在《资本论》和《剩余价值理论》，恩格斯在《马克思“资本论”第一卷提纲》《共产主义原理》和《反杜林论》等多部著作中，都论述或谈及工人的劳动的变换问题。如前所述，劳动的变换理论是马克思劳动发展理论的“硬核”，劳动的变换规律是劳动的变换理论的核心。在《资本论》中，马克思不仅把劳动的变换看作是“不可克服的自然规律”，而且认为承认劳动的变换，从而承认工人尽可能多方面的发展是“社会生产的普遍规律”这一点，是关系工人“生死攸关的问题”。马克思为什么把劳动的变换规律及其实现看得如此严重？这个规律是怎样产生的？这个规律的内涵和实现机理是什么？在当今人工智能视域下,劳动的变换规律有什么现实意义?这些问题需要我们做进一步深入的探讨。

劳动的变换规律是马克思在《资本论》中提出的,依据他的有关论述,我们可以把这一规律的基本内容概括如下:工人的劳动的变换是指工人劳动的方式、形式、内容的变化以及职能的更动和流动;劳动的变换是由大工业的本性决定的,其结果是造成工人的职能过剩和劳动力过剩,这一结果又迫使工人不得不全面发展以适应不断变动的劳动需求,而全面发展的工人还会代替处于后备状态的工人和只有局部职能的工人,导致工人阶级的不断牺牲和劳动力的无限度的浪费。

这个规律是马克思对资本主义机器大工业阶段工人阶级命运的深刻概括。从这一规律的内容和逻辑关系可以得出如下结论:在资本主义制度下,劳动的变换规律是加在工人阶级身上的双重灾难,是大工业给工人阶级带来的"灾难"。

三、劳动的变换是资本主义生产方式发展到大工业阶段的必然现象

马克思认为"劳动的变换"是"自然规律"和"普遍规律"。他说,"如果说劳动的变换现在只是作为不可克服的自然规律,并且带着自然规律在任何地方遇到障碍时都有的那种盲目破坏作用而为自己开辟道路,那么,大工业又通过它的灾难本身使下面这一点成为生死攸关的问题:承认劳动的变换,从而承认工人尽可能多方面的发展是社会生产的普遍规律,并且使各种关系适应于这个规律的正常实现"①。马克思发现的这一规律,在当代具有极其重要的现实意义。而"大工业的本性决定了劳动的变换"②,所以,研究马克思是如何发现这一规律、为什么说大工业的本性决定了劳动的变换、大工业的发展趋势及这一规律的当代意义,必须从研究资本主义工业生产形式(资本主义生产方式)的历史沿革入手。

马克思把资本主义生产方式的发展划分为三个阶段,即协作、分工和工场手工业、机器和大工业,并在《资本论》第一卷第十一、十二、十三章中作了详尽的论述。这三个阶段的起点是15世纪。恩格斯在为《资本论》第一卷撰写的书评中指出,"作者在那里用完全新的唯物主义的自然历史的方法考察了经济关系",对"各个不同的相互接续的工业生产形式——在这里是协作、分工及狭义的工场手工业,以至机器、大工业和与它相适应的社会联系和关系",作了

---

① 《资本论》第1卷,北京:人民出版社,1975年,第534—535页。
② 《资本论》第1卷,北京:人民出版社,1975年,第534页。

“详细的、非常内行的论证”。[①] 马克思所使用的“资本主义生产方式”和恩格斯所使用的“工业生产形式”是同义的概念。

所谓协作，就是“许多人在同一生产过程中，或在不同的但相互联系的生产过程中，有计划地一起协同劳动”[②]。

随着市场需求的不断扩大，雇佣工人必须在一定期限内提供大量完成的商品，于是劳动有了分工，工人的专业技能有了提高，劳动效率也明显改善。

工场手工业引进了分工、发展了分工，从此，各种操作不再由同一个手工业者按照时间的先后顺序完成，而是把每一种操作分配给一个手工业者，全部操作由分工协作的工人同时进行。这样，商品从一个要完成许多种操作的独立的手工业工人的个人产品，变成了不断地只完成同一种局部操作的各个手工业工人的联合体的社会产品。从而实现了手工业工人的“个人产品”向机器工人的“社会产品”的转变。[③] 这是奠基的转变。这种转变虽然提高了劳动效率，但也显现了工人劳动技能的专业化、固化的弊端——无法满足机器和大工业时代需要工人全面发展以适应劳动的变换的要求。

马克思和恩格斯关于资本主义生产方式发展的工场手工业阶段的时间界定是一致的。马克思说，真正的工场手工业时期“大约从十六世纪中叶到十八世纪末叶”[④]。这就是说资本主义生产方式的发展在18世纪末叶从工场手工业进入机器和大工业阶段；而随着1848年欧洲革命的爆发，工场手工业才为真正的大工业所代替。

马克思指出，“在工场手工业生产和机器生产之间一开始就存在着本质的区别”[⑤]。厘清这两个时期的本质区别，有助于我们深刻理解马克思的劳动的变换理论的历史意义和现实意义。

工场手工业和机器大工业的本质区别主要是：

第一，使用的劳动资料不同。工场手工业使用的是简单的工具，而机器大工业使用的是有着传动机构的自动的机器体系。工人在不同时期使用的劳动资料不同，就决定了他们的劳动方式的不同。

第二，劳动方式、劳动过程不同。在工场手工业中，单个的或成组的工人，必须用自己的手工工具来完成每一个特殊的局部过程，每一种操作都成了工人的专门职能，因而工人也成了“片面的局部工人”，始终从事同一种职能。而在机器大工业生产中，整个产品的生产过程是按其本身的性质分解为各个生产阶段，每个局部过程如何完成和各个局部过程如何结合的问题，“由力学、化

---

① 《马克思恩格斯全集》第16卷，北京：人民出版社，1964年，第254—255页。
② 《资本论》第1卷，北京：人民出版社，1975年，第362页。
③ 《资本论》第1卷，北京：人民出版社，1975年，第374—375页。
④ 《资本论》第1卷，北京：人民出版社，1975年，第373页。
⑤ 《资本论》第1卷，北京：人民出版社，1975年，第417页。

学等在技术上的应用来解决”①。这样，工人终生固定从事某种局部职能的技术基础就被消除了。

第三，技术基础不同。大工业发展到一定阶段，必然在技术上同工场手工业发生冲突。庞大的自动的机器体系的生产，是工场手工业的制造业所不能胜任的，大工业掌握了它特有的生产资料，即机器本身，才实现了用机器生产机器。

第四，生产的技术基础的改变不断地引发社会内部分工的改变和产业的更迭，使工人的劳动的变换成为常态。在以科技发展为动力、机器生产力发展为物质基础的大工业阶段，科学发挥了强大的引领作用，技术成为解决实践中难题的锁钥；在科学、技术相互促进、相互成就的繁荣氛围中，风云际会，一批又一批科技精英在钢铁冶金、机械制造、交通运输、电力、石油、化工、通信等多个领域的不断创新发明，促使新的产业迭起，奏响了大工业时代蓬勃发展、气势恢宏的交响乐。在这样的背景下，工人的劳动的复杂程度越来越高，学习和接受培训的压力越来越大，加之部门之间竞争的加剧和社会生产的无政府状态，工人阶级队伍出现高失业率和高流动性现象，工人的劳动的变换成为“不可克服的自然规律”②。

四、大工业的本性是劳动的变换的决定性因素

(一)大工业的本性和特点

机器大工业是指用机器代替手工工具，用机械化劳动代替手工劳动的资本主义工业。

从大工业的本性来看，它具有以下特点：

第一，发达的机器体系是大工业特有的生产资料。恩格斯指出，“从 18 世纪中叶起，机器就成了工业用来摇撼旧世界基础的三个伟大杠杆之一”③，由此做好了向大工业过渡的准备。与工场手工业不同，在工场手工业中以劳动为起点，而在机器大工业中却以劳动资料为起点。发达的机器体系是大工业特有的劳动资料；而大工业只有拥有这种劳动资料，才能满足制造大型机械设备的需要，即用机器来生产机器。

第二，生产力以前所未有的速度和规模迅速发展起来。自蒸汽机和新的工具把工场手工业变成现代大工业以来，资本主义生产进入“狂飙”时期。在科技进步的大力推动下，生产力获得空前发展。从第一次工业革命以来，科技发明迭有创新，极大地提高了劳动生产率。1735 年淮亚特宣布发明纺纱机

① 《资本论》第 1 卷，北京：人民出版社，1975 年，第 417 页。

② 《资本论》第 1 卷，北京：人民出版社，1975 年，第 534 页。

③ 《马克思恩格斯全集》第 2 卷，北京：人民出版社，1957 年，第 300 页。

后，科技发明进入“高发期”，相继产生利用水力的纺纱机、织布机，利用蒸汽压力的蒸汽机、机床等。进入19世纪，新的发明更是层出不穷，法拉第发电机的发明，标志着人类从蒸汽时代进入电力时代。电的利用、化学合成、无线电通信、内燃机及汽车等众多发明，深刻地改变着人类的社会生产和社会生活。而被恩格斯称为自然科学中彻底动摇了形而上学自然观的三大发现，即能量转化、细胞学说和进化论，是科技进步中的又一亮点。科学技术是促进社会生产发展和人类生活进步的第一动力。马克思指出，“大工业把巨大的自然力和自然科学并入生产过程，必然大大提高劳动生产率，这一点是一目了然的”①，而正因为劳动生产率得以大大提高，才使得“资产阶级在它的不到一百年的阶级统治中所创造的生产力，比过去一切世代创造的全部生产力还要多、还要大”②。

第三，每天变革着分工的基础，使工人陷入毁灭的境地。大工业的基础是用机器来生产机器，因而才得以建立起与之相适应的技术基础。机器是技术的载体，技术基础的革命性源于机器、机器体系的革命性。技术的应用是转化发明的需要，是将科学的发现、发明转化为实际需要的需要。撇开需要不谈，技术的应用决定分工，技术的革命决定分工的变革。换言之，机器的应用决定分工，机器的革命决定分工的变革。马克思说，“机器生产同工场手工业相比使社会分工获得无比广阔的发展，因为它使它所占领的行业的生产力得到无比巨大的增加”③。恩格斯也肯定地指出：“在英国，机器发明之后分工才有了巨大进步，这一点无须再来提醒。”④

关于大工业采用机器给工人阶级带来的某些严重的后果，工人陷入被“毁灭”的境况，马克思以讽刺的口吻概括为三个“美妙的结果”：一是把工人阶级的相当一部分，妇女和男人，变成了被奴役的仆人；二是工人阶级必须忍受失业和跨域转移的痛苦；三是加深工人和资产阶级之间的经济、社会和政治的鸿沟。马克思说：“这就是劳动生产力的发展将给工人带来的十分美妙的前景和非常令人羡慕的结果。”⑤

第四，自由竞争恶化了资本主义基本矛盾，造成社会财富的最大浪费。竞争就是追逐利润的竞赛。资本家是资本的人格化，不择手段地追求利润最大化是他们的本性，由此决定了资本家之间的竞争的常态化。自由竞争越是加剧，资本主义基本矛盾即生产社会化与资本主义生产资料私有制之间的矛盾就越加恶化，经济危机就不可避免。

第五，建成新的世界市场。由于机器大工业助长了资本追逐利润冲动的

① 《资本论》第1卷，北京：人民出版社，1975年，第424页。
② 《马克思恩格斯选集》第1卷，北京：人民出版社，1972年，第256页。
③ 《资本论》第1卷，北京：人民出版社，1975年，第487页。
④ 《马克思恩格斯全集》第4卷，北京：人民出版社，1958年，第168页。
⑤ 《剩余价值理论》第2册，北京，人民出版社，1975年，第650—652页。

膨胀，科学技术的不断发展以及由此而产生的资本和劳动力的不断排挤，迫使企业必须经常扩大规模、开拓市场，不仅要占领更多的国内市场，还要建立新的世界市场，扩大世界贸易，“世界贸易是大工业的必备条件”①，“世界市场是资本主义生产方式的基础和生活条件”②。国外市场的开拓填补了资本主义大工业蓬勃发展的欲壑，达到了“摧毁国外市场的手工业产品，迫使这些市场变成它的原料产地”的目的。即使远在东方的古老的中国也未能逃出厄运：输入性的国际竞争和野蛮的侵略摧毁了落后中国的手工业，并演绎了一段半殖民地半封建社会的历史。恩格斯早就预见到了这一点，他在1847年10月撰写的《共产主义原理》中断言：“今天英国发明的新机器，一年以后就会夺去中国成百万工人的饭碗。”③

（二）大工业的本性决定了劳动的变换

劳动的变换是指工人劳动的方式、形式、内容的变化以及职能的更动和流动。一般而言，劳动是变换着的，劳动资料的变化规定着劳动的形式的变化；劳动资料越先进，劳动对象使用价值越高级，劳动的形式就越高级。马克思指出：“劳动过程的每个一定的历史形式，都会进一步发展这个过程的物质基础和社会形式。这个一定的历史形式达到一定的成熟阶段就会被抛弃，并让位给较高级的形式。”④科技进步是劳动形式的每一次更迭的第一引擎。

19世纪中叶，真正的资本主义大工业取代了工场手工业，马克思所说的工人的“劳动的变换”才以“换班”的形式起步。然而，机器生产不需要像工场手工业那样，使同一些工人始终从事同一种职能，从而把这种分工固定下来，而是从机器出发，不断更换人员，把工人（包括儿童和少年）从这个车间调到那个车间，或从这个工厂调到那个工厂。这就是当时的工厂主都要双手抓住不放的“换班制度”⑤。

虽然“换班”还不完全是实际上的“劳动的变换”，但与之的距离也只有一步之遥了。

19世纪中叶以后，科学在大工业中的地位越来越高，发挥的作用越来越大，渐渐成为大工业生产的一个组成部分，所有工业的发展都已经离不开科学了，科学成为重大发明的先导。例如，在冶金技术方面，发明了许多新的工艺方法，得以从低品位的铁矿中炼出高级钢；由于利用了电并发明了主要使用石油产品为燃料的内燃机，动力工业被彻底改革了；物理学家的研究为无线电的发明和信息革命提供了理论支持；地质学家为石油和其他矿物勘探作出了重要贡献；化学家发明了从原油中提炼出汽油、煤油和轻、重润滑油的种种方法，

① 《马克思恩格斯全集》第4卷，北京：人民出版社，1958年，第145页。
② 马克思：《资本论》第3卷，北京：人民出版社，1975年，第126—127页。
③ 《马克思恩格斯全集》第4卷，北京：人民出版社，1958年，第361页。
④ 《资本论》第3卷，北京：人民出版社，1975年，第999页。
⑤ 《资本论》第1卷，北京：人民出版社，1975年，第324页。

他们还深度挖掘了物的使用价值，发现了许多物的新的有用属性，例如，从煤炭干馏时生成的煤焦油中发现了多种衍生物，其中包括数百种染料和大量的其他副产品，如阿司匹林、炸药、糖精等。从上述可见，在以机器为主的大工业时代，科技发明相当活跃，由此引发的技术基础的革命性如同良田沃土，不断培育、丰富和扩大新的产业并按下了新的行业突起的快进键。技术革命、产业发展和部门竞争是社会分工革命的本源，是生产过程创新、工人劳动的变换和流动的根本动力。据此马克思尖锐指出，“现代工业从来不把某一生产过程的现存形式看成和当作最后的形式。因此，现代工业的技术基础是革命的，而所有以往的生产方式的技术基础本质上是保守的”①。马克思并且断言，“现代工业通过机器、化学过程和其他方法，使工人的职能和劳动过程的社会结合不断地随着生产的技术基础发生变革。这样，它也同样不断地使社会内部的分工发生革命，不断地把大量资本和大批工人从一个生产部门投到另一个生产部门。因此，大工业的本性决定了劳动的变换、职能的更动和工人的全面流动性”②。

在阐述马克思的劳动的变换理论的当代意义之前，我们有必要进一步探讨马克思关于“大工业的本性决定了劳动的变换、职能的更动和工人的全面流动性”这一论断的深刻内涵。

工人的劳动的变换是资本狂热地追求利润的需要。资本主义生产的直接目的和决定性动机是追求剩余价值。为达到这一目的，资本家会不顾一切地扩大和加重对雇佣工人的剥削，会创造“狂热的生产速度和巨大的生产规模、经常把大量资本和工人由一个生产领域投入另一个生产领域”③。不同的生产领域有着不同的生产内容，工人的劳动方式、方法和职能也因之不同；对工人而言，因不同部门间的跨域转移而发生的劳动的变换是迫不得已，是必须的。

工人的劳动的变换受制于机器，机器的状况制约工人的劳动的变换。机器对工人劳动的变换的影响和作用的机理是这样的：

一方面，自由竞争和社会的生产的无政府状态促进和迫使每个工业资本家改进或使用新的机器，进而要求工人学习并掌握使用新机器新工具的技能，劳动的变换顺理成章。

资本主义竞争是资本家之间你死我活的争斗。他们摆脱竞争厄运的正大光明的途径是采用新技术，改进或使用新机器。资本家尽管可以把这方面的投入转嫁到工人身上，甚至有可能把超额利润的梦幻变成现实，但也不是情愿的。恩格斯一语破的：“社会的生产无政府状态的推动力，使大工业中的机器

① 《资本论》第1卷，北京：人民出版社，1975年，第533页。
② 《资本论》第1卷，北京：人民出版社，1975年，第533—534页。
③ 《资本论》第1卷，北京：人民出版社，1975年，第421页。

无限改进的可能性变成一种迫使每个工业资本家在遭受毁灭的威胁下不断改进自己的机器的强制性法令。"①

另一方面,"自由竞争必然会大大促进新机器的发明,那时机器每天都要排挤掉比现在更多的工人"②。这是因为,新机器的发明和使用,会以两种形式排挤工人:第一种形式,因新机器的采用大大提高了劳动资料使用效率和劳动生产率,一部分工人显得多余被解雇;第二种形式,由新的分工引起的劳动的变换使一部分工人成了落伍者。

工人主动地实现劳动的变换是自我救赎。资本主义劳动生产力的发展既依赖于工人的技能和能力,也依赖于"每天都在更新的物质工具"③。"物质工具"即机器,机器既是资本主义大工业的起点,又是资本主义大工业发展的"硬件"。不断发明出来的新机器决定分工变革的经常性和劳动复杂程度的不断提高,造成一部分工人失业或迫不得已跨域转移。这要求工人紧紧追随新知识新技术,改变自我、提升自我,以确保工作的可持续性;同时,根据分工、专业、岗位的当下需要和对发展趋势的力所能及的把握,改善自己的劳动方式、方法、职能和劳动内容,顺势而为。这是工人应对失业或转移的逆境的最佳选项。

五、劳动的变换理论的当代意义

马克思的劳动和劳动发展理论博大精深,如前述及,劳动的变换理论是它的"硬核"。这一理论是在 19 世纪中叶真正的机器大工业时代来临时提出来的。在阐述这一理论时,马克思既一针见血地揭露了劳动的变换给工人阶级造成的"灾难性"后果;同时,他又给工人指明了活路,这就是工人要努力成为能够"适应于不断变动的劳动需求"的"全面发展的个人"。成为"全面发展的个人"不只是马克思对英国工人阶级的企望,也是对未来共产主义社会劳动者塑身标准的颇有科学性的预见。

然而,马克思很清楚,在资本主义社会,工人阶级是被统治、被剥削的阶级,他们注定要从事艰苦的劳动和过着悲惨的生活,劳动和劳动的变换都是被迫的。因而,不可能有更多机会通过职能本身或者工艺学校、农业学校、职业学校受到全面的应有的教育,以成为"全面发展的个人"。在他看来,只有在"社会的每一成员不仅有可能参加生产,而且有可能参加社会财富的分配和管理,并通过有计划地组织全部生产,使社会生产力及其所制成的产品增长到能

① 《马克思恩格斯选集》第 3 卷,北京:人民出版社,1972 年,第 314 页。
② 《马克思恩格斯全集》第 4 卷,北京:人民出版社,1958 年,第 288 页。
③ 《剩余价值理论》第 3 册,北京:人民出版社,1975 年,第 324 页。

够保证每个人的一切合理的需要日益得到满足的程度”①，理论和实践的教育在学校中占据应有的位置，这个目标才能真正实现。而这正是“工人阶级在不可避免地夺取政权之后”的事情。如今，社会主义中国正在逐步地把马克思的夙愿变成现实。

我们正生活在第四次工业革命时代中，人工智能和智能化既是这个时代人类智慧和科技发展创新的成果，又是推动这个时代科学技术发展和经济、政治、军事、教育、文化及意识形态发展的重要引擎。仅从劳动和劳动的变换而言，人工智能和智能化必将对社会的这些领域对劳动者的数量需求、质量需求、结构需求和劳动者自身产生重大而深远的影响。事实上，这种影响已经产生，并且同人工智能的发展和智能化的推进如影随形。所以，在这个新时代的大背景下研究马克思的劳动的变换理论，就更显示出它的非常意义：不仅具有普遍的时代意义，而且具有深远的历史意义。

首先，劳动的变换理论具有超越时代的历史意义。马克思从揭示机器大工业的本性入手，提出了劳动的变换及其规律。“大工业的本性决定了劳动的变换”。

马克思以辩证的思维分析了资本主义大工业的双重性：一方面，生产的技术基础和分工的变革，决定了工人的劳动的变换、职能的更动和全面流动性；另一方面，也造成了工人的职能和劳动力过剩，破坏了工人生活的安宁、稳定和保障。马克思指出，这个矛盾，正是“通过工人阶级的不断牺牲、劳动力的无限度的浪费以及社会无政府状态的洗劫而放纵地表现出来。这是消极的方面”②。这个“消极方面”的后果，是一个“生死攸关的问题”。马克思忠告工人，出路就在于“适应于不断变换的劳动需求”和“全面发展”。这对于经受过同资产阶级斗争洗礼的工人阶级而言，马克思指出的这一方向，不啻具有目下意义，更是具有前瞻性的至理名言。

从世界和一国范围来看，机器大工业在经历第一、二、三次工业革命之后，在第四次工业革命中绽放出更加绚丽的色彩。科技发展日新月异，引起劳动变换的技术基础更加活跃；行业骤变，生死交替；分工的细分裂变有如梦幻，随时催生出新的行业和新的劳动方式、方法、职能和劳动者的流动。以通信产业的电话为例，先是有线，后是无线，从固定电话到传呼机，再到移动电话，及至现今的多功能智能电话……看似产品的升级换代之速，有时甚至始料不及，背后却是科学技术的发展、机器体系的进步和部分劳动者的失业以及“充电”后的劳动者、变换后的劳动的跟进。这个逻辑，大工业时代是这样，智能时代也没有改变，X时代会依然如此。

① 《马克思恩格斯选集》第3卷，北京：人民出版社，1972年，第42页。
② 《资本论》第1卷，北京：人民出版社，1975年，第534页。

在企业内部，机器体系发生了巨大的变化，传送机和工作机的运行，正在越来越大的范围由人工智能和机器人操控。并且，人工智能和机器人以其精准、高效、安全、拟人化的服务以及越来越低的比较成本的优势，在多产业、多行业、多领域、多岗位大行其道，"智能排挤工人"是不争的事实，甚至这种"排挤"在某些发达地区如江苏、广东、浙江，在某些领域，会愈演愈烈，由此对社会的就业、就业需求结构和供给结构的影响是不言而喻的。

总之，马克思的劳动的变换理论及其规律，作为原理，具有普遍的永恒的意义。在这一理论和规律面前，我们的任务只有一个：学习、消化、运用。

其次，劳动的变换理论是探索和理解马克思经济理论中的全部劳动范畴和劳动发展理论的"通衢"。在今天，无论从理论上还是实践上看，"劳动"都是一个极普遍的现象、极普通的一个概念。然而，在马克思和恩格斯所处的时代，承认劳动在人类社会发展史上的地位和作用，揭露雇佣工人的剩余劳动是资本家无偿攫取的剩余价值的源泉，如冒天下之大不韪。尽管如此，马克思和恩格斯一生高扬战斗的旗帜，坚持用自己的学识为工人阶级服务。他们在多篇著作和讲话中，充分肯定和强调了劳动的伟大的历史作用，理直气壮地树立了劳动的"权威"。

早在 1845—1846 年马克思和恩格斯合作的《德意志意识形态》这部著作中，他们就以共产主义者的姿态提出了人类生存、人类历史的"第一个前提"，这个前提就是"生产满足这些需要的资料，即生产物质生活本身"①。这是他们一生中坚持的历史唯物主义劳动观的起点。

1878 年，恩格斯第一次把马克思的劳动观提升到历史唯物主义的内核和理论基础的高度，第一次提到了马克思的两个"重要发现"：一是人们首先必须劳动，而另一个则是"彻底弄清了资本和劳动的关系，换句话说，就是揭露了在现代社会内，在现存资本主义生产方式下资本家对工人的剥削是怎样进行的"②，即发现了剩余价值。

1883 年 3 月 14 日，恩格斯的亲密战友马克思逝世。3 月 17 日，在马克思的葬礼上，恩格斯发表了简短的讲话，再一次高度评价了马克思的两个"重要发现"，指出，"一生中能有这样两个发现，该是很够了"③。

那么，马克思和恩格斯为什么如此看重劳动、强调劳动的必要性呢？其原因除了劳动本身关系到民族，关系到整个人类生活，是人类的第一必需外，还因为劳动的重要性"历来为繁茂芜杂的意识形态所掩盖"，被唯心主义者和普鲁士专制主义者披上了遮掩物。而马克思和恩格斯的目的就在于掀去这些遮掩，恢复劳动"在历史上应有的权威"。更为重要的是，只有维护劳动的权威，

① 《马克思恩格斯选集》第 1 卷，北京：人民出版社，1972 年，第 32 页。
② 《马克思恩格斯选集》第 3 卷，北京：人民出版社，1972 年，第 42 页。
③ 《马克思恩格斯选集》第 3 卷，北京：人民出版社，1972 年，第 574 页。

才能彻底揭露剩余价值的来源和资本家剥削工人的秘密，唤醒工人阶级为争取自身的解放而斗争。

古往今来，在人类漫长的历史上，劳动从方式、形式、内容到职能，一直都是极其缓慢地变化着的。进入机器大工业时代以后，这种变化才按下了快进键。

劳动是基础，劳动的变换是发展，是贯穿于资本主义社会工人劳动史的一根主线。

如果说劳动和自然界一起是财富的源泉，那么，劳动的变换则是财富增加的主要源泉。因为，促使劳动变换的动力，是科技发展和机器体系的进步，它们是第一生产力，是永不枯竭的财富源泉。而劳动者的每一次劳动的变换(不管是被迫的还是自觉的)，都是对知识的丰富和技能的提高的检验和实践，作为创造财富的主体，这一过程突显了劳动和劳动者的权威。

在马克思的卷帙浩繁的《资本论》中，劳动理论这座“富矿”展现出一个宏大的理论体系。在这里，马克思提出了一系列劳动范畴和超越时代的劳动理论。通过对机器大工业时代劳动的变换的缘起、发展、后果、未来和劳动的变换与职业教育及人的全面发展的深入研究，就可以管中窥豹，逐步认知马克思的劳动理论体系；深刻理解马克思主义的历史唯物主义；清醒认识资本主义与生俱来的贪婪疯狂的本性；奋斗争取马克思所描绘的在共产主义社会，无穷无尽的生产能力将为大众造福，劳动会很快减少到最低限度并成为一种享受的理想境界。

再次，劳动的变换理论是马克思奉献给工人阶级，教导工人淬砺、全面发展以适应劳动变换要求的教程。马克思倾毕生精力，在穷困潦倒中研究写作了鸿篇巨制《资本论》。《资本论》第一卷出版不久，恩格斯即以满腔热忱给予极高评价。他在为《民主周报》写的书评中指出：“自地球上有资本家和工人以来，没有一本书像我们面前这本书那样，对于工人具有如此重要的意义。”① 马克思逝世不久，《资本论》第一卷德文版第三版出版。1886年11月，此时离1867年《资本论》第一卷德文版出版已过去近二十年，《资本论》第一卷英文版即将出版。恩格斯高兴地看到，马克思的理论不仅在德国和瑞士，而且在法国、荷兰、比利时、美国、意大利、西班牙和英国，在各地，都对社会主义运动产生着巨大的影响。有鉴于此，恩格斯在英文版序言中断言，“《资本论》在大陆上常常被称为‘工人阶级的圣经’。任何一个熟悉工人运动的人都不会否认：本书所做的结论日益成为伟大的工人阶级运动的基本原则……各地的工人阶级都越来越把这些结论看成是对自己的状况和自己的期望所作的最真切的表

① 《马克思恩格斯全集》第16卷，北京：人民出版社，1964年，第263页。

述”①。与《资本论》中的其他理论一样，马克思的劳动的变换理论对于工人阶级同样具有重要意义。

要清醒认识自进入机器大工业时代以来劳动的变换是常态，承认劳动的变换和工人的多方面发展是社会生产的普遍规律。工人只有做到多方面的发展，才能顺应这种形势。随着科学技术的不断发展和创新发明的不断出现，工人的劳动的变换的频率会增加，劳动的历史形式随时会被新的形式所取代。因而工人应该认识到“有改变活动的必要”，主动适应，多多关注新事物、新趋势，刻苦学习新知识、新技能，未雨绸缪，争取在求职过程中抓住好的就业机会，在职场上谋到更好的职位。

要积极参与知识和技能的学习和竞争，厚植个人发展潜力。应对劳动的变换的要求，工人除了通过职能本身发展自己的劳动熟练程度，还可以随着资本主义科学和国民教育的进步、普及，学习到更多的知识和技能。但是这样一来，却增加了工人的供给，加剧了他们之间的竞争，使劳动力贬值。正如马克思所说，“他们的劳动能力提高了，但是他们的工资下降了”②。在这种“二律背反”的现象中，赢家还是资本家阶级，而工人的境遇会更加困难。这是资本主义制度造成的必然结果。工人的出路只能是努力做到出类拔萃、技高一筹。

最后，劳动的变换理论是机器大工业进入智能化时代分析研究工人阶级前途命运的思想武器。2011 年德国在汉诺威工业展上第一次提出“工业 4.0”概念，以人工智能技术为代表的第四次科技革命登上历史舞台。从历史上看，每一次科技革命的发生，都伴随着生产方式的深刻变革。蒸汽机的发明，使机器逐步取代了人力；电气时代的到来，使流水线作业成为主要生产方式；信息技术的发展，推动了生产过程的高度自动化。人工智能的发展，也必将带来经济社会的深刻变革，将在越来越大的范围大显身手，越来越多的职业、工种、岗位将被自动化所取代。正如世界经济论坛创始人兼执行主席克劳斯·施瓦布所说，“许多工种已经实现自动化，尤其是那些需要机械重复、精准操作的体力工作。许多其他工种也会逐步实现自动化，因为计算能力在快速增强。即便是像律师、金融分析师、医生、记者、会计师、保险承保人、图书管理员等各种不同的职业，也可能部分或全部实现自动化，而且这一天会比大多数人的预期来得早”③。以色列历史学家尤瓦尔·赫拉利的观点则更悲观一些。他说：“21 世纪经济学最重要的问题，可能就是多余的人能有什么功用。一旦拥有高度智能而本身没有意识的算法接受几乎一切工作，而且能比有意识的人类做得

① 《资本论》第 1 卷，北京：人民出版社，1975 年，第 36 页。

② 《资本论》第 3 卷，北京：人民出版社，1975 年，第 336 页。

③ ［德］克劳斯·施瓦布：《第四次工业革命：转型的力量》，李菁译，北京：中信出集团，2016 年，第 40 页。

更好时，人类还能做什么。”[①]他还说：“19世纪，工业革命创造出庞大的都市无产阶级”，21世纪，新的科技革命将创造出“无用阶级”，“我们可能看到的是一个全新而庞大的阶级：这一群人没有任何经济、政治或艺术价值，对社会的繁荣、力量和荣耀也没有任何贡献”[②]。

在我们看来，这些学者看到的只是现象，没有看到现象背后的本质及根源，陷入历史虚无主义的泥沼。马克思认为，机器排挤工人现象，是机器大工业发展的必然结果。他指出，“劳动资料一作为机器出现，立刻就成了工人本身的竞争者。通过机器进行的资本的自行增殖，同生存条件被机器破坏的工人的人数成正比”[③]。工人的劳动的变换，也正是机器排挤工人后的无奈选择。这种情况在当代资本主义国家依然存在。这是资本主义生产方式的必然产物。

在资本主义生产关系下，资本主义基本矛盾带来的资本与劳动的对立，是机器排挤工人的根源。人工智能是生产工具，属于生产资料范畴，从价值形态看属于不变资本，本身并不创造剩余价值。在资本本性驱动下，人工智能强化了对工人阶级的剥削和排斥，即一方面创造了更高的剩余价值率，另一方面又制造了大量过剩的劳动人口。所以，在资本主义条件下的“机器换人”，主要目的是追求剩余价值，它带来的是劳动异化和对工人阶级的更为深重的剥削。

在社会主义生产关系下，公有制为主体，劳动者创造的剩余产品主要归劳动者共同占有，人工智能发展带来的“机器换人”更多地表现为解放劳动的积极意义。人工智能的发展促进了人们生产方式和生活方式的深刻变革，减少了整个社会的必要劳动时间，极大地解放了生产力，使人们拥有了更多的闲暇时间和自由时间，为个性解放、人的自由发展和全面发展提供了条件。同时，人工智能引起的劳动的变换，往往使劳动的方式、形式、内容和职能发生巨大变化，客观上要求人们不断学习新知识、掌握新技能。各级政府也在顺应人工智能发展的时代要求，大力创造充分就业的机会，努力构建面向全民的职业教育体系，为工人队伍的全面发展创造条件。

---

① [以色列]尤瓦尔·赫拉利：《未来简史：从智人到神人》，林俊宏译，北京：中信出版集团，2017年，第288页。

② [以色列]尤瓦尔·赫拉利：《未来简史：从智人到神人》，林俊宏译，北京：中信出版集团，2017年，第295页。

③ 《资本论》第1卷，北京：人民出版社，1975年，第471页。

The Theory of Labor Transformation of Marx and Its Contemporary Significance

Li Zengjun　Lu Jiarui

Abstract The theory of labor transformation is the "hard core" of the theory of labor development of Marx. The law of labor transformation is the core of the theory of labor transformation. This law is the "law of nature" and the "general law of social production". The labor transformation is an inevitable phenomenon when the mode of capitalist production develops to the large industrial stage. The nature of large industry determines the labor transformation of the workers, that is, the change of labor mode, form, content, function and the overall mobility of workers. Marx not only pointed out the "disastrous" consequences of the labor transformation to the working class, but also pointed out the practicable way for them, that is to strive to be a comprehensive development man who can "adapt to the changing needs of labor". The theory of transformation of labor is of great historical significance. It is a path to explore and understand all labor and labor development theory of Marx, is a course to dedicate and teach workers to train or discipline oneself so as to adapt to the requirements of labor change, is an ideological weapon to analyze the future prospects of working-class when we enter into the era of intelligence from the era of machine industry.

Key words the nature of large industry; labor transformation; the law of labor transformation; comprehensive development

海派经济学
第 19 卷第 1 期,2021　Journal of Economics of Shanghai School　No. 19,1,2021

乡村振兴与《资本论》共同体理论

赵意焕

内容提要　乡村振兴战略有着丰富的政治经济学意蕴:共同富裕是乡村振兴的价值追求;均衡发展是乡村振兴生产力布局的内在要求;农村劳动者是推动乡村振兴的主体力量。经过新中国 70 多年来的发展,中国农村农业基本告别了依靠人力、畜力的时代,在工业化、市场化的强力带动下,小农户对接大市场及适度规模化经营成为重要话题。党的十九大把发展壮大农村集体经济作为实施乡村振兴战略的重要举措,《资本论》共同体理论能够对此提供科学的思想指导。《资本论》共同体理论揭示了:集体更能够创造和发展生产力,集体更利于形成乡风文明的社会氛围和促进农村劳动者的全面发展。基于《资本论》的共同体理论,实现乡村振兴,应该将国家力量和农村集体力量有机结合起来,通过加强基层党组织建设,为乡村振兴提供人才支持;通过重新组织起来,发挥农村劳动者在乡村振兴中的主体作用;通过教育同生产劳动相结合,培育新型现代职业农民,推进农村产学研一体化发展和一、二、三产业的融合发展,从而实现乡村的真正振兴。

关键词　《资本论》共同体理论;乡村振兴;集体经济
中图分类号　F014.1

党的十九大提出实施乡村振兴战略,坚持农业农村优先发展,保障农民财产权益,壮大集体经济,促进农村一、二、三产业融合发展。实施乡村振兴战略是党和国家根据生产关系要适应生产力发展水平原理而进行的主动作为,是推动农村经济高质量发展的巨大引擎。通过土地流转实现农村经济由分散的个体经营向规模化、现代化的经营方式转变,提高农民的经营收益,推动我国农业现代化和农民自身的现代化,成为普遍共识。习近平在深入调研的基础上指出,"扶贫要注意增强乡村两级集体经济实力"①。习近平强调,"充分发挥我们集中力量办大事的制度优势……培育壮大集体经济,完善基础设施,打

作者简介:赵意焕,河南农业大学文法学院副教授、硕士生导师。

基金项目:本文是河南省教育厅人文社科项目"乡村振兴战略实施中的宅基地权利制度创新研究"(2021-ZZJH-163)和河南农业大学社会治理创新研究中心课题"乡村振兴阶段村级集体经济组织的有效实现形式研究"(2020-SG-01)的阶段性成果。

① 习近平:《摆脱贫困》,福州:福建人民出版社,1992 年,第 191—194 页。

通脱贫攻坚政策落实的'最后一公里'"①。脱贫攻坚是乡村振兴的基础,二者都需要依靠农村集体经济力量的不断增长。发展农村集体经济是对《资本论》共同体理论的实践探索。为了实现小农户有效对接现代化大市场及逐步扩大适度规模经营,助力乡村振兴战略的实施,有必要深入研究马克思的《资本论》共同体理论,探索适合新时代中国农村农业生产力水平需要的集体经济实现形式。

一、乡村振兴战略的政治经济学意蕴

(一)共同富裕是乡村振兴的价值追求

共同富裕是社会主义社会区别于资本主义社会的根本所在,是现阶段我国脱贫攻坚的迫切要求。较大的城乡差距是经济发展不平衡不充分的突出表现。在当前的脱贫攻坚工作中,一个重要的任务是每个行政村要有一定的集体经济收入。集体组织收入高、集体经济发展比较好的村庄,能够为本村提供良好的公共服务,特别是对接市场的服务,能够为本村人提供比较充足的社会保障和社会福利。那些村集体企业长期良性发展的村庄,不仅能够为本村人员提供就地就业机会,还能够为附近村庄的劳动者提供就业机会,使农村劳动者安居乐业、生活稳定。集体力量较弱的村庄,由于无力提供就地就业机会和通过集体福利缩小贫富差距,贫富差距比较大,因外出打工导致的社会问题比较多,农村空壳化、老龄化问题较为突出,在一定程度上制约了乡村的振兴。因此,在农村农业发展领域,同样存在着不平衡、不充分的社会矛盾。社会矛盾是推动社会发展的动力,要破解新时代我国农村面临的矛盾和问题,着力点之一就是发展壮大农村集体经济。当前农业生产中的一些先进技术和设备的应用受制于个体家庭的财力不足,现代农业发展受组织化程度低的制约。同时,乡村剩余劳动力倾向于流入大中城市,乡村的基础设施、公共服务、资金和人才等大多处于供应不足的状况。乡村经济多以单一的农业生产为主,缺乏盈利能力。乡村经济弱小的重要原因是各种资源没有充分有效利用。在机械化、信息化时代,农村分散的个体经营日益不适应快速发展变化的市场经济需求,加强农村集体的统一经营能力,统筹使用各种资源,提高农村经济的组织化、规模化、现代化,是新时代生产力水平下的内在需要,也是我国社会主义市场经济发展新阶段的外在驱动。通过认真履行宪法赋予的以联产承包为基础的集体统一经营权,凝聚集体力量,积累发展资金,拓展产业发展渠道,走共同富裕之路,是新时代乡村振兴的应有之义。

(二)均衡发展是乡村振兴生产力布局的内在要求

农村从属于城市、大工业排挤小工业是资本主义生产方式的必然结果,中

① 《习近平扶贫论述摘编》,北京:中央文献出版社,2018年,第80页。

国要建设社会主义社会，就需要遵循均衡发展的马克思主义经济学理念，为农村提供充分的发展条件，逐步实现生产力在城乡的均衡布局。社会主义经济发展规律必然区别于资本主义经济发展规律。当前我国经济发展不平衡不充分的重要原因之一是生产力布局的不平衡，农村单一的种植业或养殖业经济与城市日益提高的工业化、现代化水平发展很不适应，需要通过农村集体力量发展起来更多的工商企业，延长农产品的生产链条，实现生产力在城乡的均衡布局。恩格斯认为，“大工业在全国的尽可能平衡的分布，是消灭城市和乡村的分离的条件”①。马克思和恩格斯通过考察资本主义社会经济发展规律认为，以自由化、私有经营为特征的经济导致资源向城市集中，城乡经济发展不平衡，乡村日趋衰落。我国的市场经济是社会主义市场经济，不仅要通过市场经济增强资源的流动性，还需要通过社会主义的内在机制，避免重蹈资本主义的覆辙。这就需要通过宏观政策指导，通过动员农村集体力量，在农村大力发展第二和第三产业，使农村能够成长起来与城市经济相适应的工商企业，从而形成生产力在城市和乡村的均衡布局，促成城乡经济均衡协调发展，促进农业生产力水平赶上或超过工业生产力。均衡布局生产力要求在乡村发展适当的工业，使农民成为农业工人，不仅能够务农，而且能够做工。由于在农业生产中，劳动时间往往大大小于生产时间，随着农业机械化程度不断提升，较小的农业劳动能够推动更大的生产产出是必然趋势，这就为农村劳动者从事多种经营，特别是基于农业充分发展的延伸产业链条的三产融合发展提供了条件，使在农村布局和发展工商业，既有必要，又有可能。

（三）农村劳动者是推动乡村振兴的主体力量

我国土地流转制度实施以来，各级地方政府积极采取措施，动员多种力量带动农村经济的发展。培养“懂农业、爱农村、爱农民”的人才是新时代我国农村最迫切、最艰巨的任务，培养“一懂两爱”人才应与充分发挥农村劳动者主体作用结合起来。乡村振兴应该是全体农村劳动者主导的振兴，应该充分认识到乡村振兴的主体力量是共产党基层组织带领下的全体农村劳动者。不能“用小资产阶级私有制的观念解释农村的耕地问题”，应该“奔集体化的道路”，才能“成为中国特色社会主义的有生力量”②。马克思认同这样的观点，“结论是：耕作——如果自发地进行，而不是有意识地加以控制……会导致土地荒芜……”③。土地，特别是耕地资源，如果任由市场调节，必然导致有些土地被撂荒，有些土地被过度使用，这是马克思基于对资本主义国家经济发展历史事实的深入考察得出的认识。社会主义经济区别于资本主义经济的主要体现

① 《马克思恩格斯全集》第20卷，北京：人民出版社，1971年，第321页。

② 丁堡骏：《两个马克思及其对当代中国特色社会主义的现实意义》，《政治经济学评论》，2017年第5期，第33—36页。

③ 《马克思恩格斯文集》第10卷，北京：人民出版社，2009年，第286页。

为：一是生产资料全民公有或集体所有；二是共同劳动的经营方式；三是集体主义精神和共产主义理想信仰。乡村振兴的各项举措既要适应当前生产力发展水平，也需符合发展社会主义经济的内在要求，应该从国家层面有计划、有意识地布局生产活动，保护耕地等农业资源，解决土地撂荒等问题。马克思和恩格斯对于社会主义农业应是土地公有制和实行集体经营的思想是以充分的历史事实和实际经验为依据的。① 在我国集体经济发展良好的乡村里，村民在完成农业劳动以外，既能够像城市工人那样从事各种技术性工作，还能够享受许多村集体经济带来的福利待遇，无生病、养老等后顾之忧。但是这样的乡村在我国目前还太少，通过实施乡村振兴战略，培育出更多这样的乡村是在农村增长社会主义因素的迫切需要。只有组织起来，让广大农村劳动者成为农村经济和社会发展的主体力量，才能更加充分地实现乡村振兴目标。

二、《资本论》共同体理论的核心内涵

马克思早在《德意志意识形态》中就阐述了个人与集体的关系，其中的“集体”一词在有些版本中被译为共同体。马克思在《资本论》中多次提到的共同体是指自由人联合而成的共同体，是每个人都能够平等参与劳动和管理的真实共同体，区别于一部分人剥削另一部分人劳动的虚假的共同体。之所以马克思主张人类社会应该逐步组织并发展起来这样的共同体，是因为这样的共同体更利于提高劳动生产率，有更强大的生产力，有更科学合理的生产关系。我国乡村振兴过程就是生产力提升和生产关系调整的过程，《资本论》共同体理论能够对此提供充分的借鉴。

(一)共同体利于创造和发展生产力

如果劳动者没有结合为共同占有生产资料、共同劳动的人人平等的共同体，那么劳动者个人使用生产资料的力量，即生产力，是分散的和彼此对立的，只有在共同体中才能够使分散的力量演变为一种更强大的合力。这种合力，马克思称为集体力。马克思说：“许多人在同一生产过程中，或者在不同的但互相联系的生产过程中，有计划地一起协同劳动，这种劳动形式叫做协作。……这里的问题不仅是通过协作提高了个人生产力，而且是创造了一种生产力，这种生产力本身是集体力。”②集体力是一种生产力，同时集体中还存在更大的生产力因素，这是因为在集体中，每个人都能够占有和应用集体中全部的生产资料，特别是生产工具，而在个体家庭中，每个家庭拥有的生产资料与集体相比是非常微不足道的，而生产力就是劳动者使用生产资料，特别是生

① 丁泽霁：《马克思恩格斯关于社会主义农业的思想》，北京：农业出版社，1986年，第161页。

② 马克思：《资本论》第1卷，北京：人民出版社，2018年，第378页。

产工具创造物质财富的能力。以发展现代农业需要的各种新型机械为例,普通家庭无力购买,有条件的家庭购买以后自己支配。与集体购置相比,一方面,总的购置数量必然多于集体购置数量,造成生产资料的浪费;另一方面,无力购买的农户必然付出更多的劳动,还可能造成不能及时收割带来的劳动的极大浪费。若由集体统一购置和合理安排使用,既节约了生产资料,又节约了劳动,这种节约本质上就是提升生产力。再以农村的扩大再生产为例,假如一个行政村有100户家庭,在分田单干的情况下,每个家庭一年假如能节省2万元用来发展,这2万元也难以实现生产种类增加或规模扩大(受制于家庭成员数量和土地面积)和生产工具的更新(受制于资金数量),而在同样情况下,这100户是一个人人平等参与的共同体,即一个集体,每年就可以有200万资金用来购置新型生产工具,增加产品种类或延伸产业链条,能够逐步实现扩大再生产,逐步走向一、二、三产业的融合发展,这正是乡村振兴所倡导的发展方向。因此,习近平在《摆脱贫困》之《扶贫要注意增强农村两级集体经济实力》中谈道:"有的同志说,只要农民脱贫了,集体穷一些没有关系。我们说,不对!不是没有关系,而是关系重大。"①我国在这些年的脱贫攻坚中已经注意到了集体经济存在的必要性,但是要使集体经济足够强大,应该充分组织动员农村的各种力量,逐步扩大集体组织规模。如贵州省的塘约村在短短的几年内,从国家级贫困村发展为共同富裕的典范村,就是通过把土地流转给集体,通过调整产业结构,通过与高校和科研机构的联合,形成了新时代促进集体经济发展的强大合力。

(二)共同体利于形成乡风文明的社会氛围

我国乡村振兴的一个目标是乡风文明,乡风文明的前提是共同富裕和形成人与人平等、互助和团结的关系,这就是生产关系层面的需求。生产资料共同占有、共同劳动、按劳分配为主体的集体生产经营更利于乡风文明的形成,这正是《资本论》共同体所倡导的,因为《资本论》中主张的共同体是建立类似家庭成员关系的共同体。马克思在设想自由人联合体这样的共同体时,是用《鲁滨孙漂流记》的故事和现实家庭生活模式来类比的。马克思说:"要考察共同的劳动即直接社会化的劳动,我们没有必要回溯到一切文明民族的历史初期都有过的这种劳动的原始的形式。这里有个更近的例子,就是农民家庭为了自身的需要而生产粮食、牲畜、麻布等等的农村家长制生产。"②并说,"设想一个自由人联合体,他们用公共的生产资料进行劳动,并且自觉地把他们许多个人劳动力当作一个社会劳动力来使用。在那里,鲁滨孙的劳动的一切规定又重演了,不过不是在个人身上,而是在社会范围内重演。"③鲁滨孙在岛上的

① 习近平:《摆脱贫困》,福州:福建人民出版社,1992年,第193页。
② 马克思:《资本论》第1卷,北京:人民出版社,2018年,第95页。
③ 马克思:《资本论》第1卷,北京:人民出版社,2018年,第96页。

生产劳动是为了满足自己生活的需要，即为了获取使用价值，而不是像资本家那样去追求价值的增殖。把鲁滨孙在岛上的劳动扩大到许多人组成的一个家庭，家庭所有成员都是为了使用价值而劳动，这里的多个人的集体就像一个人一样，同心同德、平等自由。可见，自由人联合体与资本主义经济组织的根本区别是，在自由人联合体中，生产是为了使用，而不是为了价值增殖，生活得平等、自由和家人般的安心。自由人联合体实质上就是不同的人被一种纽带联合起来，成为一个整体，这个纽带就是家人般的感情。无论是组织者、管理者还是指导者都要参加劳动，且大家可以平等地参与重要事情的商议。家庭成员之间也会有冲突和矛盾，但不是敌我矛盾、不是你死我活的对抗，是内部的矛盾。追求使用价值，而不是无止境地追求价值的增殖在农产品生产领域意义重大，是事关全人类及子孙后代的大事。能够创造出乡风文明、幸福和谐的美好生活的社会主义农村集体，本质上应该与马克思的自由人联合体（即共同体或集体）有共同的性质，也就是应建立类似家庭关系的基于共同劳动的发展共同体。

（三）共同体能够实现人的自由全面发展

当前乡村振兴遇到的难题是人的问题，一是缺乏人气，二是缺乏人才。缺乏人气是因为当前一些村庄的空壳化、老龄化问题比较严重，留守村庄的多数是 60 岁以上的老人。缺乏人才是由于许多有创新创业能力的人都去城市闯荡了，留下来的人才很少。要实现乡村振兴，需要充分认识到《资本论》共同体理论所揭示的共同体能够实现人的自由全面发展的原理，逐步使更多人员和人才回到乡村共同体中，实现乡村的有效振兴。“只有在集体中，个人才能获得全面发展其才能的手段，也就是说，只有在集体中才能有个人自由。”[①]这个集体就是《资本论》中阐述的真实共同体。关于“自由”，马克思通过深刻考察发现，资本雇佣劳动生产方式中的平等自由只是在市场买卖环节的平等自由，所有商品包括劳动力商品都需要平等自由地买卖。一旦离开市场，回到生产领域，资本家就是独裁者，劳动者只能被迫出卖自己的劳动力，没有丝毫表达主观意愿的自由。离开资本家，劳动者就无法生存，更不能自由发展。相反，在自由人联合体这个家庭一样的共同体中，每个人都可以充分表达意愿，每个人都为共同体而尽力，共同体也尽力为每个人提供自由发展的条件。关于“全面”，马克思也是通过对应于资本主义社会的劳动者片面发展来说的。在资本主义社会，生产力越发展，劳动者的作用越局限于某个片面，如仅仅按个按钮、照看个仪表等简单机械的动作，劳动者就像机器的某个零件一样。马克思说，这样的“机器劳动极度损害了神经系统，同时它又压抑肌肉的多方面运动，夺

---

① 马克思、恩格斯：《德意志意识形态》，北京：人民出版社，1961 年，第 74 页。

去身体上和精神上的一切自由活动”①。区别于资本雇佣劳动方式的劳动安排必须是能够尊重劳动者作为人的主观感受，为劳动者提供适当的劳动变换机会。马克思认为这个问题是生死攸关的问题。马克思说：“大工业又通过它的灾难本身使下面这一点成为生死攸关的问题：承认劳动的变换，从而承认工人尽可能多方面的发展是社会生产的普遍规律，并且使各种关系适应这个规律的正常实现。”②只有在家庭一样的共同体中，人们才能够参加多样化劳动，促进全面发展。农村人有条件自由全面发展了，整个社会成员的自由全面发展问题也就解决了一大部分。农村集体村庄是农村人的家，只有这个村庄能够有效地发展集体经济，才能够就地为每个本村成员提供合适的工作岗位，并适当变换工作机会，享受劳逸结合的工作和生活模式，避免在外出打工中过度消耗自己和常年单一工作造成的畸形发展。只有组织不同层次、多种形式的共同体或集体，才能够有力量和有条件地实现全体成员的自由全面发展，这在我国当前许多集体经济强村都得到了十分有力的证明。

三、实现乡村振兴的共同体路径

马克思在《资本论》中设想的自由人共同体是一种基于生产力高度发展的社会形态，我国当前还处于社会主义初级阶段，要构建类似自由人共同体的农村集体经济，尚有较长的路要走。尽管如此，我国社会主义农村集体经济的发展应该也能够在《资本论》共同体理论指导下不断发展壮大。当前各地农村可以基于本地实际，在农民自愿的基础上逐步组织起来，通过组织起来提高生产力水平，通过生产力发展进一步提高组织化程度，这是一个滚雪球式的发展过程。自2006年我国开始支持农村专业合作社发展，在近年来的脱贫攻坚中也非常注重新型经营主体的培育。2016年，国家选择13个省份开展试点发展农村集体经济，在原有浙江、宁夏2个试点省份的基础上，新增河北、辽宁、江苏、安徽、江西、山东、河南、广东、广西、贵州、云南11个省份。党的十九大报告从巩固和完善农村基本经营制度、深化农村集体产权制度改革、确保国家粮食安全、构建现代农业产业体系，以及促进农村一、二、三产业融合发展等方面，对今后一段时期内关于农村集体经济如何发展提出了全新的要求和目标。我国农村集体经济历经几十年的发展演进，涉及亿万农民切身利益的重大政策变动，党中央、国务院始终高度重视，多方面、多层次加强调查研究，体现了为人民服务的本色情怀。新时代农村集体经济发展的特点就是不断放宽农民的市场准入权利，用资本和市场两种手段增加农民创收，实现乡村全面振兴。

① 马克思：《资本论》第1卷，北京：人民出版社，2018年，第486—487页。
② 马克思：《资本论》第1卷，北京：人民出版社，2018年，第561页。

(一)充分发挥基层党组织作用

有些学者把那些集体经济强村归功于特殊的能人效应，认为离开了那些有特殊才能的带头人，这些集体经济强村还是会回归到家庭单干模式的。这种观点本质是忘记了共产党人的初心和历史使命。共产党人的初心就是走共同富裕的社会主义集体道路，只有发展集体经济才能够实现这个目标；共产党人的历史使命就是组织和教育普通群众，在农村就是通过基层党组织的建设，选拔和培育集体经济的优秀带头人，带领全体村民走集体共同富裕道路。此外，乡村振兴不仅需要经济振兴，更需要思想境界和文化素质的全面提升，这都需要通过加强农村基层党组织建设，培养大批有共产主义信仰的党员干部来推动乡村的全面发展。塘约村重新走集体道路的成功经验，就是充分发挥了党组织的引领作用，不仅发展了经济，还改善了乡风民俗。“塘约道路”充分证明，只要农村能够组织发展起来强大的集体经济，外出打工的人是可以返乡的。从农村有些流行语中也可以看到优秀基层党组织和带头人的巨大作用，如“村看村，户看户，村民看支部”以及“农村要想富，关键看支部”等。相反，近年来一些学者把新中国成立之前的农村乡贤作为重要话题，并提出农村应该让乡贤来治理，这是忘记了中国是社会主义国家、忘记了中国共产党的历史使命的体现，是典型的历史倒退。不忘初心是新时代经济发展的强大精神动力，初心是中国共产党建设新中国的追求，正是中国共产党发动组织了广大农民参加新中国的革命和建设工作，才使中国在社会主义道路上不断前行。农村基层党组织作用发挥薄弱的地方，这些村庄集体统一经营能力表现乏力，各种封建迷信和不健康的生活方式重新出现。若要通过壮大农村集体经济实现乡村的真正振兴，就必须加强基层党组织的建设和引领作用。农村统一经营能力的提升与农村基层党组织力量的提升是相辅相成的。毛泽东一向重视党员模范带头作用和农村的思想政治工作，当前集体经济强村的首任带头人，如史来贺、刘志华、吴仁宝、陈永贵、雷金河、田雄等都是毛泽东时代培养的优秀共产党员。北京市房山区的韩村河村是集体经济强村之一，这个村的带头人田雄认为，只顾个人发家致富，不能带领全村人共同富裕，就不是真正的共产党员。正是有了这样的优秀农村基层干部，能够真正做到以集体利益为重，凭借自己的才干和奉献精神赢得了村民的支持，才能够带领大家走上共同富裕的道路。近年来通过加强基层党支部建设和产业扶贫等工作，催生的新型农村集体经济展现了蓬勃的生命力，类似贵州省塘约村的集体经济组织不断增多。这些集体村庄通过统一集体流转土地，发展现代农业，振兴了经济、文明了乡风，受到高度关注和广泛报道，如山东省的代村、栖霞村等。2018 年，中央宣传部授予代村党委书记王传喜“时代楷模”称号。

(二)乡村联手探索发展多样化新型集体经济实现形式

为了尽可能动员力量发展新型集体经济，一些地方政府不仅大力支持农民自发组织的各种专业合作社的发展，也通过村党支部领办合作社或组成合作社联社等形式发展新型集体经济，还有些地方鼓励农民自发组织发展新型农村协会，既有经济功能，也有文化教育医疗等功能。习近平在论述乡村振兴中如何充分发挥市场决定性作用和更好发挥政府作用的关系时，着重强调了要“提高组织化程度，激活乡村振兴内生动力”①。乡村振兴的发展需要农村农业的合理发展，只有组织起来，形成联合起来的控制力量，才能够实现马克思主张的合理农业。马克思在《资本论》中分析了农业经营的三种基本生产方式：家庭单干的小农生产方式、资本雇佣劳动的资本主义生产方式、联合起来控制的社会主义生产方式。马克思说：“历史的教训（这个教训从另一角度考察农业时也可以得出）是：资本主义制度同合理的农业相矛盾，或者说，合理的农业同资本主义制度不相容（虽然资本主义制度促进农业技术的发展），合理的农业所需要的，要么是自食其力的小农的手，要么是联合起来的生产者的控制。”②这是从保护生态环境角度来讲的，在后续的经典著作中，马克思进一步论证了联合起来控制的社会主义集体农业生产方式，并认为社会主义农业生产方式应该是集体化的、机械化的大农业。联合起来的社会主义生产方式不仅利于保护生态资源，同时利于生产力水平的快速提升。社会主义国家的农村集体组织应该具有社会主义性质和特征，才能够形成符合全局利益和长远利益的生产方式。我国那些被称为传统集体的村庄，一般是村社一体的组织形式，全体村民既是经济组织中的成员，也是社会和生活组织中的成员。简单地说，一个行政村的全体村民都是集体组织的成员，所有事务都在集体中办理，统一安排劳动，统一分配收益。而新近发展起来的被称为新型农村集体组织的村庄尽管没有采用村社一体的传统形式，但通过清产核资把属于本村的公有资产组织在一个集体性质的企业或公司中，选派若干工作人员维持经营，赢利的目的是为了改善本村的公共服务，增强为普通农户服务的能力。还有些是通过土地流转，把若干面积的农户经营的土地流转到属于集体的经营公司中，并且是由专人负责，赢利归本村集体支配。还有些集体性质的村庄，功能主要定位在经济方面，通过全体村民的股份合作形式成立村集体组织。近年来不少行政村形成的集体组织把分散的农户组织起来，其功能不只是中介服务，还负责对农产品的生产监督和收购，农产品销售利润在集体组织和农户之间进行分配。这种由农户组成的农村集体组织从事农产品的生产、加工和销售等活动，农民获得了更多的收益。在当前空壳村、老龄化村较为严重的情况下，应该集中使用乡镇干部和驻村干部的力量，挑选条件好的村庄，帮扶其发展集体经济，等所帮扶的村庄能够自主发展以后，再帮扶下一个。在这种推

① 习近平：《习近平关于“三农”工作论述摘编》，北京：中央文献出版社，2019年，第24页。

② 马克思：《资本论》第3卷，北京：人民出版社，2018年，第137页。

进策略中，县乡力量发挥了孵化器的作用，通过帮扶和典型示范，逐步带动更多村庄发展集体经济。

(三)教育同生产劳动相结合培育新型现代职业农民

在以家庭单干为主的乡村中，若想组织对普通劳动者的技术培训会非常困难，因为他们觉得学习和培训占去了自己挣钱的时间。在集体经济强村中，可以看到他们有自己的科研机构和农民大学，培训和学习都是日常行为，不会有人认为这样做耽误了挣钱机会，这是因为他们不是为了个人赚钱，而是为了集体更强大，只有多学习，多增长才干，才能不断地促进集体经济发展。集体富裕了，个人就富在其中，并且是共同富裕，是文明和谐的富裕，是乡村振兴所需要的富裕。乡村振兴离不开高素质的农村劳动者，现代化技术和设备在农村农业中日趋广泛的应用，一方面需要对农村劳动者的教育经常化，另一方面也为教育与生产劳动相结合提供了物质基础。但是要实现这种结合，就需要以《资本论》共同体理论为指导，组织和逐步壮大农村集体组织。教育与生产劳动相结合能够实现劳动者自身健康科学的发展与生产力水平提升的同步。马克思是从考察资本主义国家工厂法的教育条款及工厂视察员的调查报告中得出这个结论的。在西方资本主义发展过程中，越来越需要劳动者有一定的文化知识，但又不能够中断劳动，就出现了让在工厂劳动的儿童一半时间用来读书，一半时间用来工作，即半工半读。通过调查发现："虽然工厂儿童上课的时间要比正规的日校学生少一半，但学到的东西一样多，而且往往更多。"①马克思认为教育应该同生产劳动相结合，马克思不是从资本家赚钱的角度，而是从有益于身心健康的角度出发，因为"半工半读的制度使得两种活动互为休息和调剂"②。毛泽东对此也有过深刻的表述，他认为学校课堂的学习是让学生积累了知识，而聪明才智并不与知识等同，甚至那些知识多、参加劳动少的人还没有不识字而劳动多的人聪明。毛泽东还用平民出身的刘邦打败了贵族出身的项羽、劳动者出身的解放军指战员打败了国内外名校出身的国民党军官等史料说明这个道理。③ 我们知道，所谓的书呆子，就是只有知识而没有动手能力或解决具体问题能力的人，而要善于动手解决问题，这就需要多参加劳动，每一项具体劳动都需要一个人的全部身心来参与，就需要开动脑筋，促进聪明才智的增加。因此，马克思说："未来教育对所有已满一定年龄的儿童来说，就是生产劳动同智育和体育相结合，它不仅是提高社会生产的一种方法，而且是造成全面发展的人的唯一方法。"④农村人的教育问题是需要长期重视的大问题，新中国成立初期的农村集体时代特别重视对农村人的扫盲工作和

---

① 马克思：《资本论》第1卷，北京：人民出版社，2018年，第556页。

② 马克思：《资本论》第1卷，北京：人民出版社，2018年，第556页。

③ 《毛泽东读社会主义政治经济学批注和谈话》(下)，北京：中华人民共和国史学会出版社，1998年，第741—742页。

④ 马克思：《资本论》第1卷，北京：人民出版社，2018年，第556—557页。

文化知识的普及教育工作,这是当前人口红利的一个重要支持因素。在当前农村人口严重外流的情况下,可先通过县乡力量构建规模化的产业园区,通过国家力量和农村集体力量的有机结合,在园区中使农村劳动者边劳动边接受教育培训。园区经济可以有多样化的新型现代农民培育途径:一是邀请专家指导;二是与职业院校互动交流;三是组织本地力量互教互学。培育成长起来的新型现代农民应成为带动农村集体经济发展的重要力量。但是无论途径有多少,只有集体村庄的存在,才能够保证实现教育同生产劳动相结合的有效性,从而构建产学研一体化的发展体系,为在农村开展多种经营和三产融合提供智力支持。

我国走自己的社会主义道路是一个开创性事业,需要不断回顾历史、理解现实、研读经典,促进马克思主义经典理论与中国现实的科学结合。我国的农村集体经济从新中国成立前后的互助组,发展为初级社、高级社、人民公社,奠定了农村社会主义经济关系的基础。改革开放后农村集体经济在更大的舞台、更宽阔的视野中得到多样化的发展,进入新时代,农村生产力与生产关系需要在新的高度进行调适,以乡村振兴提升农村集体经济发展水平,以农村集体经济发展壮大实现乡村有效振兴。壮大农村集体经济和实现乡村振兴是我国"五位一体"和"四个全面"治国方略的具体内容之一,同时是对"绿水青山就是金山银山"科学理念的贯彻实施。马克思说:"社会化的人,联合起来的生产者,将合理地调节他们和自然之间的物质变换,把它置于他们的共同控制之下,而不让它作为一种盲目的力量来统治自己;靠消耗最小的力量,在最无愧于和最适合于他们的人类本性的条件下来进行这种物质变换。"[①]这里马克思十分清晰地为我们勾勒出了乡村振兴的发展路径和意义所在。新时代的乡村振兴,只有在坚持农村土地集体所有制的前提下,才能深化农村治理结构改革,促进农业可持续发展,保障广大农民在生产关系中具有主人翁地位,最终实现农民共同富裕。[②] 乡村振兴的主要路径应当是农村集体组织主导下的经济、社会、思想、文化的全面振兴,这样路径实现的乡村振兴,其意义体现为以下三点:首先,乡村振兴是物质生产与精神文明同步提升的过程,农村集体组织的存在,为干部参加劳动、群众参加管理提供了载体,使干部与群众的鱼水关系更加巩固,更有利于物质生产能力与精神文明建设的有效同步;其次,乡村振兴是保证中国生态环境不断改善的重要因素,因为只有依靠集体共同力量,才能够真正科学合理地应用各种自然资源,实现人类与自然界的良性物质变换;再次,乡村振兴是保证中华民族真正伟大复兴的重要因素,中华民族的伟大复兴要体现为城乡协调发展和共同富裕。当前我国农村集体经济呈现的

① 马克思:《资本论》第3卷,北京:人民出版社,2018年,第928—929页。

② 程恩富、张扬:《坚持社会主义农村土地集体所有的大方向——评析土地私有化的四个错误观点》,《中国农村经济》2020年第2期,第134—144页。

组织规模、管理机制与产业内容的多样性，是社会主义初级阶段国情决定的，随着“两个一百年”奋斗目标的日益临近，农村集体经济的组织化程度将会得到不断提升，农村集体经济力量将不断增强，必将成为实现共同富裕的有力支撑。

参考文献

[1]习近平:《中国共产党第十九次全国代表大会文件汇编》,北京:人民出版社,2017 年。

[2]中共中央党史和文献研究院:《习近平扶贫论述摘编》,北京:中央文献出版社,2018 年。

[3]《马克思恩格斯全集》第 20 卷,北京:人民出版社,1971 年。

[4]马克思、恩格斯:《德意志意识形态》,北京:人民出版社,1961 年。

[5]习近平:《习近平关于“三农”工作论述摘编》,北京:中央文献出版社,2019 年。

Rural Revitalization and the Community Theory of Das Kapital

Zhao Yihuan

Abstract Rural revitalization strategy has rich political and economic implications. It's the value pursuit target is common prosperity. Balanced development is an inherent requirement for the distribution of rural productive forces. Rural workers are the main force to promote rural revitalization. After more than 70 years of development in new China, China's rural agriculture has basically bid farewell to the era of relying on human and animal power. Driven by industrialization and mercerization, it has become an important topic for small farmers to connect with large market and moderate scale operation. The 19th National Congress of the CPC took the development and expansion of rural collective economy as an important measure to implement the rural revitalization strategy. The community theory of Das Kapital can provide scientific ideological guidance to rural revitalization. The community theory of Das Kapital reveals that the collective is more able to create and develop the productive forces, and the collective is more conducive to the formation of the social atmosphere of the township civilization and the all-round development of rural laborers. Based on the community theory of

Das Kapital, to achieve rural revitalization, we should combine the national strength and the rural collective strength. Through strengthening the construction of grassroots Party organizations to provide talent support for rural revitalization. Through reorganizing, bring into play the main role of rural laborers in rural revitalization. Through the combination of education and production labor, cultivate a new type of modern professional farmers. We should promote the integrated development of industry, education and research in rural areas and the integrated development of primary, secondary and tertiary industries, so as to realize the real revitalization of rural areas.

Key words the community theory of Das Kapital; rural revitalization; collective economics

《共产党宣言》的世界贸易思想及其当代启示

张 玫 郑金彪

内容提要 《共产党宣言》立足于人类社会发展规律和资本主义发展历程,揭示了世界贸易产生、发展的社会基础是生产力水平的显著提高、资本主义的兴起和世界市场。世界贸易的产生、发展推动了生产力的发展、封建社会的崩溃、工业革命的兴起和经济全球化的萌生,促进了资本主义文明的传播、现代民族国家的形成和人的自由全面的发展,打破了世界有关国家和地区既有的发展状态,造成了全球经济文化发展水平的不平衡,并使资本主义的社会弊端在世界扩散。系统探究《共产党宣言》的世界贸易思想,对促进新时代中国对外贸易的发展、人类命运共同体理念的实践具有重要的启示性意义。

关键词 《共产党宣言》;世界贸易;当代启示

中图分类号 F014.3

"世界贸易"又称为国际贸易,是指各国各地区之间的商品、技术和服务交易。马克思、恩格斯对"世界贸易"很重视,早在《德意志意识形态》中就提及了"世界贸易"的概念[①],在《共产党宣言》(以下简称《宣言》)中又做了进一步的阐释,从而形成了内涵深刻的世界贸易思想。当今世界,某些发达资本主义国家奉行单边主义、优先主义、保护主义的世界贸易主张,破坏了世界贸易的规则秩序,冲击了贸易全球化和经济一体化的健康发展,进而损害了有关国家人民的共同利益和交流交往。因此,系统探究《宣言》的世界贸易思想,对促进新时代中国对外贸易的发展、人类命运共同体理念的实践具有重要的启示性意义。

一、《宣言》揭示了世界贸易产生、发展的社会基础和世界贸易的运行空间

世界贸易是世界范围内各国、各地区之间在相对稳定的场所中进行的较为频繁的产品交易活动,是新航路开辟以后才产生和发展起来的。因此,世界贸易不仅蕴含了一定地理范围的运行空间,而且是人类社会发展到一定阶段

作者简介:张玫,上海财经大学马克思主义学院博士生;郑金彪,上海财经大学马克思主义学院博士生。

① 《马克思恩格斯全集》第3卷,北京:人民出版社,1965年,第69页。

的产物。

第一，世界贸易产生、发展的根本基础——生产力水平的显著提高。世界贸易是国内贸易、区域贸易的延伸和扩展，是贸易经济的世界性存在，在量上、质上都不是前资本主义时期各国、各地区之间的贸易往来可以比拟。因此，世界贸易的产生、发展要求较高的社会物质基础。从根本上来说，生产力水平的显著提高是世界贸易产生、发展的根本基础。世界贸易最初以商品贸易为主，是商品经济高度发展的结果，而商品经济发展程度如何，则由生产力水平所决定，因为“人们所达到的生产力的总和决定着社会状况”①。在前资本主义时期，人类社会生产力水平低下，没有多少剩余产品可供交易，世界上绝大多数国家和地区都以自给自足的自然经济为主，商品经济主要作为自然经济的补充。不过，“每一代都利用以前各代遗留下来的材料、资金和生产力；由于这个缘故，每一代一方面在完全改变了的条件下继续从事先辈的活动”②。随着时间的推移和社会形态的更替，人们在继承之前所积累的生产力的基础上，通过程度不同的改变、创新以及各国、各民族之间持续的交往，不断发展生产力；特别是从奴隶社会过渡到封建社会以后，“在这些生产资料和交换手段发展的一定阶段上”，生产力水平有了显著提高，进而改变了“封建的农业和工场手工业组织”，突破了“封建的所有制关系”③。也就是说，到了封建社会以后，随着生产力水平的显著提高，人们才有能力突破自然经济的窠臼，广泛发展商品经济，进而为世界贸易的产生、发展奠定根本的物质基础。

科技发展是生产力发展的重要标志。科技水平低下，不仅导致经济生产效率低下，商品经济难以发展起来，而且限制了人们进行世界贸易活动的交通运输与联络条件。机器大工业是资本逻辑和科技发展紧密结合的产物，标志着生产力的革命性的突破和飞跃式的发展。“自然力的征服，机器的采用，化学在工业和农业中的应用，轮船的行驶，铁路的通行，电报的使用，整个大陆的开垦，河川的通航”④，为世界贸易的蓬勃发展奠定了坚实的物质基础和注入了不竭动力。

第二，世界贸易产生、发展的核心基础——资本主义的兴起。尽管世界贸易产生、发展的根本基础是生产力水平的显著提高，但是生产力水平的显著提高并不会必然导致世界贸易的产生。中国自隋唐以后特别是在两宋时期，生产力水平提高显著，不仅人口突破了1亿，产生了不少当时的世界级城市，而且四大发明最终完成，其中指南针已经在海外贸易中得到了相当程度的应用。明朝郑和船队七下西洋，证明当时中国的生产力水平远在后来的西班牙、葡萄

① 《马克思恩格斯选集》第1卷，北京：人民出版社，2012年，第160页。
② 《马克思恩格斯全集》第3卷，北京：人民出版社，1965年，第51页。
③ 《马克思恩格斯选集》第1卷，北京：人民出版社，2012年，第405页。
④ 《马克思恩格斯选集》第1卷，北京：人民出版社，2012年，第405页。

牙等欧洲国家之上。但是，郑和船队七下西洋并没有成为世界贸易产生、发展的先导和起点，究其原因在于资本主义尚未在当时中国产生，或者即使产生了也是极其微弱，无法为当时中国对外贸易的发展和转型提供动力和支撑。与中国不同的是，在新航路开辟之前，西班牙、葡萄牙等欧洲国家虽然自然经济尚未完全解体，仍处在封建社会，但是商品经济有了显著的发展，资本主义已经产生并开始了资本原始积累。为了克服本国国土面积不大、资源有限、市场狭小等不利的客观因素，获取资本主义发展所需的原料、金银货币和商品销售市场，西班牙、葡萄牙组织船队开辟了新航路，打开了建立世界市场的大门，为本国资本主义的较快发展开拓了广阔的空间。因此，资本主义的兴起是世界贸易产生、发展的核心基础，也是世界贸易不断发展的内在动力。《宣言》明确指出，“美洲的发现、绕过非洲的航行”，开拓“东印度和中国的市场、美洲的殖民化、对殖民地的贸易”，都是建立在封建社会“市民等级中发展出最初的资产阶级分子”基础上；并指出，资本主义发展需要“不断扩大产品销路”，这“驱使资产阶级奔走于全球各地。它必须到处落户，到处开发，到处建立联系”。①

第三，世界贸易的运行空间——世界市场。世界贸易蕴含着一定地理范围的运行空间，即世界市场。世界市场的建立，一方面与欧洲列强的大规模殖民扩张紧密联系。新航路开辟以后，欧洲列强在美洲、非洲、亚洲等地区建立了大量的殖民地和殖民据点。随着殖民地和殖民据点的增多，“冒险的远征，殖民地的开拓，首先是当时市场已经可能扩大为而且规模愈来愈大地扩大为世界市场”②。另一方面是机器大工业建立和发展的结果。其一，机器大工业的建立和发展，造就了铁路、轮船、电报等现代化的交通运输工具和联络工具，极大便利了各国、各地区的经贸往来和信息交换，为世界市场的建立提供了良好的物质技术条件。其二，“世界贸易几乎完全不是由个人消费的需要所决定，而是由生产的需要所决定”③。机器大工业的建立和发展需要消耗大量的原料，这推动了资产阶级在世界范围内寻找最廉价的原料和进行原料贸易，世界性的原料市场由此形成。机器大工业的原料“已经不是本地的原料，而是来自极其遥远的地区的原料”。其三，机器大工业完全改变了原封不动的、旧的生产方式，大大缩短了商品必要生产时间，提高了生产效率，生产了大量“低廉价格”的商品，并成为各国、各民族同类产品的替代品，这就促使世界性的商品消费市场逐渐建立。其四，先进性、革命性是机器大工业的本质特征，机器大工业的发展、扩张能把一切民族“都卷到文明中来”，从而使各民族的精神生产和消费逐渐具有世界性，使各民族的精神产品成为世界性的“公共的财产”，也

① 《马克思恩格斯选集》第 1 卷，北京：人民出版社，2012 年，第 401、404 页。
② 《马克思恩格斯全集》第 3 卷，北京：人民出版社，1965 年，第 64 页。
③ 《马克思恩格斯全集》第 4 卷，北京：人民出版社，1965 年，第 87 页。

促进了突破民族片面性和局限性的“世界的文学”的形成①;在这种情况下,世界性的文化市场逐渐生成。

二、《宣言》阐述了世界贸易产生、发展的积极效应

世界贸易的产生、发展是人类社会巨大的历史进步,是人类社会历史走向“世界历史”的重要动力,适应了人类社会发展的客观要求,对人类社会的发展进步有着广泛而深刻的积极效应。

第一,推动了生产力的不断发展和封建社会的崩溃。世界贸易的产生、发展一方面逐步扩大了资本主义经济发展所需的原料产地、劳动力市场和商品销售市场,促进了新的生产工具、交通运输工具和联络工具的发明与运用,为生产力的发展打开了广阔的空间,注入了源源不断的动力;另一方面进一步冲击了自给自足、简单生产的自然经济,推动了资本原始积累的完成和资本主义的较快发展,“瓦解了封建的共同体形式”,促使封建社会走向崩溃。《宣言》明确指出,对东印度、中国市场的开拓,与美洲、非洲、亚洲等地区殖民地、半殖民地进行贸易,以及逐渐建立世界市场,促进了工商业、航海业、交通运输业和封建社会内部革命因素的快速发展;随着世界贸易的发展,封建的工业经营方式不能适应这种形势的需要,“行会师傅被工业的中间等级排挤掉”,代之而起的是资本主义工场手工业。② 工场手工业的发展非常依赖世界贸易的发展。《德意志意识形态》强调,“工场手工业的初次繁荣的历史前提,乃是同外国各民族的交往”;“美洲和东印度航路的发现扩大了交往,从而使工场手工业和整个生产的发展有了巨大的高涨”;“工场手工业,在它能够输出自己的产品的时候,是完全依赖于贸易的扩展或收缩的”。③ 这里“交往”和“贸易”实际上都是指世界贸易。

第二,推动了工业革命的兴起和经济全球化的萌生。工业革命是科技不断创新、生产技术设备不断革新的产物,也是世界贸易蓬勃发展的结果。《哲学的贫困》指出,“殖民地产生了世界贸易,世界贸易是大工业的必备条件”④。随着美洲、非洲、亚洲等地区成为欧洲列强的殖民地、半殖民地,“各殖民地开始成为巨大的消费者”⑤,世界贸易获得了蓬勃的发展。但是,主要依靠人力和分工的资本主义工场手工业生产效率有限,难以满足世界贸易蓬勃发展的需要。因此,以机器大生产为主要标志的工业革命逐渐兴起。《宣言》一方面

---

① 《马克思恩格斯选集》第1卷,北京:人民出版社,2012年,第404页。
② 《马克思恩格斯选集》第1卷,北京:人民出版社,2012年,第401页。
③ 《马克思恩格斯全集》第3卷,北京:人民出版社,1965年,第62、64、66页。
④ 《马克思恩格斯全集》第4卷,北京:人民出版社,1965年,第145页。
⑤ 《马克思恩格斯全集》第3卷,北京:人民出版社,1965年,第65页。

指出随着市场需求的不断增加，工场手工业不能满足这种发展需要，“于是，蒸汽和机器引起了工业生产的革命”；另一方面指出“大工业建立了由美洲的发现所准备好的世界市场”，世界市场是通过促进商业、航海业、交通运输业的巨大发展来推动机器大工业的不断扩展。[①] 同时，“资产者代表世界贸易、全世界范围内商品的直接交换、银钱业、以机器劳动为基础的大工厂工业”[②]。受资本逻辑的驱使，主导世界贸易的资产阶级在世界范围内进行各种贸易活动，对生产活动和经济资源进行自发的调整和配置，从而优化了国际分工和资源配置，推动了经济全球化的萌生。《宣言》指出，资产阶级在开拓世界市场、开展工业革命的过程中，从世界各地获取原料，向世界各地输送各种产品，“使一切国家的生产和消费都成为世界性”[③]。这种生产和消费世界性特征的出现，表明了人类经济活动空间由地域化向全球化的历史性转变。

第三，促进了资本主义文明的传播和现代民族国家的形成。世界贸易不仅是一种经济活动，而且是一种文明传播活动。世界贸易代表的是当时世界上最先进的资本主义文明，该文明包含着先进的生产方式及建立在此基础上的先进的政治文化和科技文化。作为资本主义文明的主要承载者，资产阶级在一定程度上扮演了文明传播者的角色。在世界贸易不断发展的过程中，资产阶级有意无意地传播着先进的资本主义文明，推动了世界各地不断发展进步。《宣言》指出，资产阶级作为世界贸易的主导者，不仅消灭了“古老的民族工业”，建立了机器大工业，而且利用先进的生产工具、交通运输工具和联络工具把所有民族都纳入资本主义文明中，并利用“低廉价格”的商品，摧毁了野蛮国家和民族的仇外心理，迫使所有民族“在自己那里推行所谓的文明”。同时，世界贸易在本质上是一种交往方式、交流方式，世界贸易产生、发展本身就是交往交流的过程，各地区人民通过不断发展的世界贸易，彼此了解、学习、融合和依存，推动了只有同盟关系、具有不同利益、法律、政府、关税的各地区人民走向同质化，并逐渐结合为拥有统一的政府、法律、利益、关税的民族；也使各国人民的经济生活条件趋于一致，“民族分隔和对立日益消失”[④]，从而促进了现代民族国家的形成。

第四，有助于人的自由全面发展的实现。《宣言》深刻指出，人类社会的终极发展目标是人的自由全面发展的“联合体”取代资本主义社会，并指出这个终极发展目标的实现，不仅立足于生产力的高度发展，阻碍生产力发展和人的自由全面发展的生产关系的变革和废除，而且立足于各资本主义国家无产阶级的联合行动，以及各民族之间交往联系的普遍化和隔阂、敌对关系的最终消

---

① 《马克思恩格斯全集》第1卷，北京：人民出版社，2012年，第401—402页。

② 《马克思恩格斯全集》第4卷，北京：人民出版社，2012年，第51—52页。

③ 《马克思恩格斯全集》第1卷，北京：人民出版社，2012年，第404页。

④ 《马克思恩格斯全集》第1卷，北京：人民出版社，2012年，第404—405、419页。

失。世界贸易的产生、发展显然有助于这个终极发展目标的实现。《宣言》指出,世界贸易的产生、发展,一方面推动了资本主义生产方式由工场手工业向机器大工业转变,从而极大提高了生产力的发展水平,进一步扫除了封建生产关系和自然经济;随着世界贸易的不断发展,生产力还将继续得到发展,与此相应的生产关系也将不断随之改变。另一方面加强了世界各国人民的互相往来和互相依赖,促进了世界上不同民族、不同地区人民的联系、交流和依存,特别是促进了各资本主义国家无产阶级的联系和联合,推动了世界人民经济文化共同体的生成和发展。

三、《宣言》指明了世界贸易产生、发展的消极影响

尽管世界贸易对人类社会的发展进步有着广泛而深刻的积极效应,但是作为欧洲列强殖民扩张的重要方式和以资本主义为内核的经济活动,世界贸易不可避免地对人类社会发展进步产生了一定的消极影响。

第一,打破了世界有关国家和地区既有的发展状态。在世界贸易产生之前,各国、各地区之间的经济联系不紧密,贸易活动对促进各国、各地区经济发展的作用不是很显著。正因为如此,各国、各地区之间彼此影响有限,在自己特有的政治经济文化基础上,形成了自身独特的发展状态。世界贸易产生以后,由于世界贸易不仅是欧洲列强殖民扩张的重要方式,并伴随着一系列传教活动,而且是强势的资本主义文明的代表,具有很强的侵略性。所以,世界贸易的产生、发展,打破了世界上很多国家和地区既有的发展状态,中断了很多国家和地区独立自主的发展进程,改变了很多国家和地区的历史命运——其长久以来所形成的特有的政治经济文化更是遭到严重的破坏。《宣言》指出,世界贸易的产生、发展,打破了各国、各民族的"自给自足和闭关自守状态",推动了资产阶级按照自己的面貌、意志改造世界,导致地方性、民族性的文化日渐消失,迫使不想灭亡的国家和民族用资本主义文明改造本国本民族的文化。[①] 这些现象的出现,虽然在客观上、在一定程度上促进了有关国家和地区的发展进步,推动了不同文明的交流、互鉴、融合,但是却破坏了文明的多样性和多元化,给人类文明的继承和发展造成了难以估量的损失。

第二,造成了全球经济文化发展水平的不平衡。《宣言》前后时期的世界贸易并非平等互利的贸易活动,世界贸易是资本主义国家掠夺、剥削落后国家和地区的重要方式。资本主义国家利用其先进的生产力和强大的军事力量,通过世界贸易长期大肆掠夺落后国家和地区的原料、劳动产品、金银和劳动力,对落后国家和地区进行商品倾销,破坏落后国家和地区的经济结构和文化

---

① 《马克思恩格斯选集》第1卷,北京:人民出版社,2012年,第404页。

传统，使落后国家和地区的经济变成资本主义国家的附庸，成为其剥削压榨的对象。当然，世界贸易的发展也推动某些落后国家比较成功地吸收了资本主义文明，走上了现代化的发展道路，但是绝大部分落后国家和地区是被动地、部分地接受资本主义文明，成为被资本主义国家控制、剥削的殖民地或半殖民地。因此，在世界贸易不断发展的过程中，资本主义国家经济发展的难题得到解决，资本原始积累顺利完成，经济文化越来越发达，并成为世界发展的中心，落后国家和地区的经济文化则更加落后凋敝，从而导致"未开化和半开化的国家从属于文明的国家"，"农民的民族从属于资产阶级的民族"，"东方从属于西方"。[①] 这里的"从属"不仅仅是政治经济上的"从属"，还包括文化上的"从属"，而"从属"状态的形成，就表明了全球经济文化发展水平不平衡的形成。

第三，促使资本主义社会弊端在世界扩散。经过工业革命之后，资本主义社会的内在矛盾日益尖锐化，社会弊端暴露无遗。其一，随着生产力水平的极大提高和持续发展，"在私有制的统治下，这些生产力只获得了片面的发展，对大多数人来说成了破坏的力量，而许多这样的生产力在私有制下根本得不到利用"[②]，所以破坏生产力的经济危机经常发生；其二，随着工业革命的持续推进，"已经进入工业化时代的资本主义生产方式"，不仅"使无产阶级队伍越来越庞大"，无产阶级的就业压力日益加剧，而且使无产阶级成为机器的附属物，从根本上造成了无产阶级的贫困化，导致无产阶级赤贫化速度比人口和财富增加的速度还要快[③]，所以在《宣言》诞生前后，资本主义国家的无产阶级贫困化问题很严重、很突出。因此，世界贸易的不断发展，一方面促使资本主义经济危机扩散到落后国家和地区，资本主义国家在经济危机发生之后把落后国家和地区作为转嫁经济危机、减少经济损失的对象，从而导致"发生的每一次危机都把一些新市场或以前只被微微榨取过的市场卷入了世界贸易"[④]；另一方面促使无产阶级贫困化问题扩散到落后国家和地区，落后国家和地区在被卷入世界贸易的体系以后，不仅当地的经济受到冲击、破坏，产生了大批破产的底层劳动者，而且在采用资本主义生产方式之后也出现了无产阶级贫困化问题；同时，资本主义国家通过不平等的世界贸易长期剥削和压榨落后国家和地区，造成了落后国家和地区深层次的贫困问题。

四、《宣言》中世界贸易思想的当代启示

马克思、恩格斯在《宣言》中立足于人类社会发展规律和资本主义发展历

---

① 《马克思恩格斯选集》第 1 卷，北京：人民出版社，2012 年，第 404 页。

② 《马克思恩格斯全集》第 3 卷，北京：人民出版社，1965 年，第 68 页。

③ 章忠民、郑金彪、张玫：《〈共产党宣言〉蕴含的贫困思想及其当代启示》，《海派经济学》2019 年第 4 期。

④ 《马克思恩格斯全集》第 6 卷，北京：人民出版社，1965 年，第 506 页。

程,对世界贸易的产生、发展及其效应作出了深刻阐释。当今世界,尽管“新冠”疫情对世界贸易的运行秩序造成了一定冲击,但是这并不能从根本上改变贸易全球化、经济一体化已然形成的态势。不过,某些发达资本主义国家反时代潮流,大力推行单边主义、优先主义、保护主义的世界贸易主张,这破坏了世界贸易的规则秩序,影响了贸易全球化和经济一体化的健康发展。因此,《宣言》的世界贸易思想启示我们,不仅要把提高生产力水平作为促进新时代中国对外贸易的根本基础,而且要把开放包容、平等互利作为开展新时代中国对外贸易的基本原则,把构建人类命运共同体作为发展新时代中国对外贸易的重要方向。

第一,把提高生产力水平作为促进新时代中国对外贸易的根本基础。“各民族之间的相互关系取决于每一个民族的生产力、分工和内部交往的发展程度。”①《宣言》在阐述资产阶级产生、发展和革命性的历史作用的过程中,不仅指出了生产力是决定世界贸易产生、发展的根本性力量,而且指出了生产力的发展状况对世界贸易的发展水平有着决定性的作用。这表明,促进世界贸易发展、继续推动贸易全球化的根本途径是大力发展生产力,尽可能提高生产力的水平。进入新时代以来,虽然中国经济总量居世界第二,进出口贸易总额居世界第一,日本、韩国、澳大利亚、东盟、欧盟等国家和地区“对中国贸易的依存度正在逐渐超过美国,中国在全球的贸易竞争力不断提升”②,但是中国国内各地区生产力水平明显不平衡,生产力整体水平与西方发达国家生产力水平仍有明显差距,特别是高精尖科技方面差距很大,成为制约中国对外贸易发展水平提升和实现制造业全球价值链嵌入、价值链攀升的重要因素。因此,要促进新时代中国对外贸易的发展,一方面必须尊重经济发展规律,发挥市场机制的根本性作用,扫除阻碍提高生产力水平的各种社会因素,在不断提高生产力整体水平、均衡各地区生产力水平的过程中推动对外贸易发展水平不断提升;另一方面必须高度重视科技创新在对外贸易中的重要地位和作用,“科技创新对提高社会生产力和综合国力至关重要”③,通过持续的科技创新,提高中国制造业在国际分工中的地位,推动中国制造业深度嵌入全球价值链,并向全球价值链的高端攀升,从而增强中国对外贸易的核心优势和发展动能。

第二,把开放包容、平等互利作为开展新时代中国对外贸易的基本原则。《宣言》站在人类社会发展规律的角度,认为世界贸易的产生、发展对人类社会的发展进步有着重要的积极作用,并指出当时的世界贸易是资本主义国家所掌控和为主要受益者的世界贸易,是对落后国家和地区不公平、不平等的世界

① 《马克思恩格斯全集》第3卷,北京:人民出版社,1965年,第24页。

② 翟婵、程恩富:《中国正处于世界经济体系的“准中心”地位——确立“中心—准中心—半外围—外围”新理论》,《上海经济研究》2019年第10期。

③ 中共中央宣传部:《习近平新时代中国特色社会主义思想学习纲要》,北京:学习出版社、人民出版社,2019年,第120页。

贸易。这种状态的世界贸易必然会激化资本主义国家与落后国家和地区之间的矛盾、冲突。当前的世界贸易尽管与《宣言》前后时期的世界贸易有了很大的不同,原来的落后国家和地区都变成了独立自主的新兴国家,但是发达资本主义国家依靠高水平的生产力和高精尖的科技,依然主导着世界贸易的运行秩序和话语权,成为世界贸易的主要受益者。同时,资产阶级唯利是图、利己主义的本性和价值追求,更使得某些发达资本主义国家仅从本国利益出发,抛出单边主义、优先主义、保护主义的世界贸易主张,这些都违背了贸易全球化和经济一体化的发展潮流,影响了世界贸易的稳定发展。因此,中国作为世界贸易大国,不仅要坚决反对单边主义、优先主义、保护主义的世界贸易主张,也要引领贸易全球化和经济一体化,在对外贸易中坚持并维护开放包容、平等互利的基本原则,走互惠共赢、包容共生的对外贸易之路,积极参与世界贸易的各种合作和有关制度的改革、制定,增强我国在全球经济治理中的话语权。

第三,把构建人类命运共同体作为发展新时代中国对外贸易的重要方向。《宣言》已经指出,人的自由全面发展的"联合体"取代资本主义社会是不可逆的社会发展规律,是人类社会不断向前发展的必然结果。这个终极目标的实现,显然不是依靠某个国家,而是要依靠全人类长期共同的努力。然而,"二战"结束后,贸易全球化和经济一体化的快速发展,在一定程度上助推了某些发达资本主义国家推行强权政治、霸权主义,以及对社会主义国家进行和平演变和对其他资本主义国家进行颜色革命,从而导致不少国家和地区陷入停滞或动乱之中。进入 21 世纪以后,各国、各地区的经济依存度加深、各方面交流合作频繁,但是动荡不安、诸多不确定因素的存在、治理赤字、信任赤字、发展赤字等问题和挑战深刻影响着世界向前发展。因此,党的十八大以来,习近平总书记在准确把握人类社会发展规律和世界发展趋势的基础上,提出人类命运共同体的理念,"强调一个地球村的人类,追求本国人民合理权益时要兼顾他国人民合理权益,在谋求本国发展中促进各国共同发展,内含整个人类共生互存的可持续发展观、共同安全观、共同权益观、共同治理观等一系列全球价值观"①,这既是对马克思、恩格斯的人的自由全面发展的"联合体"理论的重大发展,也是为新时代中国对外贸易的发展指明了方向。因此,新时代中国对外贸易的发展要紧扣人类命运共同体的理念,"推进开放、包容、普惠、平衡、共赢的经济全球化"②,在交流互鉴、开放包容、融合依存中促进各国经济文化共同进步,推动世界贸易繁荣发展和普惠各国人民。

---

① 程恩富:《中国特色社会主义前进征途上要做到"五个坚持"》,《马克思主义研究》2019 年第 10 期。

② 《习近平新时代中国特色社会主义思想学习纲要》,北京:学习出版社、人民出版社,2019 年,第 220 页。

参考文献

[1]《马克思恩格斯全集》第 3 卷,北京:人民出版社,1965 年。

[2]《马克思恩格斯选集》第 1 卷,北京:人民出版社,2012 年。

[3]《马克思恩格斯全集》第 4 卷,北京:人民出版社,1965 年。

[4]章忠民、郑金彪、张玫:《〈共产党宣言〉蕴含的贫困思想及其当代启示》,《海派经济学》2019 年第 4 期。

[5]中共中央宣传部:《习近平新时代中国特色社会主义思想学习纲要》,北京:学习出版社、人民出版社,2019 年。

[6]程恩富:《中国特色社会主义前进征途上要做到"五个坚持"》,《马克思主义研究》2019 第 10 期。

The Thought of World Trade in the Manifesto of the Communist Party and Its Contemporary Enlightenment

Zhang Mei Zheng Jinbiao

Abstract The Manifesto of the Communist Party is based on the development law of human society and the development process of capitalism. It reveals that the social basis for the emergence and development of world trade is the significant improvement of productivity and the rise of capitalism, and the operating space of world trade is the world market. It also clarifies that the emergence and development of world trade promote the development of productivity, the collapse of feudal society, and the rise of industrial revolution. The rise of capitalism and the emergence of economic globalization have promoted the spread of capitalist civilization, the formation of modern nation-state and the free and all-round development of human beings. They have also broken the existing state of development in the countries and regions concerned in the world, resulting in the imbalance of global economic and cultural development, and the spread of capitalist social disadvantages in the world. A systematic study of the world trade ideas in the Manifesto of the Communist Party is of great significance to promote the development of China's foreign trade in the new era and the practice of the concept of a community of shared future for mankind.

Key words The Manifesto of the Communist Party; world trade; contemporary enlightenment

经济学"幸福悖论"的文化进路:文化人构想

王历荣　严梅萍

内容提要　西方主流经济学实质是"物本经济学",它以物质财富的增长为最终目的,以经济效益为最高原则,把追求与获得物质财富看作是生活幸福的基础和关键,带来的逻辑结果是经济主义、物质主义和消费主义盛行、异化,"幸福悖论"现象日渐凸显,经济日益成为"无快乐的经济"。而"文化是个好东西",是后物质主义时代的重要幸福来源,发展文化避免了社会对经济无限增长的追求,破除了人们对物质财富和消费主义价值观的迷恋,从而为人们开辟了新的幸福源泉,提供了走出"幸福悖论"的文化进路。具有系统的幸福知识、良好的道德修养、较高的生产和消费能力的"文化人",需要从经济、政治、文化和教育等方面予以构建相应的培养机制。

关键词　"幸福悖论";文化人;经济人;后物质主义

中图分类号　F0-0

近 40 年来以里根、撒切尔政府为标志,新自由主义的全球治理导致一国和世界范围的贫富对立不断加剧,西方发达资本主义国家经济生活中的幸福悖论现象日益严重,西方主流经济学摧残人民幸福的本质日益显露。鉴于此,西方学术界一些有良知的进步学者从幸福学的角度对资本主义经济及作为其理论基础的西方主流经济学进行了反思和批判,提出了各种各样的解决方案。[①]美国学者提勃尔·西托夫斯基在其名著《无快乐的经济:人类获得满足的心理学》(简称《无快乐的经济》)一书中指出,欧美发达国家的经济发展到今天,已成为"无快乐的经济"。[②]这是由于在当今经济高度发达的丰裕社会,"一旦人们将他们的财富用于完全的、持久的需求满足,他们就会弱化或丧失他们的快乐"的缘故。为此,西托夫斯基主张开辟新的幸福道路,寻求另外的幸福源泉。在西托夫斯基看来,新的幸福源泉就是文化活动,因为文化"不仅能够到处造福,而且能够减少痛苦"。这样就把"文化人"推上人类社会的历史舞台,而不再只是"经济人"的"独舞"。当然,《无快乐的经济》一书完全无视社会

作者简介:王历荣,浙江音乐学院马克思主义学院教授;严梅萍,四川大学历史文化学院博士后。

① 王历荣、陈湘舸:《幸福学:〈资本论〉研究的新视角》,《〈资本论〉研究》2020 年第 1 期。

② [美]提勃尔·西托夫斯基:《无快乐的经济:人类获得满足的心理学》,高永平译,北京:中国人民大学出版社,2008 年,第 63 页。

和经济制度对幸福的决定作用而把幸福看成一种脱离主体所处社会生活环境的纯粹心理活动是不对的，应该受到批判，但其"文化人"构想对当今社会摆脱或减少经济学的"幸福悖论"提供了一个全新的文化进路，具有一定的理论价值与实践意义。为此，有必要在对"经济人"假设批判的基础上，对"文化人"假设进行深入研究，构建合乎时代幸福要求的"文化人"理论。

一、物质主义时代的"幸福悖论"

"幸福是人类一切活动的终极目的，几乎没有人会否认幸福作为社会发展终极目标的合理性。"①追求幸福是人生的永恒主题，也是人类全部"行为的目的"。② 人类思想史上凡属进步的理论，都或明或暗地将幸福视为人类进行经济、政治、文化、教育等一切活动的终极目的。瑞士经济学家布伦诺·弗雷和阿洛伊斯·斯塔特勒在《幸福与经济学：经济和制度对人类福祉的影响》一书中指出，"幸福是人们的一个根本目标，幸福本身就是一种目标"，"对于大多数人来说，幸福虽说不是生活的唯一终极目标，但也是主要的生活终极目标"。③最早研究快乐经济学的华人学者、著名福利经济学家、诺贝尔经济学奖评委黄有光提出："应把快乐作为经济增长、公共政策等一切人类活动的终极目标，取代经济学一直信奉的效用。"④陈惠雄也提出："所有人类行为的终极目的或根本目的只在于追求一种'快乐的精神'而非物质"，"最终而言，福祉或快乐才是人们的终极目的"，"快乐是唯一有理性之终极目标"。⑤

资产阶级经济学代表人物亚当·斯密也标榜自己的经济学说是为了公众幸福。在资本主义私有制度和市场经济条件下，资本家是"经济人"，"他受一只看不见的手的指导，去尽力达到一个并非他本意要达到的目的"，即"他追求自己的利益，往往使他能比在真正出于本意的情况下更有效地促进社会的利益"，而且主观上认为自己谋利益的"经济人"的行为更有益于实现"公众幸福"。⑥ 对于斯密宣称的具有"私"利和理性的"经济人"在"看不见的手"的指引下能够给公众更多幸福的错误观点，马克思给予了有力批驳，他指出"既然按照斯密的意见，大多数人遭受痛苦的社会是不幸福的，社会的最富裕状态会

---

① 王艺、程恩富：《马克思主义视野中的"幸福指数"探究》，《学术月刊》2013年第4期。

② [古希腊]亚里士多德：《尼各马科伦理学》，苗力田译，北京：中国人民大学出版社，2003年，第19页。

③ [瑞士]布伦诺·弗雷、阿洛伊斯·斯塔特勒：《幸福与经济学：经济和制度对人类福祉的影响》，静也译，北京：北京大学出版社，2006年，第191页。

④ 黄有光：《福祉经济学：一个趋于更全面分析的尝试》，大连：东北财经大学出版社，2005年，第6页。

⑤ 陈惠雄：《快乐思想的发展与科学意义》，《浙江学刊》2001年第3期。

⑥ [英]亚当·斯密：《国民财富的性质和原因的研究》(下)，郭大力、王亚南译，北京：商务印书馆，2007年，第27页。

造成大多数人遭受着痛苦，而且国民经济学（私人利益的社会）是要导致这种最富裕状态，那么国民经济学的目的就是社会的不幸”①。

幸福学认定，经济发展、财富增加、收入水平提高是决定影响人们幸福感的重要因素。经济发展是幸福的前提条件和重要源泉，没有物质财富作为支撑的幸福是空洞的。那些生活在贫穷国家的人们会因人均收入的增加而变得幸福或更加幸福，因而，人们的幸福感需要通过发展经济来提高。传统观念普遍认为，经济越发展，人们会越幸福，经济发展程度越高，人们的幸福感会越强。主流经济学在“经济人”假定中，更是强调财富和幸福紧密相关，而且这种关系的维度一致（财富越多，幸福越大）、强度显著（财富是幸福的决定性因素）、跨度无限（两者关系在时间和空间上没有边界）。② 所以，“在物质财富的增长能够较快地增进人类幸福的年代里，人们以国民财富的增长水平来衡量国民幸福水平”，“国内生产总值和国民生产总值作为最重要的经济增长指标，僭越为衡量经济发展、社会进步乃至人类幸福的标尺，并成为各国政府首要的政绩目标”。③

而“一种文明秉承何种幸福观和价值观，是由该文明的生产方式所决定的”④。从财富创造和价值增值的角度看，资本主义生产方式对人类社会经济发展作出过重要贡献。工业文明的生产方式强调个人对财富的无限追求，资本对利润最大化的驱使，大大促进了社会财富的快速增长。但根据生产和消费的辩证法，物质财富的增长必然带来物质消费的增加，只有物质消费才能促进进一步的扩大再生产，因此，经济主义、物质主义和消费主义成为工业文明发展的逻辑必然。这种文明“鼓励一切个人把消费活动置于他们日常活动的最核心地位，并同时增强对每种已经达到了的消费水平的不满足的感觉”⑤，“把追求与获得物质财富看作是生活幸福的基础和关键，并把物质消费的多少当作衡量人的成功、地位和幸福的标准”⑥，从而导致经济崇拜、财富崇拜、消费崇拜的异化现象，使人迷失在消费环境之中，无法摆脱被“物”和“符号”驾驭的命运。而且这个“消费系统并非建立在对需求和享受的迫切要求之上，而是建立在某种符号和区分的编码之上”⑦。

近一个多世纪以来，尽管人类的物质财富经历了前所未有的增长，但人们

---

① 《马克思恩格斯全集》第 3 卷，北京：人民出版社，2002 年，第 230 页。

② ［意大利］路易吉诺·布鲁尼、皮尔·路易吉·波尔塔：《经济学与幸福》，傅红春、文燕平等译，上海：上海人民出版社，2007 年，第 1 页。

③ 王艺、程恩富：《马克思主义视野中的“幸福指数”探究》，《学术月刊》2013 年第 4 期。

④ 王雨辰：《论生态文明的后物质主义幸福观和共同体价值观》，《湖北大学学报（哲学社会科学版）》2020 年第 4 期。

⑤ ［加］威廉·莱斯：《满足的限度》，李永学译，北京：商务印书馆，2016 年，第 115 页。

⑥ 王雨辰：《论生态文明的后物质主义幸福观和共同体价值观》，《湖北大学学报（哲学社会科学版）》2020 年第 4 期。

⑦ 杨魁、董雅丽：《消费文化理论研究：基于全球化的视野和历史的维度》，北京：人民出版社，2013 年，第 312 页。

的幸福感却未随之同步提高，甚至在许多国家不升反降。所以，越来越多的人开始逐渐认清一个事实，那就是：我们目前发展的经济正在逐步蜕变为无助于人们幸福保持和增加的不幸福经济——“无快乐的经济”。这就是人们通常所说的“幸福悖论”。1974年，伊斯特林在其《经济增长可以在多大程度上提高人们的幸福》一文中对传统经济学认为的“财富增加将导致福利或幸福增加”命题加以反证，指出财富和幸福之间并不存在明显的正相关性，“财富并不等同于幸福”，“收入增长并不一定能带来幸福增长”。[①] 而纵观现在的西方主流经济学，由于其实质是“物本经济学”，其以物质财富的增长为最终目的，以经济效益为最高原则，缺乏社会科学应有的终极意义与彻底性，也就是未能以幸福为目的，没有严格按照幸福规律的要求探索和构建经济体制、制定和实施经济战略，因此西方主流经济学已经成为“不幸福的经济学”[②]，它所倡导和构建的经济形式，已蜕变成一种以单纯的物质财富增长为出发点和目标的“财富经济学”，已经蜕变为促成财富增长却“无快乐的经济学”。西托夫斯基指出，经济学对人性的片面画像妨碍了这个学科对塑造了主导生活方式的因素的思考，把我们推向对它的简单接受和适应，同时还阻止了经济学家对行为——包括消费行为——背后的重要动机的承认和探索，从而使得人类经济性满足的问题未能得到很好的解决，并且由于人们缺少对经济在人类满足图景中的地位的理解，使得许多非经济的满足之源也被忽视了。[③] 但“个人的本性或人类的本性则是由特定的社会环境所决定的”。“旧‘经济人’理念不分历史时点地把‘自私人’抽象化、永恒化和绝对化，无视特定的经济关系和经济制度对人的经济行为与经济心理的作用”，“用个人的低级本能及其经济行为与经济心理替代人的多样化社会本性，形成思维的单一性和呆板性”[④]，违背了客观认识规律。

二、后物质主义时代的幸福追求

“20世纪最伟大的经济学家凯恩斯曾预言：一旦民众都实现了物质富足，人们就会‘再一次把目的看得重于手段，宁愿追求善而不追求实用’。”[⑤]追求幸福是人的本性所在。费尔巴哈曾言：“生活和幸福原来就是一个东西。一切的追求，至少一切健全的追求都是对于幸福的追求。”[⑥]《新民周刊》曾刊文强

---

① 陈湘舸、王艺：《论经济学的“幸福革命”》，《经济理论与经济管理》2009年第11期。

② [英]理查·莱亚德：《不幸福的经济学》，陈佳伶译，北京：中国青年出版社，2009年，第5页。

③ [美]提勃尔·西托夫斯基：《无快乐的经济：人类获得满足的心理学》，高永平译，北京：中国人民大学出版社，2008年，第7页。

④ 程恩富：《新“经济人”论：海派经济学的一个基本假设》，《教学与研究》2003年第11期。

⑤ 程恩富：《新“经济人”论：海派经济学的一个基本假设》，《教学与研究》2003年第11期。

⑥ [德]费尔巴哈：《费尔巴哈哲学著作选集》，荣震华译，北京：商务印书馆，1984年，第543页。

调，"世上任何财富都是手段，唯独幸福这种财富，是我们生命的目的"①。马克思(1990)曾指出："历史不过是追求着自己目的的人的活动而已。"人的经济、政治、文化和社会等活动，都只是实现自己目的的手段。而人的目的是由其需要决定和产生的。人的需求又是随着所处的社会条件不断变化的，这就意味着决定影响幸福感的因素是在不断变化的。在不同的生产生活条件下、不同的历史发展阶段，人们的需要是不断变化的，其追求的目的也是多种多样的，从而导致幸福的内涵与外延也是不断丰富和发展的。"完全真正的人所享有的幸福并不仅仅源于物质需要的满足，人际需要和精神需要的满足也是幸福的重要来源。换言之，完全真正的人所享有的幸福并不是片面的、某一方面的幸福，而是系统的、整体的、全面的幸福。"②

幸福是人的需要得到满足之后的一种积极的心理感受。而人的需要除了基本的物质需要外，还包含更为丰富内容的社会需要和精神需要等。幸福的"内涵是很丰富的，既涵盖物质生活，也涵盖文化生活，以及社会生活和政治生活"③。除了生存型幸福外，幸福类型还可分为享受型幸福和发展型幸福。除了"经济幸福"外，还有"政治幸福""文化幸福""社会幸福"和"生态幸福"。④"它们分别反映人在不同时空上的生活状态，反映人的需要在不同广度、深度和不同水平上的满足。无论就个体抑或人类总体而言，人的需要都是一个由低级到高级、由简单到复杂、由单一到多种的动态演化系统，同样，满足这些需要的手段和方法也是不断扩展和丰富的。"⑤"当物质财富还不能满足人们需要的时候，物质对幸福的意义是绝对的，但当物质财富能够满足人们的需要的时候，它对幸福的贡献就呈现了递减的趋势。"⑥马克思曾经说过，人的本质是为了实现自我创造、自我发展、自我完善，这意味着人的需要主要不在于物质欲望的满足，就其本质来说，人的需要取决于精神追求。美国心理学家马斯洛划分的五个层次需求也是逐级上升的，一个需求获得满足后，追求下一个更高层次的需求就成为新的目标。不管是马克思的人的本质论还是马斯洛的需要层次论，都强调了人的物质需求是低层次的、有限度的，精神需求是高层次的、无限度的。因此，"作为一种符合人性的伦理导引，西方经济学的形而上的前提是错误的、有问题的。因而它对人们消费方式的导引也是有问题的"⑦。

于是，人们越来越反思资本主义工业文明采取的商品和资本拜物教带来的物质主义、消费主义的合理性。德国历史学派指责"经济人"假设与现实不

① 仇小敏、金红菊：《试论幸福文化的内在意蕴》，《理论月刊》2013 年第 3 期。
② 王艺、程恩富：《马克思主义视野中的"幸福指数"探究》，《学术月刊》2013 年第 4 期。
③ 吴灿新：《幸福文化本质上是一种道德文化》，《伦理学研究》2012 年第 1 期。
④ 王历荣：《新中国 70 年幸福观的逻辑演进与创新发展》，《云南社会科学》2019 年第 6 期。
⑤ 王艺、程恩富：《马克思主义视野中的"幸福指数"探究》，《学术月刊》2013 年第 4 期。
⑥ 胡吉红、刘华政：《试论幸福文化的维度和构建原则》，《广西教育学院学报》2015 年第 3 期。
⑦ 孙希有：《面向幸福的经济社会发展导论》，北京：中国金融出版社，2005 年，第 283 页。

符，且强调了历史与文化在形成人的动机方面的作用。新制度经济学也强调人们的追求不再仅仅是以纯粹的物质利益为目标，还包括非经济利益和精神满足，并指出，“个人选择的社会性”与“经济人”的“个人性”截然对立，主张用“社会—文化人”取代“经济人”，即用具有多重目标的人来取代单纯追求经济利益最大化独来独往的人。[①] 德谟克利特反复强调，“对于一切沉溺于口腹之乐，并在吃、喝、情爱方面过度的人，快乐的时间是很短的”，“那些贪图财富并且被别人看作很有福气而又无时无刻不想着钱财的人，就会被迫不断地投身于某种新的企图，并陷入贪得无厌”。[②] 因此，为了获得长久的幸福，必须要以道德来驾驭物质财富的获得与享用。英国学者英格尔哈特在《寂静的革命：西方公众变化中的价值观和政治方式》一书中更是提出了超越物质主义的后物质主义幸福观。他强调指出，人都追求自由和自主，但人们只会将最高的价值赋予最紧迫的需求。当物质匮乏时，“人们会将这类‘物质主义’目标定为优先。而在繁荣的环境下，人们则更可能会强调诸如归属感、尊重、审美和知识满足的‘后物质主义’目标”[③]。

实际上，马斯洛的需要层次理论一定意义上可以说就是对“经济人”的一种批判。而纳德·曼德维尔则是从反面论证了“文化人”的重要性和引领性以及“经济人”的消极性和不可持续性。曼德维尔在其《蜜蜂的寓言》一书中宣称，“要使社会幸福，使人们满足于可怜的处境，就必须使大多数人既无知又贫困”，因为“知识会使我们产生更大更多的愿望，而人的愿望越小，它的要求也就越容易满足”。“靠每天劳动而生的人，只有贫困才能激励他们去工作。缓和这种贫困是明智的，但加以治疗则未免愚蠢。”[④]因此，曼德维尔认为，“既无知又贫穷”，是劳动人民“通向物质幸福的道路”。对于这种荒谬虚伪的幸福理论，马克思给予了严厉批判。

不可否定，物质财富是幸福的前提条件和物质基础，实现幸福就要发展经济。但在文化越来越成为综合国力的重要组成部分以及人民群众日益追求的重要价值目标的后物质主义时代，文化作为幸福的一个重要内容和生活的一种存在方式，其作用日益突显。通过发展文化，破除社会对经济无限增长的追求，破除对物质财富和消费主义价值观的迷恋，建立起人们更高层次和更高水平的幸福精神家园。因为文化之于人类，是一种精神上的内在需求和更高需求，也是终生相伴的需求。人们需要通过文化来启蒙心智、认识社会，获得思想上的教益，也需要通过文化愉悦身心、陶冶性情，获得精神上的满足和依归。

---

① 程恩富、朱奎：《西方旧“经济人”假设的批判与新“经济人”理论的构建》，《海派经济学》2008年第23辑。

② 《古希腊罗马哲学》，北京：三联书店，1957年，第118页。

③ [美]罗纳德·F. 英格尔哈特：《西欧民众价值观的转变(1970—2006)》，严挺译，《国外理论动态》2015年第7期。

④ 转引自《资本论》第1卷，北京：人民出版社，2004年，第841页。

文化事关精神信仰、思想状况、文化权益和生活品质，也直接关系民生幸福。因此，西托夫斯基说：“文化构成了生活所能提供的最好、最有价值的东西。……文化活动是最佳的满足之源，无论是从个人的视角还是从社会的视角。”①罗素说，文化幸福是“一种根本性的幸福，任何不利的环境都不能完全将它夺走”②。马克思曾说，“如果音乐很好，听者也懂音乐，那么消费音乐就比消费香槟酒高尚”。也就是说，文化有助于人民幸福感的提升和幸福感的持续。③

三、文化人的幸福本质及其作用

作为社会性动物，人具有历史性，在不断发展进化。西托夫斯基的文化人学说就是从另一个角度显示了人的发展态势，即在新的历史时期，人类将既是“经济人”，又是“文化人”。而“文化人”既是生产者和消费者，又是幸福的创造者、感受者与享受者。根据西托夫斯基的分析和论证，当今物质生活资料已经弱化或丧失他们的快乐功能，这意味着“经济人”假说在人类谋求幸福中的地位与作用已经下降，其主体地位将一定程度上被更注重幸福感受能力的“文化人”假说所取代，人也不只是“经济化”，更多的是“文化化”。但是，在“无快乐的经济”的情势下，文化人要创造、感受、享有新的幸福，不断提高幸福感，需具有以下素养和感受幸福的能力：

其一，文化人需要有系统的幸福知识。苏格拉底曾提出和倡导知识幸福理论。他强调，理性、知识对于人们谋求幸福有着决定性的作用，幸福只有通过知识才能得到。缺乏知识的指导，难以获得幸福且还可能遭遇痛苦乃至灾难。文化人需要拥有幸福知识，并用它们来指导自己谋求幸福的活动。幸福知识主要是关于幸福的本质特征、根源和影响要素，以及幸福产生的条件和增长机制等方面的知识。幸福知识包括幸福之道和幸福之术，它主要回答什么是幸福以及怎样谋求幸福这两个方面的问题。文化人作为在文化活动中寻求幸福的人，无疑要求了解和掌握尽可能系统且深入的幸福知识。因为在幸福知识的指导下，文化作品、文化活动才会提供更多的快乐幸福，文化人所具有的文化享受能力和消费能力才能更好地发挥其谋取幸福的作用。

其二，文化人需要有良好的道德。古今中外的伦理学、幸福学多是坚持并倡导“道德幸福观”。他们认定，幸福是具有真、善、美属性的心灵感受，幸福就是道德，幸福文化离不开道德文化。古希腊著名思想家梭伦认为，没有德行的

① [美]提勃尔·西托夫斯基：《无快乐的经济：人类获得满足的心理学》，高永平译，北京：中国人民大学出版社，2008 年，第 256 页。

② [英]伯特兰·罗素：《自由之路》，李国山译，北京：文化艺术出版社，2005 年，第 89 页。

③ 《马克思恩格斯全集》第 26 卷，北京：人民出版社，2005 年，第 312 页。

财富是不义之财，是不可能让人幸福的。思想家德谟克利特认为人对幸福的追求是人的道德活动的出发点和动力，人的道德活动的最终目的就是要达到幸福。[①] 德国哲学家费尔巴哈认为，人的本性都是追求幸福的，德行就是自己的幸福，离开了对幸福的追求，就不可能有什么道德。[②] 柏拉图则主张人生的根本目的就是达到至善，人为了使自已幸福，就必须用智慧和德性去追求善和至善。[③] 亚里士多德认为，“最优良的善德就是幸福，幸福就是善德的实现，也是善德的极致”[④]。因此，要谋求和享受幸福，就必须拥有良好的道德修养，也就是美德。高雅文化具有真、善、美的内在属性，自然而然会赢得追求幸福者的喜好、偏爱、推崇和追求。只有那些具有美德的人，才会也才能从文化活动中谋取幸福。与此相反，缺乏美德的人，因为找不到正确的幸福之道与幸福之术，所以多数沉湎于纸醉金迷、灯红酒绿、声色犬马的物质享受之中，以此为乐，不去、不会、更不能从文化所蕴含的真、善、美品质中获得美好的幸福感受。当然，他们也感受不到，发现不了其中所蕴含的真、善、美，在他们眼中，高雅的文化艺术品、文化活动不是他们所喜爱和追求的幸福，只是赚取名利以及达到某种丑恶目的的工具而已。

其三，文化人需要有较高的生产和消费能力。中外幸福理论都无一例外地承认，必要的物质条件是幸福的重要因素。文化人大批出现需要以社会生产力高度发达、物质财富极大丰富、人类进入丰裕社会为基础，这对人们的生产技能提出了更高的要求。只有提高生产技能，才能有较高的劳动生产率，才能创造丰裕的物质财富。当个人拥有比周围人更高的生产技能，由此得以拥有更多的物质财富，达到富足的经济状况和高消费的物质生活水平时，他会对“无快乐的经济”的弊病有更深刻的感受，从而加入文化人队伍，以求得新的幸福。同时，这也为他培养高雅的消费能力，更多地参加文化活动，成为优秀的文化人提供了必要的物质条件。与此相反，如果一个人生产技能水平低下，即使身处丰裕社会，他也处于相对贫困之中。显然，这种经济状况对他的消费能力的培养以及发挥都会产生不良影响。那些因生产技能水平低下而收入水平随之低下者，就没有相应的支付能力来较多地参加文化活动，尤其是难以参加那些高雅的文化活动。因此，在丰裕社会中，一个人想要过上比较幸福的生活，必须首先具有较高的生产技能。同时，又要具有一定的消费能力。“只有欣赏严肃音乐或者真正的爵士音乐的能力，才被视为具有音乐文化的标志。”[⑤]也就是说，多数人的消费只是停留在经济性消费，并不具有文化性消费

① 罗国杰、宋希仁：《西方伦理思想史》(上)，北京：中国人民大学出版社，1985年，第50页。

② 费尔巴哈：《费尔巴哈哲学著作选集》，荣震华译，北京：商务印书馆，1984年，第575页。

③ 罗国杰、宋希仁：《西方伦理思想史》(上)，北京：中国人民大学出版社，1985年，第50页。

④ ［古希腊］亚里士多德：《政治学》，北京：商务印书馆，1965年，第364页。

⑤ ［美］提勃尔·西托夫斯基：《无快乐的经济：人类获得满足的心理学》，高永平译，北京：中国人民大学出版社，2008年，第201页。

能力，只有那些具有良好的文化知识修养的人，才具有文化性消费能力。

总之，一个合格的尤其是优秀的文化人，必须同时具有幸福知识、美德、生产和消费能力。文化人是这三种素养缺一不可的统一体。这就是以幸福理论、幸福学为观照所认识和规定的文化人。它在人类幸福发展史上有着极其重要的地位与作用。

第一，文化人有助于人们的需求合理“分流”，促进社会和谐发展。在当今世界，由于物质主义、消费主义、享乐主义盛行，致使社会物欲横流，许多人深陷其中而难以自拔，结果导致人类社会面临生态危机、资源危机、道德危机、经济危机等诸多危机。为此，有识之士畅言并力主让需求“分流”以减缓或消除危机，实现社会和谐发展。所谓需求“分流”，是指针对目前人们把生活消费需求过分集中于物质产品这种不合理的状况，通过调整需求结构，适当增强对文化艺术及其他非物质产品的需求和消费。但是，迄今为止还没有找到比较有效的举措实现需求“分流”。西托夫斯基的文化人假设也许是实现需求“分流”的一种行之有效的构想。

文化人之所以能让需求“分流”，是因为他们具有实行需求“分流”的内在要求与动力。在人类消费生活中，绝大多数是个人消费，这就需要每一个人有消费的主动性和积极性，同时还要有消费技能和消费能力。文化人假设所设想的文化人，具有进行需求“分流”所必需的上述品质和条件。在“无快乐的经济”的情势下，为了摆脱物质消费带来的无聊、无趣、无快乐的境况，得到超越物质主义的新的幸福，文化人有投身文化的内在要求，能主动提高自身消费能力、增加文化需求与消费，从而成功实现需求“分流”。

社会和谐包括人与自然、人与社会、人与人以及人的身心之间和谐，需求的合理“分流”，可以促进社会和谐。首先，需求的合理“分流”，有助于缓解生态危机，使人与自然和谐共处。目前，生态危机日益严重，大河断流、雾霾肆虐、风旱水灾频发、气候日益变暖等问题严重威胁人类的健康乃至生存。而造成这种不良状况的重要原因正是人类的需求结构不合理，重物质、轻文化，需求过分集中于物质产品，由此过度开发利用自然资源，致使远远超过大自然的自净和再生能力，结果酿成日益严重的生态危机。而文化人自觉调整自己的消费需求结构，适当增加对非物质性的文化艺术品的消费，由此对自然资源的开发利用就有可能缩减到大自然的自净和生产能力所允可的范围内。这就将从根本上缓和乃至根除生态危机，恢复并保持人与自然的和谐。

需求的合理“分流”，有助于消除个人对社会与他人可能造成的种种危害。如果一个人信奉物质主义、消费主义、享乐主义，把需求集中于物质产品，迷恋灯红酒绿的物质享受，就难免为了满足自己不正当的物质欲望而违法乱纪、贪污受贿，甚至去抢劫偷窃，或者敲诈勒索，或者坑蒙拐骗，结果对社会和他人造成伤害。文化人最合乎人类“文化动物”的本质属性，最合乎幸福真、善、美的本质，从而能把自己的物质需求控制在有支付能力和合理消费的范围内，他们高尚的理想信仰和良好的道德修养使他们不仅不会做有害于社会和他人利益的事情，反而是社会公共利益和他人合理权益的捍卫者。

第二，文化人是经济健康发展的推动者。实现幸福目的是任何一种经济形式的使命和必须追求的目标。如果某种经济活动、经济形式不能为人们增加幸福快乐，那么，它就失去了发展应有的价值，属于不健康的经济。文化人的素质、能力和人生目标，无疑有助于经济实现幸福的目的，并能让经济得到可持续健康发展。之所以能使经济得以重新健康发展，首先是因为，如上所说，文化人使需求合理“分流”，从而有助于实现社会和谐。而人与自然、人与社会、人与人以及人的身心之间和谐相处的自然和社会环境将为经济可持续发展提供良好的自然和社会条件。其次是因为，文化人有着多种身份，他们既是文化活动的参与者、文化艺术品的消费者，又是物质生产活动的参与者与生产者。这些身份既互为条件，又相互促进。例如，一个人为了能有条件参加文化活动，占有和消费文化艺术作品，必须有一定的物质基础或者说经济实力，这会激发文化人作为物质生产者和经济人的积极性。同时，文化人拥有消费技能，经常参加文化活动，从而有利于提高他们的智力和创新能力，以及他们的道德水平。这不仅有助于使他们成为合格的文化人，而且有助于提高他们作为生产者、经济人的素质，从而提高劳动生产率。经济发展促进文化艺术的进步，而后者的进步又反过来促进前者的发展。文化人对于经济发展的推动作用还表现在文化产业上面。在21世纪，文化产业是朝阳产业，文化人对它的推动作用越来越大。文化产业直接为文化人服务，是培养文化人的摇篮和土壤。文化人日益增长的文化性需求，为文化产业提供了广阔的市场和巨大的推动力量。这是生产决定消费，消费又反作用于生产这一规律作用的必然结果。

四、文化人培养机制构想

鉴于文化人对于人的全面发展、社会和经济的健康发展有着不容忽视的重要推动作用，因此，它的历史地位和作用如同经济人一样，不容置疑，也不应忽视。文化人掌握系统的幸福知识，拥有良好的道德修养，具有较高的生产和消费技能。这种高素质人员的培养就更需要多层面予以保障。

（一）经济层面

根据西托夫斯基的分析，文化人是在“无快乐的经济”条件下人类寻找物质财富之外新的幸福源泉的产物。当人们认识到“文化是个好东西”①,是比物质财富成本更小、效果更好的幸福源泉时,便会由被迫参加文化活动的被动文化人到主动参加文化活动的自觉文化人。这种自觉文化人能够对需求进行“分流”,从而只需要合理的物质生活消费资料。这样一来,就将极大地改变经济无快乐的状况。因为合理的物质需要和消费可使人从中感受到快乐幸福,让消费保持较高的新奇性和刺激性。同时,人们只生产必要的物质生活资料,从而就有更多的闲暇时间去参加文化活动,培养和提高自身的消费技巧。

而生产满足社会全体成员必要且合理需要的物质财富需要具有比较发达的社会生产力。文化人的大量涌现首先需要经济“蛋糕”做大,同时还要“蛋糕”分好。做大“蛋糕”是硬道理,只有经济“蛋糕”做大做好了,才有更多“蛋糕”可分。而分好“蛋糕”是关键,当社会财富积累到一定程度时,“分好蛋糕”显得尤为重要,它既可以为持续“做大蛋糕”提供持久动力,也可以营造和谐稳定的社会环境。文化人必要且合理的要求能够改变经济无快乐这种不正常的状况,让经济重新成为快乐幸福的源泉。这样,不仅文化活动是文化人的幸福源泉,而且物质生产活动也重新成为他们的幸福源泉,从而使人们得以享受更多的幸福。

(二)政治层面

人性是自然性、社会性、精神性的统一,人性的追求不仅仅在于物质生活的追求,还有政治生活和精神生活等的追求。无论哪种追求,都离不开政治制度的保障。只有民主法治、公平正义的政治制度,才能有效地保障社会成员拥有充分的民主自由权利,才能为人们的幸福提供坚强的制度保障。在文化人成为社会成员主体的时代,社会生活要求更加民主自由。因为,与传统的经济人相比较,文化人希望拥有更多的民主自由。首先,文化艺术作品需要创作者拥有充分的民主自由。只有在这种氛围里,创作者才能充分发挥其想象力和创造力,也才能真正做到“百花齐放,百家争鸣”,不断推陈出新。只有这样,社会才能提供风格各异并雅俗共赏的高质量的文化艺术作品,从而更好地满足人们多样化的文化生活需要。其次,由于人们的文化价值、审美观念以及消费技巧与能力存在差别,文化人有不同偏好,有各自的评价标准,这要求他们在参加文化活动时能够享受充分的民主自由。再次,文化人中的优秀人物,往往不仅是文化活动和文艺作品的参与者、消费者,同时还是创造者、发起者与组织者。这同样需要拥有尽可能多的民主自由权利,以便更好地进行文艺作品创作。因此,文化人比传统的经济人更渴望也更需要民主自由。

---

① [美]提勃尔·西托夫斯基:《无快乐的经济:人类获得满足的心理学》,高永平译,北京:中国人民大学出版社,2008年,第256页。

(三)文化层面

在文化领域,要大力开展文艺作品、文化活动的创作。只有经常积极主动去欣赏和参与各种文艺作品与文化活动,才能给人以长久的新奇性和刺激。当然,不需要接受专门训练就能参与和进行的消费活动,给予人们的新奇性和刺激是非常有限且往往是短暂的。对此,西托夫斯基(2008)在对比了音乐和文学作品同开车兜风、看电视及逛商场购物这两类活动给予人们的新奇性与刺激后指出,总的来说,后者不如前者,尤其是从时间长度来看,前者更是优于后者。为此,西托夫斯基(2008)力主并倡导技能性休闲方式。为了切实加强技能性文艺作品、文化活动的创作,从而为文化人提供更多有价值的精神食粮,各级政府有必要采用物质奖励和精神鼓励的手段。生产决定消费,生产结果的性质特点决定消费方式和消费内容。就是说,有什么样的消费资料,就有什么样的消费,这意味着,技能性文艺作品、文化活动势必潜移默化地影响文化人,不断提高他们的消费技能与欣赏品味。

(四)教育层面

在《无快乐的经济》一书中,西托夫斯基严厉批评了近现代教育轻人文、重科技的倾向,他指出,西方教育“越来越多地成为对生产技能的一种培训,而为人们享受生活做准备的内容越来越少”①。这种以科技知识为主的教育丧失了它固有的人文本质。造成这种情形的原因主要是由于工业革命后实行工厂化生产,经济和技术的进步对生产技能的要求一直在提高的缘故。工业革命之后的机械化、工厂化生产要求劳动者掌握比较复杂的生产技能。这种高难度的生产技能,只有通过学校进行专门培训才能获得。但是,人类社会的经济发展到今天,由于机械化、自动化程度不断提高,劳动者生产自身及其他社会成员的生活必需品的时间大大缩短,闲暇时间显著增多,这种情形使人们有条件参加文化活动。这就要求恢复并加强博雅教育,使培养文化人重新成为教育的重要任务之一,让受教育者同时成为优秀的生产者和合格的文化人。当然,要培养这种文化人,首先要求学校的教育工作重心转移到博雅教育上面来,要呈现以博雅教育为主、博雅教育与科技教育相结合的新局面。显然,这需要以新的教育制度作保证。

结　语

人的文化动物本性,使人具有文化性需求,并有着使用和享受文化性资料的潜在能力。文化活动是人类幸福源泉之一。因此,在“无快乐的经济”条件

---

① [美]提勃尔·西托夫斯基:《无快乐的经济:人类获得满足的心理学》,高永平译,北京:中国人民大学出版社,2008年,第203页。

下,以追求幸福为一切活动的终极目的且对幸福有着强烈内在渴望的人类必定转向蕴含着幸福源泉的文化领域去谋求新的幸福,这不仅使“文化人”假设得以成立,而且使之比“经济人”假设更高级、更完美,在人类进化史上有着更高的历史地位与更大的作用。在人类将物质生产活动作为主要幸福源泉的时代,亚当·斯密创造性地提出把经济人作为谋求幸福的主体,而在人类将文化活动作为主要幸福源泉的时代,西托夫斯基创造性地提出了把文化人作为谋求幸福的主体,这二者都是各自历史时期新的社会实践呼唤的结果。

参考文献

[1]陈湘舸、王艺:《论经济学的“幸福革命”》,《经济理论与经济管理》2009年第11期。

[2]程恩富、朱奎:《西方旧“经济人”假设的批判与新“经济人”理论的构建》,《海派经济学》2008年第23辑。

[3]程恩富:《新“经济人”论:海派经济学的一个基本假设》,《教学与研究》2003年第11期。

[4]仇小敏、金红菊:《试论幸福文化的内在意蕴》,《理论月刊》2013年第3期。

[5][德]费尔巴哈:《费尔巴哈哲学著作选集》,荣震华译,北京:商务印书馆,1984年,第543—575页。

[6]胡吉红、刘华政:《试论幸福文化的维度和构建原则》,《广西教育学院学报》2015年第3期。

[7]王雨辰:《论生态文明的后物质主义幸福观和共同体价值观》,《湖北大学学报(哲学社会科学版)》2020年第4期。

The Cultural Approach of the "Happiness Paradox" of Economics: The Conception of Cultural People

Wang Lirong　Yan Meiping

Abstract　The essence of Western mainstream economics is "material-based economics", which takes the growth of material wealth as its ultimate goal and economic efficiency as the highest principle. It regards the pursuit and acquisition of material wealth as the basis and key to happiness in life. Therefore, the logical consequence of this is the prevalence and alienation of economism, materialism and consumerism. The phenomenon of "happiness paradox" has increasingly become prominent and obvious, and the economy has increasingly become a "happiness-free economy". "Culture is a good thing" is an essential happiness source in the post-materialist era. The development of culture avoids society's pursuit of unlimited economic growth, breaks people's fascination with material wealth and consumerist values. Thus, it opens up new happiness source for people and provides a cultural way out of the "happiness paradox". "Cultural people" with systematic knowledge of happiness, good moral cultivation, and high production and consumption abilities need to construct corresponding training mechanisms from the aspects of economy, politics, culture and education.

Key words "Happiness Paradox"; cultural people; economic people; the post-materialist

新时代“美好生活需要”的三重内涵论析

张廷广

内容提要　为了全面、准确地把握“美好生活需要”的科学内涵，必须坚持全局思维和整体视野，着重考察我国大多数人民群众的需要情况或者我国人民群众的平均需要状况，而不是考察我国少数人群的需要状况。遵循这一方法论原则，我们发现“美好生活需要”的科学内涵主要包括需要的种类多元化、需要的层次升级化以及需要的风格个性化三方面。其中，需要的种类多元化既表现在物质需要、文化需要等需要的大类上，又表现在每一大类需要下面的子类需要上；需要的层次升级化既体现在不同的需要种类上，也体现在同一类需要的质量变化上；需要的风格个性化既表现为需要价值追求的个性化，也表现为需要样式追求的个性化。

关键词　美好生活；需要；科学内涵；社会主要矛盾；新时代

中图分类号　F014.32

习近平在党的十九大对新时代社会主要矛盾作出判断，即“中国特色社会主义进入新时代，我国社会主要矛盾已经转化为人民日益增长的美好生活需要和不平衡不充分的发展之间的矛盾”①。准确、科学理解新时代社会主要矛盾的内涵是研究新时代社会主要矛盾的基本要求，是清楚理解新时代社会主要矛盾判断的重大意义、基本特征、化解路径等其他问题的前提和基础，而要准确、科学理解新时代社会主要矛盾的内涵，就必须首先从学理上探讨“美好生活需要”的科学内涵。

一、需要的种类多元化

需要的种类问题在很大程度上属于需要的边界问题，即需要类别的数量多少的问题。根据马克思主义唯物史观，“物质生活的生产方式制约着整个社

作者简介：张廷广，北京理工大学马克思主义学院讲师。

基金项目：本文系北京市习近平新时代中国特色社会主义思想研究中心项目“新中国成立以来中国共产党化解社会主要矛盾的基本历程和经验研究”（项目编号：20LLZZC064）的阶段性成果。

① 习近平：《决胜全面建成小康社会 夺取新时代中国特色社会主义伟大胜利——在中国共产党第十九次全国代表大会上的报告》，北京：人民出版社，2017 年，第 11 页。

会生活、政治生活和精神生活的过程"①。我国人民群众的需要种类随着生产力发展水平的逐步提高而不断演变和发展。从总体上看,大多数人民群众的需要种类在2000年以前始终处于相对单一的状态,即主要集中于衣食住行等方面的物质需要以及适当的精神需要两大类别上。自21世纪我国进入全面建设小康社会阶段以来,人民群众的需要种类逐渐呈现多元化的状态,不仅对物质文化的需要比较迫切,而且对生态环境等其他方面的需要日益明显。在党的十九大召开之时,我国大多数人民群众的需要种类已经发生了明显的阶段性质变,摆脱了前一阶段的"相对单一"的状态,整体进入"综合性、多元化"的状态。这种"综合性、多元化"的需要状态显然不是马克思和恩格斯揭示的、在自由资本主义阶段广大无产阶级群众所期望的简单生活的那种需要种类,也不是马克思和恩格斯科学构想的关于共产主义社会"广泛性和无限性能够达到相当高的程度"的那种需要种类,而是基于生产力在社会主义初级阶段已有较大程度发展的社会背景以及我国即将全面建成小康社会的现实基础上产生的一种总体性需要种类状态。具体而言,这种多元化的需要种类既表现在"需要大类"层面,也表现在"子类需要"层面。

第一,我国人民群众需要种类的多元化表现在"大类需要"的多元化上。这里的"大类需要"实际上是指与社会主义现代化建设各领域相对应的物质需要、文化需要等宏观意义上的需要类别。首先,根据马克思主义唯物史观,物质需要是维持人的生存和生活所必需的吃喝住穿行等方面的物质性东西②,是维系人的生命活动的根本,是人的一切活动得以运转的第一基础。尽管我国的物质生活资料在改革开放40年来日渐摆脱了短缺的状态,但其在现阶段仍然还不够丰富。现阶段人民群众在追求美好生活时首先考虑的还是物质需要的满足情况。因此,我们党和政府在现阶段仍然优先考虑人民群众能否"安居乐业,衣食无忧"③,并且尽力"创造更多的物质财富以满足人民日益增长的美好生活需要"④。其次,精神需要同物质需要一样,是人类在包括原始社会在内的一切社会形态中生活和发展的基本需要。⑤ 一方面,我国人民群众的精神需要尽管在总体上已经得以基本满足,但与美好生活的要求相比还存在较大的差距;另一方面,经济社会正处于转型期的现状使人民群众面临着更大的生存和发展压力,从而容易导致在工作、生活中枯燥乏味、身心压抑、方向迷失等不良现象,而这恰恰需要更多的精神产品对其进行有效抑制和调节。由此,习近平在党的十九大明确指出:"满足人民过上美好生活的新期待,必须提

① 《马克思恩格斯选集》第2卷,北京:人民出版社,2012年,第2页。
② 《马克思恩格斯选集》第1卷,北京:人民出版社,2012年,第158页。
③ 习近平:《致中国残疾人福利基金会的贺信》,《中国残疾人》2014年第4期。
④ 习近平:《决胜全面建成小康社会 夺取新时代中国特色社会主义伟大胜利——在中国共产党第十九次全国代表大会上的报告》,北京:人民出版社,2017年,第50页。
⑤ 张春海、苏培:《填补原始社会思想史研究空白》,《中国社会科学报》2017年2月8日。

供丰富的精神食粮。”[①]再次，随着物质需要和精神需要得到基本满足之后，我国人民群众对政治方面的需要变得日益迫切，已成为美好生活需要的重要内容。人民群众在现阶段的政治需要，既表现为对民主决策、民主管理、民主监督等民主方面的需要日益增长，又表现为对包括人身权、财产权、基本政治权利等各种权利不受侵犯和真正落实的期待日益增强[②]，还表现为对包括科学制法、公正司法、严格执法等法治方面的需要日益增多。[③] 复次，从社会生活发展的现实看，我国人民群众在现阶段对住房、养老、医疗、教育、食品安全、收入分配、脱贫致富、社会治安、社会保障、就业、公平正义等社会方面的需要显著增强。但这些社会建设的各个方面在现实中都还存在一些问题，从而在较大程度上影响和制约了人民群众在社会需要方面的有效满足。因此，习近平也多次号召全党要顺应人民群众对美好生活的需要，不断“发展各项社会事业”[④]，不断“提高社会发展水平”[⑤]。最后，人民群众在现阶段对生态环境方面的需要越来越迫切，“对环境污染很不满意”[⑥]，已由过去“求温饱”的阶段进入到现在“盼环保”的阶段。[⑦] 习近平在党的十九大明确强调：“要提供更多优质生态产品以满足人民日益增长的优美生态环境需要。”[⑧]总之，物质需要、文化需要、政治需要、社会需要以及生态环境需要等大类需要构成了需要多元化的重要内容。正如习近平指出的那样，“人民美好生活需要日益广泛，不仅对物质文化生活提出了更高要求，而且在民主、法治、公平、正义、安全、环境等方面的要求日益增长”[⑨]。

第二，我国人民群众需要种类的多元化表现在“子类需要”的多元化上。这里的“子类需要”是指物质需要、文化需要等大类需要中在微观层面上的具体需要类别。经过改革开放 40 年来的发展，现阶段我国人民群众在几乎每一种子类需要上都呈现出多元化的态势。以物质需要下面的“食物需要”为例，人民群众已经打破了食物需求的时间限制和地域限制，在季节内对反季节性食物的需求越来越多，在本地区对外部地域性食物的需求越来越广泛。不仅如此，现阶段人民群众对各种新食材、特色食物的需求量也越来越大。正是由于人民群众的食物消费需要所呈现的多元化趋势越来越明显，党中央和国务

---

① 习近平：《决胜全面建成小康社会 夺取新时代中国特色社会主义伟大胜利——在中国共产党第十九次全国代表大会上的报告》，北京：人民出版社，2017 年，第 43—44 页。

② 习近平：《习近平谈治国理政》第 1 卷，北京：外文出版社，2014 年，第 141 页。

③ 《十九大以来重要文献选编》(上)，北京：中央文献出版社，2019 年，第 8 页。

④ 《十八大以来重要文献选编》(下)，北京：中央文献出版社，2018 年，第 352 页。

⑤ 《十八大以来重要文献选编》(下)，北京：中央文献出版社，2018 年，第 336 页。

⑥ 《十八大以来重要文献选编》(上)，北京：中央文献出版社，2014 年，第 245 页。

⑦ 《十八大以来重要文献选编》(上)，北京：中央文献出版社，2014 年，第 626 页。

⑧ 习近平：《决胜全面建成小康社会 夺取新时代中国特色社会主义伟大胜利——在中国共产党第十九次全国代表大会上的报告》，北京：人民出版社，2017 年，第 50 页。

⑨ 习近平：《决胜全面建成小康社会 夺取新时代中国特色社会主义伟大胜利——在中国共产党第十九次全国代表大会上的报告》，北京：人民出版社，2017 年，第 11 页。

院号召全国上下要“树立大食物观，面向整个国土资源，全方位、多途径开发食物资源”①。再以文化需要下面的“娱乐需要”为例，现阶段我国大多数人民群众的娱乐需要，不仅限于观看少量的幕布类电影和戏剧表演上，而是扩展到观看影视和戏剧、参与各种表演活动、实地旅游参观、参加各种体育项目等方方面面。可以说，现阶段我国人民群众的娱乐需要确实已经呈现出种类浩繁、五花八门的景象。尽管“子类需要”都能划归到相应的“大类需要”之中，但它的类别数量要远远多于“大类需要”的类别数量。因此，“子类需要”的丰富性在很大程度上更能说明现阶段我国人民群众的需要种类的多样化。

二、需要的层次升级化

需要的层次问题实际上就是需要的档次问题，即人的需要根据某些标准所处的位置问题。改革开放以来，随着生产力的发展，我国人民群众的需要层次逐渐提升。这种变化在党的十九大召开前后达到了阶段性质变，即人民群众的需要层次在总体上已经升级，处于一个较高的档次。但是，我们不能把我国人民群众在现阶段的需要层次机械、简单地对应到马斯洛的“五种需要层次”②中的某一层次或某几个层次中去，因为“五种需要层次”划分本身就是基于人本主义情怀对人的需要作出的相对简单的划分，而我国人民群众在现阶段的需要已然比“五种需要层次”中的某一层次需要甚至某几个层次需要的内容丰富得多。虽然恩格斯作出的生存需要、享受需要以及发展需要的“三层次需要”划分③在表述上相对简单，但其所涵盖的内容却相当丰富，对于我们理解我国人民群众在现阶段的需要层次状况具有一些指导意义。根据恩格斯的“三层次需要”理论，我国人民群众在现阶段的需要层次不仅在总体上已经基本满足了生存需要，而且在一定程度上已经接近或达到对享受需要和发展需要的追求。然而，该理论无法细致、准确、深入地理解我国人民群众在现阶段的需求层次情况，因为它是对整个人类社会这一宏大、长远的时空范围里关于人的需要问题的一种有效回应，而不能回应我国特殊的国情——社会主义初

① 《十八大以来重要文献选编》(下)，北京：中央文献出版社，2018年，第107—108页。

② 20世纪的美国社会心理学家亚伯拉罕·马斯洛提出了至今在国际上仍然具有重要影响力的“需要五层次说”，即人的需要会像阶梯一样依次呈现出生理需求、安全需求、社交需求、尊重需求以及自我实现需求。参见(美)亚伯拉罕·马斯洛：《动机和人格》，许金声等译，北京：中国人民大学出版社，2012年，第18—78页。

③ 学术界目前的主流观点认为恩格斯对人的需要作出过“生存需要、享受需要以及发展需要”的三种类别和三种层次的划分，其主要依据至少有两处：一处是恩格斯在《自然辩证法》中关于生存资料、享受资料和发展资料的表述，即“生产达到这样的高度，所谓生存斗争不再单纯围绕着生存资料进行，而是围绕着享受资料和发展资料进行”。参见《马克思恩格斯文集》第9卷，北京：人民出版社，2009年，第548页。另一处是恩格斯在1981年为马克思的《雇佣劳动与资本》所写的导言中关于生活资料、享受资料以及发展资料的表述，即“人人也都将同等地、愈益丰富地得到生活资料、享受资料、发展和表现一切体力和智力所需的资料”。参见《马克思恩格斯选集》第1卷，北京：人民出版社，2012年，第326页。

级阶段的需要问题。我们可以借鉴的是恩格斯探讨人的需要层次问题的两条理论进路,即从不同需要种类的层次性进路进行探讨和从某一种需要的质量变化进路进行探讨,它为我们的研究提供了方法和思路。现阶段我国人民群众的需要层次在总体上已经升级,而这种“升级”既体现在不同的需要种类上,也体现在同一需要的质量变化上。

第一,我国人民群众需要层次的升级表现在需要的“量”上。这里所说的需要的“量”仍然是指需要类别的数量。前面已经论述过,我国人民群众的需要种类已经呈现出多元化的特征。或许有人会存在疑问,人民群众需要种类的数量为什么会成为需要层次升级化的表现?或者说,需要层次的升级化为什么会通过需要种类的数量表现出来?实际上,我们从马克思主义经典作家们关于唯物史观的相关重要论述中是能够找到根据的。依据唯物史观的基本原理,物质生活的生产方式对整个社会生活、政治生活以及精神生活的过程具有明显的制约作用。[①] 在这里,马克思事实上将人的社会需要、政治需要和精神需要看成是基于物质需要而产生的需要。再将马克思在这里关于需要的论述与恩格斯所提出的具有明显层次高低的“三层次需要”划分理论对照起来看,人的物质需要在大多数情况下正好对应着“三层次需要”划分中的“生存需要”,而在人的精神需要、政治需要、社会需要等需要的种类中,其一部分需要或某些子类需要在大多数情况下正好对应着“三层次需要”划分中的“享受需要”,另一部分需要或另一些子类需要在大多数情况下则正好对应着“三层次需要”划分中的“发展需要”。例如,戏曲需要和知识需要同属于精神需要,但戏曲需要在大多数情况下属于享受层次的需要,而知识需要在大多数情况下却属于更高层次的发展需要。由此可见,只要人的需要不是长期纯粹停留于如物质需要等同类需要内部的变化和拓展,那么需要层次的升级就必然会通过需要种类的数量表现出来。换句话说,人民群众的需要种类在走向多元化的发展过程,同时也就是其需要向更高层次升级的过程。与资本主义国家的政党不同,中国共产党始终以解决最广大人民群众的困难和问题为施政的方向,以最大限度满足人民群众的利益和需求为施政的目的,即始终坚持“民之所望,施政所向”[②]。因此,我国人民群众需要层次的升级正是通过新中国成立以来特别是改革开放以来人民群众的需要种类不断走向多元化体现出来的,而人民群众需要种类的多元化又真实地反映在中国共产党的战略方针的变化和调整中。例如,党的十二大作出的“建设社会主义物质文明和精神文明”[③]的决定反映了改革开放初期我国人民群众在物质方面的迫切需要以及对在一定程度上比物质需要层次更高的精神需要的追求。党的十三大正式作

① 《马克思恩格斯文集》第2卷,北京:人民出版社,2009年,第591页。
② 《十八大以来重要文献选编》(中),北京:中央文献出版社,2016年,第529页。
③ 《十二大以来重要文献选编》(上),北京:人民出版社,1986年,第12页。

出的“建立和发展充满活力的社会主义经济、政治、文化体制”①的决定反映了我国人民群众对比物质需要层次更高的政治需要的日益渴求。党的十六届六中全会正式作出的“推动社会建设与经济建设、政治建设、文化建设协调发展”②的决定反映了我国人民群众对比物质需要层次更高的社会需要的日益渴望。党的十七届四中全会正式作出的“全面推进社会主义经济建设、政治建设、文化建设、社会建设以及生态文明建设”③的决定反映了我国人民群众对比物质需要层次更高的生态需要的日益渴望。党的十八大将“五位一体”总体布局上升到中国特色社会主义道路的高度。④ 党的十九大更是从全局的高度对新时代统筹推进“五位一体”总体布局作出了部署,等等。这些无疑都更加反映了我国人民群众在现阶段的需要层次确实已经升级,即需要确实已经处于相对较高的档次。我们或许可以很清楚地知道政治需要、文化需要、社会需要以及生态环境需要的层次要高于物质需要的层次,但我们在不借助具体的实例进行对比的情况下却很难直接弄清楚政治需要、文化需要、社会需要以及生态需要之间的层次高低问题。实际上,我们没有必要花太多的精力再去细致区分这四种大类需要之间的层次高低问题,而只需要明白人民群众的需要层次在这种多元化的需要种类中已经明显升级即可。而且,多元化的需要种类会形成“需要的合力”,从而使人民群众的需要层次在整体意义上更是已经大大升级,已经大大超过了人民群众在改革开放初期基于有限的需要种类所形成的“整体需要档次”。

第二,我国人民群众需要层次的升级表现在需要的“质”上。这里所说的“需要的质”是指同一类需要或同一子类需要的质量。经过改革开放40年来的发展,我国人民群众无论对同一类需要的质量还是对同一子类需要的质量,都已经大大提升,从而使其需要层次在纵向上得以整体升级,具体表现在物质需要、文化需要、政治需要、社会需要以及生态环境需要等方面。从物质需要来看,我国人民群众的物质需要在整个社会主义初级阶段都是第一需要和基本需要,尤其是在改革开放初期物资紧缺的情况下更是成为迫切需要,但随着社会物资逐渐丰富,我国人民群众对物质方面的需要不仅在于数量的增多,在现阶段尤其表现为需要质量的提高。习近平在党的十九大阐述美好生活的内涵时明确将“人民群众对物质生活的更高要求”⑤作为其重要内涵。以“食物需要”这一物质需要下面的子类需要为例,我国人民群众的食物需要在改革开

---

① 《十三大以来重要文献选编》(上),北京:人民出版社,1991年,第13页。

② 《十六大以来重要文献选编》(下),北京:中央文献出版社,2008年,第676页。

③ 《中国共产党第十七届中央委员会第四次全体会议文件选编》,北京:人民出版社,2009年,第78页。

④ 《十八大以来重要文献选编》(上),北京:中央文献出版社,2014年,第9—10页。

⑤ 习近平:《决胜全面建成小康社会 夺取新时代中国特色社会主义伟大胜利——在中国共产党第十九次全国代表大会上的报告》,北京:人民出版社,2017年,第11页。

放初期是追求“吃饱”，而在现阶段已经升级为追求“吃好”，不仅“对食品安全有更高要求和期待”①，而且追求“舌尖上的美味”②。从精神需要来看，我国人民群众的精神需要在社会主义初级阶段始终都是一种基本需要，但人民群众在改革开放初期更多的是追求精神产品的数量，而在现阶段更追求精神产品的质量，即人民群众已经对“文化生活提出了更高要求”③，所追求的是“更多更好的精神产品”④。以“知识需要”这一子类需要为例，大多数人民群众在改革开放初期所追求的只是小学教育或初中教育下的初级知识，但其在现阶段越来越追求高等教育下的高级知识。从政治需要来看，在改革开放初期，由于人的生存问题亟待解决以及“文化大革命”所造成的混乱无序的政治参与尚处于“调适的阶段”⑤，我国人民群众在那时候对政治的需要程度比较低，但随着生存问题的有效解决以及党和国家政治体制改革的推进，人民群众的政治意识和参与意识迅速觉醒，“公平意识、民主意识、权利意识不断增强”⑥。在现阶段，人民群众无论是在政治需要这一大类需要的质量方面，还是在立法需要、司法需要等其子类需要的质量方面，都已经达到一个新的高度。从社会需要来看，我国人民群众的社会需要在整个社会主义初级阶段也属于一种基本需要。在改革开放初期，对该需要的质量诉求相对较低，数量需求反而相对更高，但随着我国经济社会在整体上获得巨大发展，现阶段我国人民群众的社会需要在数量上已经获得基本满足，而在需要的质上却已经大大提升。习近平曾经从子类需要的角度先后将美好生活的内涵分别阐释为“十个更”⑦和“八个更”⑧。但从这两次阐释的共同内容来看，至少有“五个更”——更舒适的居住条件、更好的教育、更可靠的社会保障、更高水平的医疗卫生条件、更稳定的工作——是人民群众对社会需要质量及其子类需要质量的更高追求。从生态环境需要来看，人民群众在改革开放初期也有需要，但是对质量要求比较低，因而出现了大量“为生存毁环境”的现象。在现阶段不仅普遍意识到生态环境的重要性，而且在生态环境需要的质量方面已经大大升级，追求“更优美的环

---

① 《十八大以来重要文献选编》(上)，北京：中央文献出版社，2014 年，第 389 页。

② 《十八大以来重要文献选编》(上)，北京：中央文献出版社，2014 年，第 626 页。

③ 习近平：《决胜全面建成小康社会 夺取新时代中国特色社会主义伟大胜利——在中国共产党第十九次全国代表大会上的报告》，北京：人民出版社，2017 年，第 11 页。

④ 习近平：《在省部级主要领导干部学习贯彻党的十八届五中全会精神专题研讨班上的讲话》，北京：人民出版社，2016 年，第 25 页。

⑤ 郭晓禄：《建国以来中国公民政治参与发展历程研究》，《中国国际共运史学会 2011 年年会暨学术研讨会论文集》，2011 年，第 553—554 页。

⑥ 《十八大以来重要文献选编》(上)，北京：中央文献出版社，2014 年，第 552 页。

⑦ “十个更”是指更好的教育、更稳定的工作、更满意的收入、更可靠的社会保障、更高水平的医疗卫生服务、更舒适的居住条件、更优美的环境以及孩子们成长得更好、工作得更好、生活得更好。参见《习近平关于全面建成小康社会论述摘编》，北京：中央文献出版社，2016 年，第 129 页。

⑧ “八个更”是指更好的教育、更稳定的工作、更满意的收入、更可靠的社会保障、更高水平的医疗卫生服务、更舒适的居住条件、更优美的环境、更丰富的精神文化生活。参见《习近平谈治国理政》第 2 卷，北京：外文出版社，2017 年，第 61 页。

境”[①]、“优美宜居的环境”，梦想拥有“美好家园”[②]，也热切渴望政府“提高环境质量”[③]，提供“更多优质生态产品”[④]。

实际上，通过需要种类的多元化表现出来的需要层次的升级与通过同一类及其子类需要质量的提升表现出来的需要层次的升级，在现实生活中是有机混合在一起的“并存现象”。这种“叠加”所形成的“合力效果”，使我们更直观地感受到现阶段人民群众需要层次的升级，也更彰显“需要层次的升级化”是美好生活需要的重要内涵。

三、需要的风格个性化

需要的风格问题实际上是需要的样式问题，即人们在一定时期所形成的具有某种相对稳定的、富有特色的需要样式。人民群众的需要风格在我国发展的任何阶段都是客观存在的，而受到生产力等条件的影响。从新中国成立到改革开放初期，受落后的生产力发展状态和生活水平的制约，我国人民群众的需要风格在整体上偏向整体划一。以服饰为例，大众追求的服饰价值是“能耐脏、能耐穿”，所使用的布料大都讲究“大、粗、牢”，所采用的颜色基本只有“蓝、绿、灰”，所设计的款式是“古板而又千篇一律”。正如有学者总结，“朴素是当时最大的时尚”[⑤]。随着我国生产力的不断发展以及人民群众生活水平的不断提高，人民群众的需要风格逐渐朝着个性化方向发展。特别是21世纪以来，到党的十九大召开前后，人民群众需要风格的个性化程度达到了一个新的水平和高度，已成为现阶段全国上下需要领域的显著特征。党的十八大以来，中国共产党多次阐述了人民群众需要风格的个性化特征。例如，习近平于2014年在文艺工作座谈会上强调：现阶段“人民对包括文艺作品在内的文化产品的质量、品位、风格等的要求也更高了”[⑥]。他于2016年1月在省部级领导干部会议上再次强调：要“更好满足广大人民日益增长、不断升级和个性化的物质文化和生态环境需要”[⑦]。李克强在2017年4月强调：“着眼于更好满足居民多样化、个性化需求……加快发展教育、养老、医疗、文化、旅游等服务消费，提升消费品品质和服务质量。”[⑧]具体而言，现阶段我国人民群众需要风

---

① 《习近平关于全面深化改革论述摘编》，北京：中央文献出版社，2014年，第91页。

② 《十八大以来重要文献选编》(上)，北京：中央文献出版社，2014年，第626页。

③ 《习近平谈治国理政》第2卷，北京：外文出版社，2017年，第390页。

④ 《十八大以来重要文献选编》(中)，北京：中央文献出版社，2016年，第804页。

⑤ 赵伶俐：《改革开放30年服饰演变进程——透视中国人物质与精神进步》，《理论与改革》2009年第3期。

⑥ 习近平：《在文艺工作座谈会上的讲话》，北京：人民出版社，2015年，第14页。

⑦ 习近平：《在省部级主要领导干部学习贯彻党的十八届五中全会精神专题研讨班上的讲话》，北京：人民出版社，2016年，第30页。

⑧ 《十八大以来重要文献选编》(下)，北京：中央文献出版社，2018年，第713页。

格的个性化既表现为需要价值追求上，也表现为需要样式追求上。

第一，需要风格的个性化表现为需要价值追求的个性化。所谓“需要价值追求的个性化”即“个性化的价值诉求”，通常是指人们在一定的物质生活条件基础上形成的反映主体相对独特的要求或目标的价值意识。马克思就曾经明确指出：“搬运夫和哲学家之间的差别要比家犬和猎犬之间的差别小得多，他们之间的鸿沟是分工掘成的。”[①]这说明，人的个性化价值诉求往往不是人的自然属性和所处的自然环境造成的，而是由社会环境和社会条件所孕育而成的。新中国的诞生、社会主义制度的确立为我国人民群众追求个性化的价值奠定了政治基础，改革开放以来的经济发展则提供了物质条件，也提供了个性化价值诉求多样和变迁的时空条件和场域。“与体现了人们共性需要和要求的社会的主导价值观不同，个人的个性化的价值意识则主要表现为对人们个性化的需要和要求的反映。”[②]在现阶段，我国人民群众仍保留诚信、敬业、爱国等社会主导意义上的价值追求，但是，在个性化价值诉求方面却发生了巨大变化，已经由改革开放前贫乏、不彰显的状态演变为现阶段丰富和凸显的状态。一方面表现为个体具有相对稳定的个性化价值追求，例如有些人通常追求商品的高质量，有些人看重商品的低廉价格，也有人追求商品的稳定性能等；另一方面表现为个体具有不稳定、易变化的个性化价值追求，例如同一个人在上次购买类似的商品时注重商品的质量，在这次购买时转而注重商品的价格，而在下次购买时却更加注重商品的性能等。应该说，个体需要的价值追求的个性化，其稳定状态是相对的，而其不稳定、易变性状态才是常态。例如，有旅游公司通过调查发现，“90 后”的新一代旅游者对旅行价值的个性化需求并不是处于稳定状态，时常会根据临时产生的某种个性化价值追求而策划或实施一次旅游。[③] 而且，绝大多数人在绝大多数情况下都是对正确价值的诉求，但也存在一些人在个别时候追求非理性价值、错误价值的现象。即便是同一个体，有可能在一种环境下追求理性的、正确的个性化价值，但在另一种环境下却追求非理性、错误的个性化价值。这种需要价值追求的个性化是“千人千面”与“一人百面”两大特征的交汇和综合，从而使现阶段我国人民群众需要的价值追求的个性化显得更加复杂。这种复杂性正是我国现阶段需要风格个性化的一种重要表现，而市场上那些琳琅满目、应有尽有的商品正是对这种复杂性的有效回应。

第二，需要风格的个性化表现为需要样式追求的个性化。所谓“需要样式追求”，是指人们对需要品的颜色、规格、造型等外观形象的诉求。我国人民群

① 《马克思恩格斯选集》第 1 卷，北京：人民出版社，2012 年，第 238 页。

② 吴倬、孟宪东：《论社会主导价值观和个性化价值意识》，《清华大学学报（哲学社会科学版）》2004 年第 1 期。

③ 余颖：《以个性化服务应对旅游个性化》，《经济日报》2018 年 6 月 15 日。

众在现阶段对各种需要品的样式追求已经不像改革开放之前那样简单、单一，而是在整体上越来越追求极富个性化的样式。这与现阶段我国人民群众需要的价值追求的个性化有较大关系，因为价值追求的差异性在较大程度上会反映到对个性化的产品样式的追求上来。例如，有的人更偏重于服饰的安全价值，那他所需要的服饰样式往往单一、笨拙；有的人更偏重于服饰的环保价值，那他所需要的服饰样式往往色泽淡雅、简易朴素；有的人更偏重于服饰的审美价值，那他所需要的服饰样式往往色彩鲜明、时尚新潮等。同时，人民群众需要的样式追求的个性化还存在另外一种情况，即个体在追求同一种个性化需要价值的情况下同样会产生对需要品的个性化样式的不同追求。例如，同样是对"绿色环保"价值的追求，不同的人在装修房屋时所追求的装修风格却千差万别；同样是对"健康"价值的追求，不同的人采用同样的食材进行烹饪时所追求的饮食风格却截然不同等。除了对实体产品样式的个性化追求外，对服务样式的个性化追求同样愈发强烈。近年来不断出现在大众面前的"个性化图书馆服务""'翻转课堂'式的个性化教学模式""个性化信息服务""个性化就业服务""个性化医疗服务""个性化通讯服务"等表述，都是人民群众对服务样式的个性化追求的具体体现。无论是需要产品样式的个性化还是需要服务样式的个性化，都已成为现阶段我国人民群众在需要方面的普遍性样态，都是现阶段我国人民群众需要风格个性化的重要内容。

需要风格的个性化是美好生活需要的重要内涵，但也是美好生活需要中最难满足的一种需要样态，因为需要风格的个性化比需要的种类多元化、需要的层次升级化更加复杂，也更加难以把握。近年来蓬勃发展的各种个性化公司和私人订制公司既是现阶段我国人民群众的需要风格走向个性化的有力证明，也可成为解决我国人民群众需要风格的个性化问题的有效途径之一。

总之，"美好生活需要"的科学内涵是需要的种类多元化、需要的层次升级化以及需要的风格个性化的有机统一。而且，将"美好生活需要"的内涵界定为需要的种类多元化、需要的层次升级化、需要的风格个性化三个方面是我们坚持全局思维和整体视野的必然结果，即主要考察我国大多数人民群众的需要情况的结果，或者是主要考察我国人民群众需要的平均状况的结果。

On the Three Connotations of "The Need for a Better Life" in the New Era

Zhang Tingguang

Abstract To grasp the scientific connotation of "the need for a better life" comprehensively and accurately, we must adhere to the overall thinking and vision, focus on the needs of the majority of the people in our country, or focus on the average needs of the people in our country, rather than the needs of certain groups of people in our country. Following this methodology, the scientific connotation of "the need for a better life" mainly includes three aspects: the diversity of needs, the upgrading of needs and the individualization of needs. Among them, the diversity of needs is reflected not only in the needs of material needs, cultural needs and other needs, but also in the needs of sub-categories below each major need; the upgrading of needs is reflected not only in different types of needs, but also in the change of quality of the same kind of needs; the need for style personalization is reflected in the need for value pursuit with individuality, as well as the need for style pursuit with individuality.

Key words good life; needs; scientific connotation; major social contradictions; new era

美国不平等问题的马克思主义分析

刘小兰 单 超

内容提要 马克思主义认为,资本主义制度具有内在的不平等性。纵观美国资本主义的历史,其不平等程度虽有周期性,但不平等的本质没有变。20 世纪 70 年代以来,尤其是 2008 年金融危机以来,美国各方面的不平等日益加剧,集中表现为经济不平等、政治不平等、法律不平等、教育不平等、健康不平等。其中,经济不平等是基础,其他不平等由经济不平等而产生,后又相互作用,加剧了美国的不平等。美国存在的不平等现象,随着资本主义在全球的扩张,在世界范围内具有一定普遍性,美国不平等问题是资本主义系统性困境的缩影,人类的前途只能是社会主义。

关键词 美国;不平等;马克思主义

中图分类号 F0-0

何为平等?列宁指出,平等"表明人的本质的统一、人的类意识和类行为、人和人的实际的统一,也就是说,它表明人对人的社会的关系或人的关系"①。马克思主义认为,资本主义建基于不平等。②美国资本主义作为资本主义的典型,自建国之日起,其不平等的固有本性就昭然若揭。资本主义的不平等性是其根本属性,是其根本制度的基本性质之一。这个根本属性具有隐蔽性、欺骗性和迷惑性。但随着世界范围内资本主义日益陷入系统性的危机,其不平等性日益暴露。20 世纪 70 年代以来,尤其是 2008 年金融危机以来,美国国内的不平等问题日益凸显,已表现在方方面面。本文主要从经济、政治、教育、健康、法律等方面予以探讨。

一、经济不平等

在生产资料资本主义私有制条件下,资本家占有生产资料,工人只能受雇

作者简介:刘小兰,中国社会科学院大学(研究生院)博士研究生;单超,中国社会科学院世界社会主义研究中心研究部主任、助理研究员。

基金项目:本文系中国社会科学院大学(研究生院)研究生科研创新支持计划项目"多学科视域下美国不平等问题研究"(2020-KY-076)的阶段性成果。

① 列宁:《哲学笔记》,北京:人民出版社,1993 年,第 11—12 页。

②《马克思恩格斯文集》第 2 卷,北京:人民出版社,2009 年,第 45 页。

于资本家出卖自己的劳动力从而遭受其剥削，工人和资本家经济地位不平等，劳资之间缔结合约的条件不公平。马克思、恩格斯曾对此作过深刻论述，马克思在《工资、价格和利润》中说道，“在雇佣劳动制度的基础上要求平等的甚至是公平的报酬，就犹如在奴隶制的基础上要求自由一样”[①]。恩格斯在《卡尔·马克思》一文中也指出，“现代资本家，也像奴隶主或剥削徭役劳动的封建主一样，是靠占有他人无酬劳动发财致富的，而所有这些剥削形式彼此不同的地方只在于占有这种无酬劳动的方式有所不同罢了。这样一来，有产阶级胡说现代社会制度盛行公道、正义、权利平等、义务平等和利益普遍和谐这一类虚伪的空话，就失去了最后的立足之地，而现代资产阶级社会就像以前的各种社会一样真相大白：它也是人数不多并且仍在不断缩减的少数人剥削绝大多数人的庞大机构”[②]。马克思指出，资本是价值增殖的运动，资本集中是客观经济规律，“价值经过不同的形式，不同的运动，在其中它保存自己，同时使自己增殖”[③]。马克思用“资本吸引资本的规律”[④]指称资本间的联合与兼并。对于资本的贪婪，马克思指出，资本害怕没有利润正如自然界害怕没有空气一样，资本甘冒任何风险去增殖[⑤]，尤其青睐虚拟经济等回报快利润多的领域，商品生产只是资本家不得不干的倒霉事，资本家是能不从事生产就不从事生产。[⑥] 当前美国国内经济不平等现象，主要表现为劳动者在劳动市场处于劣势，社会上层与中底层的收入不平等趋势扩大、财富不平等，公司权力的集中，以及金融化造成的产业结构变化。

由于全球化、自动化，当前美国工人在劳动市场处于越来越显著的劣势。过去40年间，令人羡慕的所谓中产阶级正在不断被掏空。科技飞速发展，劳动生产率大幅提高，而工人的实际工资40年来未曾上涨，很多人不得不打两到三份工以维持基本生活。[⑦] 工人遭受更严重的剥削，而拿到的工资更少。工会密度和工会谈判力均下降。几十年来，雇主采用恐吓等方式猛烈攻击工会组建权。现如今，如果一个员工参与工会组织运动，那么其被解雇的可能性是20%。如果工人通过选举来组建工会，半数雇主会以关闭工厂或搬迁业务相威胁。而当工人们兴致勃勃组建工会时，几乎总是被迫参加闭门会议，听取反工会宣传，主管们几乎无一例外被要求参加与打击工会相关的培训。即使工人们克服了巨大障碍组建工会，多半情况是，工会组建之后一年内收不到任何合同。企业高管们常常就自己的巨额薪酬福利、奖金、期权、津贴而与资方

① 《马克思恩格斯选集》第2卷，北京：人民出版社，2012年，第47页。
② 《马克思恩格斯选集》第3卷，北京：人民出版社，2012年，第726页。
③ 《马克思恩格斯选集》第2卷，北京：人民出版社，2012年，第322页。
④ 《马克思恩格斯全集》第43卷，北京：人民出版社，2016年，第668页。
⑤ 《马克思恩格斯文集》第5卷，北京：人民出版社，2009年，第871页。
⑥ 《马克思恩格斯文集》第6卷，2009年，北京：人民出版社，第67—68页。
⑦ ［美］伯尼·桑德斯：《我们的革命》，钟舒婷、周紫君译，南京：江苏凤凰文艺出版社，2018年，第83页。

谈判，但他们却否认下属员工争取更优工资福利的机会。[①] 此外，“男女同工同酬仍然任重道远”[②]。

收入不平等。经济学家罗伯特·戈登指出，近四十年来，底层人群工资增长很少而顶层人群收入迅猛增加，20世纪70年代是一个转折点，即由一个收入分配中层和底层工资稳步上升的时代转向一个新时代。[③] 通过关注1975年以来平均实际收入增长率与中位数增长率之间的差距，罗伯特·戈登指出，增长偏向于顶层10%，即使在顶层1%群体内，更顶层的0.1%和0.01%群体的收入增长速度也快很多，这加剧了不平等。他将顶层分为三个群体，即体育界和娱乐界明星、其他高收入和高技能工人，以及有争议的其他类别，如公司首席执行官和其他公司高管。[④] 金融危机以来，更多的人跌入低收入群体，而高收入群体的收入增加了，这形成了经济极化现象。

财富不平等。比起收入不平等，财富不平等更为惊人。在2008年金融危机爆发前的25年里，每个人都似乎变得富有了，其中富人富上加富的速度更快。然而，由于中底层群体的财富大多体现在他们的住房价值上，而房价充满泡沫，所以其财富属于幻影财富(phantom wealth)。虽然所有人在危机中都遭受了损失，但上层群体很快就恢复了，而中底层群体却依然受危机困扰。即便富人们因大衰退造成的股价下跌而损失一定财富后，美国最富有的1%家庭拥有的财富仍然是普通家庭的225倍，几乎比1962年或1983年的比率翻了一倍。[⑤] 前1%富人所掌握的财富相当于底层90%民众财富之总和。[⑥] 而前0.1%家庭和前1%家庭之间财富分化也很严重。[⑦] 伯尼·桑德斯指出，在今日之美国，4 300万人生活贫困，其中包括20%的儿童，许多人处于极度贫困。当大多数美国人生活步履维艰，前途渺茫之时，富人却更富裕了，大部分新增财富流入了顶尖1%的富人之手。[⑧]

公司权力集中。在今日之美国银行集中趋势非常明显。过去30年来，美

---

① [美]伯尼·桑德斯:《我们的革命》，钟舒婷、周紫君译，南京:江苏凤凰文艺出版社，2018年，第159页。

② [美]伯尼·桑德斯:《我们的革命》，钟舒婷、周紫君译，南京:江苏凤凰文艺出版社，2018年，第155页。

③ [美]伯尼·桑德斯:《我们的革命》，钟舒婷、周紫君译，南京:江苏凤凰文艺出版社，2018年，第83页。

④ [美]伯尼·桑德斯:《我们的革命》，钟舒婷、周紫君译，南京:江苏凤凰文艺出版社，2018年，第159页。

⑤ [美]约瑟夫·E. 斯蒂格利茨，《不平等的代价》，张子源译，北京:机械工业出版社，2019年，第8页。

⑥ [美]伯尼·桑德斯:《我们的革命》，钟舒婷、周紫君译，南京:江苏凤凰文艺出版社，2018年，第140页。

⑦ Emmanuel Saez, Gabriel Zucman, Wealth Inequality in the United States since 1913: Evidence from Capitalized Income Tax Data, *Quarterly Journal of Economics*, 2016, Vol. 131, No. 2.

⑧ [美]伯尼·桑德斯:《我们的革命》，钟舒婷、周紫君译，南京:江苏凤凰文艺出版社，2018年，第139页。

国银行的数量呈下降之势，从 20 世纪 80 年代中期的约 14 500 家下降到 2015 年左右的 5 600 家。[①] 类似的是，酿酒行业的联合也显而易见。许多批评家认为，美国啤酒市场的真正问题来自这个行业本身。“左倾”经济学家杰夫·斯普罗斯(Jeff Spross)指出，仔细观察就会发现，啤酒专柜“为我们上了一堂课”，告诉我们“垄断势力对美国社会的腐蚀性影响”。虽然“看起来我们充斥着各种品牌和大量精酿啤酒”，“但实际上，这些选择中的很多都属于少数啤酒制造巨头”。[②]

美国金融化造成的产业结构变化。金融化包含两个相关的现象。首先，金融服务业在 GDP 中所占的份额越来越大。1948 年，美国金融服务业占 GDP 的 10%，到 1980 年上升到 16%。到 2015 年，金融业的份额上升到 20%。其次，即使在非金融企业中，越来越多的利润来自金融活动，包括提供信贷以及参与大宗商品和证券市场。20 世纪 70 年代末，制造业公司大约 29%的收入来自金融收入。金融收入占总利润的比例在 1990 年上升到 45%，2005 年上升到 60%以上。通过这些相关现象，与金融资产所有权相关的收入，而不是制成品的销售，主宰了企业利润。[③] 此外，一个地区的产业结构调整也会对贫困率产生影响。有学者指出，农村地区比大城市出现较高的贫困率、集中贫困率和跨代贫困率的可能性更大。部分原因是经济结构调整导致许多农村地区的农业和采矿业消失。[④]

二、政治不平等

马克思曾经指出，随着现代工业的发展，资本和劳动之间的对立也随之扩大和深化。国家政权也愈加变为资本借以压迫劳动的工具，变成了奴役社会的社会力量，变成了阶级专制的机器。[⑤] 一旦资产阶级的统治受到威胁，它就会毫不犹豫地以“步兵，骑兵，炮兵”代替“共和国的‘自由，平等，博爱’”[⑥]。

恩格斯也曾深入探讨和批判过资本主义民主制度受资本家控制的特性，他指出，“资产者如果不直接地、经常不断地控制本国的中央行政机关、对外政策和立法，就无法保障自己的利益”[⑦]，“资产阶级共和国就是资本主义生意人

---

① Michael Kowalik, et al, Bank consolidation and merger activity following the crisis, *Economic Review*, First Quarter, 2015.

② Jeremy Lott, Monopoly brewing small breweries are being squeezed by conglomerate power, *American Conservative*, 2020, Vol. 19, No. 3.

③ John Posey, Income Divergence between Connecticut and Mississippi: Financialization and Uneven Development, 1970—2010, *Southeastern Geographer*, 2019, Vol. 59, No. 3.

④ Gagnon, et al, State Policy Responses to Ensuring Excellent Educators in Rural Schools, *Journal of Research in Rural Education*, 2015, Vol. 30, No. 13.

⑤ 《马克思恩格斯文集》第 3 卷，北京：人民出版社，2009 年，第 152 页。

⑥ 《马克思恩格斯文集》第 2 卷，北京：人民出版社，2009 年，第 509 页。

⑦ 《马克思恩格斯全集》第 4 卷，北京：人民出版社，1958 年，第 52 页。

的共和国；在那里，政治同其他任何事情一样，只不过是一种买卖”①。

对于资本主义选举制度的财产资格限制，马克思和恩格斯均有所论述。恩格斯指出，选举权和被选举权的财产资格的限制，使选举原则成为资产阶级的专有财产。② 资产阶级虚伪地承认人民有主权，但又将人民划分为积极公民和消极公民，只允许那些被称为积极公民的纳税人享有选举权。③ 马克思指出，随着时代进步，即使世袭君主或篡位者也运用选举来赋予其代表人民普遍意志的表象。④ 而事实是新的选举优惠条件，只是使资产阶级中的另一些成员具备了参加选举的资格，工人阶级被蓄意排斥于选举之外，工人阶级仍然是没有选举权的“贱民”。⑤

约瑟夫·E. 斯蒂格利茨说，美国政治体制的建构，虽然名义上号称基于“一人一票”原则，但实际是为上层群体利益服务的。恶性循环已经显现：政治规则不仅直接有益于上层群体，赋予他们过多的话语权，而且形成了一种间接给予上层群体更多权力的政治进程。上层群体企图剥夺底层群体的选举权，民众看出了美国政治和经济体制的不公平，认识到信息流动受到上层群体控制的媒体的操纵，看到了竞选捐款中金钱对政治的影响力。失望的民众减少了政治参与，其后果不亚于赤裸裸剥夺底层群体的选举权。⑥ 保罗·克鲁格曼指出，美国政治体制正被大财阀的影响扭曲着，并且随着少数人的财富日增，那种扭曲也日甚。⑦

弗洛姆指出，当代西方社会人们表面上在公共政治领域拥有选举权，但实际上在权力结构以外的劳动群众不可能真正参与政治决策。因为，群众只有被权力结构需要时才会被允许参与投票。在当代西方政治领域中，国家官僚体系、政治官僚和劳动群众的关系也是一种异化的关系。政治官僚把劳动群众看做物品一样随意摆布和驱使，劳动群众表达意愿的方式与购买商品的选择方式差不多。他们听信各种宣传鼓动，而很少实事求是地思考。⑧

伯尼·桑德斯表示，2016年美国的竞选筹资体系如此腐败，亿万富翁和特殊利益群体的政治权力如此巨大，他非常担心“民有、民治、民享的政府”将会在美国消失。公民联合会一案的判决表明，富人已经掌控了美国经济，现在富人有机会收买美国政府、白宫、参议院、众议院、州长、立法院及各州的司法

---

① 《马克思恩格斯文集》第10卷，北京：人民出版社，2009年，第641页。
② 《马克思恩格斯全集》第2卷，北京：人民出版社，1957年，第647—648页。
③ 《马克思恩格斯全集》第2卷，北京：人民出版社，1957年，第670页。
④ 《马克思恩格斯全集》第15卷，北京：人民出版社，1963年，第77—78页。
⑤ 《马克思恩格斯全集》第13卷，北京：人民出版社，1962年，第237页。
⑥ [美]约瑟夫·E. 斯蒂格利茨，《不平等的代价》，张子源译，北京：机械工业出版社，2019年，第120页。
⑦ [美]约瑟夫·E. 斯蒂格利茨：《不平等的代价》，张子源译，北京：机械工业出版社，2019年，第120页。
⑧ 王雨辰：《伦理批判与道德乌托邦——西方马克思主义伦理思想研究》，北京：人民出版社，2014年，第234页。

机关。总统大选时,富人们将数十亿美元洪水般地注入政治领域。超级政治行动委员会使得最富裕阶层和大型企业为竞选注入无限资金。这正如前总统吉米·卡特所言,不受限制的竞选资金捐助"违背了美国原先政治体系的初衷。现在美国只有寡头政治,无限制的政治贿赂成为提名总统候选人或当选总统的主要影响因素。州长、参议员和国会成员的情况也是如此。现在我们的政治体系已经遭到颠覆,它只是用来为主要的献金者提供回报"①。

重犯基本被剥夺了投票权。在美国有些州,重犯即便服刑完毕也不再享有投票权。2013 年最高法院作出裁定,指出 1965 年《投票权法案》中一项重要条款违宪。这一判决公布几天后,共和党大举出台法案,让更多民众无法参与投票——非裔、拉美裔、穷人、老年人、年轻人,因为这些人大多不支持共和党。研究显示,严格的身份认证法案使拉美裔、非裔、亚裔投票率分别下降了 9.3、8.6、12.5 个百分点。实施严格的身份认证制度后,民主党投票率下降了近 8.8 个百分点,而共和党仅下降了 3.6 个百分点。共和党还通过限制提早投票、取消当天登记,极大减少了选民投票率。在全美很多地方,少数族裔民众很难在选举日当天投票。②

三、法律不平等

马克思指出法律本该是"肯定的、明确的、普遍的规范"③。肯定性是指法律应当是对人民自由权利的肯定;明确性是指法律应当指出什么可以为、什么不可为;普遍性是指法律应当保障绝大多数人的利益并为绝大多数人所遵守。④ 而资本主义国家的法律不是这样。恩格斯曾尖锐批判资本主义法律的不平等,认为"法律压榨穷人,富人支配法律"和"对穷人是一条法律,对富人是另外一条法律"这两句警世格言是对现实的真实写照。⑤ 恩格斯说,是财产在进行统治,法律上的宽容只给予"有身份的"犯人,法定野蛮行为的全部压力则落在贱民、穷人、无产者身上。⑥ 马克思和恩格斯指出,在资本主义社会,富人有办法摆脱法律的束缚而让其他人买单。

这种法律的不平等在当今美国也体现得淋漓尽致。美国现有的法律有利于大公司,而不利于普通劳动者。法律限定了公司的责任范围,使大公司免于

① [美]伯尼·桑德斯:《我们的革命》,钟舒婷、周紫君译,南京:江苏凤凰文艺出版社,2018 年,第 83 页。

② [美]伯尼·桑德斯:《我们的革命》,钟舒婷、周紫君译,南京:江苏凤凰文艺出版社,2018 年,第 131 页。

③ 《马克思恩格斯全集》第 1 卷,北京:人民出版社,1995 年,第 176 页。

④ 龙钰:《马克思恩格斯法制思想的三大发展阶段及现实启示》,《马克思主义研究》2019 年第 7 期。

⑤ 《马克思恩格斯全集》第 3 卷,北京:人民出版社,2002 年,第 583 页。

⑥ 《马克思恩格斯全集》第 3 卷,北京:人民出版社,2002 年,第 582 页。

承担全部成本。2010年4月,海上石油钻井平台发生的爆炸致使英国石油公司数百万桶原油涌入墨西哥湾。此前英国石油公司的高管们为了眼前利润而在安全设施上钻空子。在这起事故中,他们遭受了损失,但海洋环境及路易斯安那州和其他墨西哥湾各州的居民则遭受了更为惨重的损失。在事故之后的诉讼中,身为危害制造者的大公司比那些遭受伤害的人更可能占上风。前者很容易在赔偿后者时锱铢必较,因为很多人由于诉讼时间漫长而放弃或离世,很多人由于没有财力去聘请能够与公司方聘请的律师势均力敌的律师而败诉,或仅能得到少量与其所承受的损失不对等的赔偿。[①] 尽管人们通常认为法治的目的是保护弱势群体免遭强势群体的欺凌、普通百姓免遭特权阶层的欺负,事实是,有钱有势者会运用政治权力塑造法治,从而提供一种可让他们剥削别人的法律架构。[②] 美国最低工资迟迟无法提高,全民医保案无法通过,以及对富人享有的税收优待等从根本上来说都与此有关。

与中等收入家庭不同的是,美国的8万多名超级富豪(净资产超过3 000万美元)可以雇用最好的律师和会计师寻找税收漏洞,以保护自己的财富。阿拉巴马大学伯明翰分校(University of Alabama,Birmingham)政治学和公共管理教授、主席罗伯特·布兰顿(Robert Blanton)表示:"任何收入主要来自普通工资收入以外的来源的人,实际上都有无限的机会降低有效税率或完全逃税。这可能包括相对简单的漏洞,比如较低的资本利得税率、房地产投资的许多漏洞,以及用空壳公司隐藏资产的能力。"在《消失的国家财富:避税天堂的祸害》(*The Hidden Wealth of Nations:The Scourge of Tax Havens*)一书中,经济学家加布里埃尔·祖克曼(Gabriel Zucman)称,离岸账户让"腐败精英的财富隐匿,而我们其他人损失了财富。最终,逃避的税收不得不通过对遵纪守法的人(通常是中产阶级家庭)征收更高的税来弥补"[③]。

联合国赤贫与人权问题特别报告员菲利普·奥尔斯顿教授提到了美国存在的法律不平等现象。司法系统的使用,不是为了促进正义,而是为了增加收益,这在美国各地都很普遍。所谓的"罚款和费用"名目繁多,这使低水平违规行为成本变得非常沉重,这一过程只影响最贫穷的社会成员,他们为绝大多数处罚买单。另一种几乎完全影响穷人的做法是设置高额保释保证金。这意味着富有的被告能够保证他们的自由,所有贫穷的被告很可能会待在监狱里。随之而来的是失业、无法照顾孩子、无力支付租金,并陷入赤贫。最后,对许多与驾驶无关的犯规行为所普遍实行的吊销驾驶执照的做法,剥夺了一部分穷

---

① [美]约瑟夫·E. 斯蒂格利茨,《不平等的代价》,张子源译,北京:机械工业出版社,2019年,第170—171页。

② [美]约瑟夫·E. 斯蒂格利茨,《不平等的代价》,张子源译,北京:机械工业出版社,2019年,第172页。

③ Riczo,Steve,The Billion-dollar Question. *USA Today Magazine*,2020,Vol. 148,No. 2898.

人的谋生方式。①

詹姆斯·M. 斯通认为，美国最高法院大门上的格言"法律之下有平等正义"是对公平正义具有历史意义的宣示，这是一个道德理想，但失控的财富差距拉大了理想与现实之间的裂隙。② 在最高法院的"联合公民案"判决之后，公司不仅可以花更多钱从政府那里寻求优惠，而且花钱方式更为隐蔽。法院的这个判决只能被理解为鼓励强大的公司插手政治。在法律意义上，这个判决助长了错误观念，即公司也是自然人，有权获得权利法案的宪法保护。公司拥有的所有权利都源于法律的纵容。③

四、教育不平等

在美国，教育担当着资本主义社会再生产的职能。正如《德意志意识形态》中马克思和恩格斯指出的，每个时代占统治地位的思想都是统治阶级的思想。即一个阶级既是社会上占统治地位的物质力量，又是社会上占统治地位的精神力量。支配着物质生产资料的阶级，同时也是精神生产资料的支配者，因此，没有精神生产资料的人的思想，通常隶属于物质生产资料所有者阶级。占统治地位的思想是占统治地位的物质关系在观念上的表现，不过是以思想的形式表现出来的占统治地位的物质关系。④

法国社会学家布迪厄指出，资本主义国家的教育的根本功能是进行资产阶级文化再生产，资产阶级文化再生产有助于保障资产阶级的地位，并使人们认可资产阶级权力的正当性。教育表面提倡"人人平等"，实则充当分配和确定社会特权的工具。教育在意识形态上是最有效地将既存不平等社会阶层结构永久化的手段，使社会不平等正当化。⑤

马克思曾说，资本来到世间从头到脚都滴着血和肮脏的东西。⑥ 在《英国工人阶级状况》中，恩格斯指出，相比于英国人口规模，英国教育设施少得可怜。工人阶级中只有少数人能够就读于数量有限的日校，学校又是质量很差的，劳动力市场的淘汰者迫于生计才来当教师，其中多数人在基本知识、道德

① Statement on Visit to the USA, by Professor Philip Alston, United Nations Special Rapporteur on Extreme Poverty and Human Rights. OHCHR | Statement on Visit to the USA, by Professor Philip Alston, United Nations Special Rapporteur on Extreme Poverty and Human Rights. https://www.ohchr.org/EN/NewsEvents/Pages/DisplayNews.aspx? NewsID=22533&LangID=E. 2020 年 9 月 6 日。

② [美]詹姆斯·M. 斯通：《美国社会经济五个基本问题》，忠华译，北京：中信出版社，2017 年，第 69 页。

③ [美]詹姆斯·M. 斯通：《美国社会经济五个基本问题》，忠华译，北京：中信出版社，2017 年，第 62—63 页。

④ 《马克思恩格斯文集》第 1 卷，北京：人民出版社，2009 年，第 550—551 页。

⑤ 张怡：《文化资本》，《外国文学》2004 年第 4 期，第 61—67 页。

⑥ 《马克思恩格斯全集》第 42 卷，北京：人民出版社，2016 年，第 777 页。

修养上十分匮乏，而且不受公众监督。[①] 马克思和恩格斯指出："资产者唯恐失去的那种教育，对绝大多数人来说是把人训练成机器。"[②]他们通过分析资本主义社会发展规律，揭示"机器式教育"是资本主义社会的必然现象，它塑造的是为物所奴役、情感麻木、智力荒废的"人手"。大批"人手"的存在便利了资本家压低工资水平，从而增进资本增殖。不仅工人阶级受到了"机器式教育"的危害，资产阶级也不例外，都成为片面畸形发展的人。在培育资本增殖机器的过程中，资本主义教育必然依据职业划分进行分门别类的教育，从而造成工人受教育情况的差异。

在今天的美国，资本家为了赚取更多的利润，使一切都走向了商品化，教育也不例外。通过发放助学贷款，教育成了暴利行业。教育不平等既是美国不平等的表现之一，又是美国不平等的原因之一，致使美国的不平等急剧上升。因为在过去几十年里，美国各州一直在削减对高等教育的支持，这在经济衰退期尤为严重。很多学生债台高筑，即使毕业工作后也背负经济压力，要花费多年时间偿还学生时期的债务。此外，当今美国贫穷及少数族裔在接受优质师资和教育机会上相比于富人均处于劣势。

美国学者约瑟夫·费西金指出，过去三四十年中高收入家庭子女与低收入家庭子女在学校的成绩差距明显拉大。这种差距越来越具有阶级意蕴，而不是种族意蕴，因为黑人与白人成绩差距在缩小。从幼儿园到中小学阶段，学生的成绩都与家长的收入直接相关。研究表明，收入较高的父母在培养子女上花费更多，包括购买学习用品，参加艺术辅导课、夏令营，组织家庭旅游、游学，以及提供课外活动、课外辅导和其他私人课程等的开支。此外，社会经济地位较高的父母，在对与幼儿进行识字等"非常规"活动的时间投入上远远高于其他父母。普通中产阶级和上层中产阶级对子女采取的是相对密集的"关怀式培养"策略，与之相比，工薪阶层家庭更通常采取的是使孩子"自然成长"的策略。[③]

在过去40年中，美国成年人中获得大学文凭的比例提高了，但不同阶级、阶层的大学文凭获取率极不均衡。数据显示：在收入排名前1/4的家庭中，在24岁之前完成本科学业的人数比例高达82.4%，而在收入排名最后1/4的家庭中，这一比例仅占8.3%。美国政府2005年的调查数据显示：家庭经济地位高的学生，即使在8年级数学考试中分数位列最后1/4，但比起那些家庭社会地位低，在同样的考试中分数位列前25%的学生，更可能获得本科学位。这与大学申请过程及学生为之所做的准备有关。而更重要的是美国大学学费

---

① 《马克思恩格斯文集》第1卷，北京：人民出版社，2009年，第423页。

② 《马克思恩格斯文集》第2卷，北京：人民出版社，2009年，第48页。

③ [美]约瑟夫·费西金：《瓶颈：新的机会平等理论》，徐曦白译，北京：社会科学文献出版社，2015年，第305—310页。

的急速上涨。家庭平均收入几乎跟不上通货膨胀的步伐，大学学费的涨幅则数次超过通货膨胀。国家对高等教育的投入在减少，学费却在猛涨，而助学金和奖学金又没有跟上。①

今天的美国大学中流行着学术资本主义。这是大学教育走向市场化的结果。高校更偏重于培养技能型的、受市场欢迎的人才。与市场联系越紧密的学科就越受欢迎和重视，学校在学科和专业设置上以市场为取向。与市场相距较远的学科和专业逐步被边缘化。学校鼓励应用性学科的教师帮助学校争取资源，而赋予不太具市场竞争力的教师更多教学和日常工作。这使得不同学科间教师在经济待遇等方面出现分化。

五、健康不平等

从青年时代起，马克思便时常论及人在肉体和精神上的非人化，论及畸型的工人，以及残缺不全的与全面发展的个人相对的人。在马克思和恩格斯看来，脱离社会的人只是动物式存在物，不是真正意义上的人，因为人的本质在其现实性上是社会关系的总和。脱离社会的人，即使生理上是健康的，仍然不是健全的人。马克思指出，在资本主义生产方式下，“资本是根本不关心工人的健康和寿命的，除非社会迫使它去关心。人们为体力和智力的衰退、夭折、过度劳动的折磨而愤愤不平，资本却回答说：既然这种痛苦会增加我们的快乐（利润），我们又何必为此苦恼呢？不过总的说来，这也并不取决于个别资本家的善意或恶意。自由竞争使资本主义生产的内在规律作为外在的强制规律对每个资本家起作用”②。因此，资本主义生产“不仅浪费血和肉，而且也浪费神经和大脑。……实际上正是劳动的这种直接社会性质造成工人的生命和健康的浪费”③。

当前美国社会阶层日益固化，出身至关重要。富人加强了自己的内聚力，只与同自身地位一样的人来往。穷人在社会关系上日益疏离。工人不仅在工作场所因缺乏安全保障而遭受肉体伤害，而且因为工作压力，遭受精神迫害，患精神疾病，感到孤独、抑郁、苦闷、无助。在工作中不是肯定自己，而是否定自己。工作只对极少数人有利，绝大不多人都迫于生计而工作。

关于健康究竟是人的权利还是特权，美国倾向于认为是特权，即并非生而具有，如果想要可去市场购买。因此，医疗和医疗保险大多被商品化了。美国

① ［美］约瑟夫·费西金：《瓶颈：新的机会平等理论》，徐曦白译，北京：社会科学文献出版社，2015年，第305—310页。

② 马克思：《资本论》第1卷，北京：人民出版社，2004年，第311—312页。

③ 马克思：《资本论》第1卷，北京：人民出版社，2004年，第103—104页。

的保险业经常将人分为三六九等。[①] 托马斯·斯坎伦指出,美国人的预期寿命呈现出地区和种族上的差异。在美国预期寿命最长的前10%的县,白人男性中77%的活到了70岁,而出生在这些县的黑人男性活到70岁的仅有68%。在前10%预期寿命最短的县,情况更糟糕。在这些县出生的白人男性,61%的人活到了70岁,而活到这一年龄的黑人男子只有45%。疾病控制和预防中心2013年的报告显示,每10万人中患肺结核病的人数,白人为1.2例,而黑人多达10.2例。白人婴儿死亡率为5.8‰,黑人婴儿死亡率则为13.7‰。[②]

美国耶鲁大学公共卫生学院副教授达尼娅·基恩等人对28位来自中产阶层和劳工阶层的非洲裔房主进行了深入的半结构化访谈。一些受访者表示,他们为支付房贷而被迫放弃就医或停止购买医疗保险。目前少数族裔无力支付或不愿购买医疗保险的情况十分严重。房贷和医疗保险支出成了少数族裔家庭的两座大山,不少家庭的成年人只能选择前者而牺牲后者,尽管这可能会使其背负沉重的疾病和医疗债务。2014年,据美国疾病控制与预防中心报告,与白人相比,非裔美国人患慢性病的可能性更高,其糖尿病、心脏病、中风、高血压的发病率也更高,其总体预期寿命更短。学者们发现,无论教育水平和社会经济地位如何,这种种族间的健康差异都存在,这是种族不平等历史的延续。[③] 2019年,美国疾病控制和预防中心的数据表明,非洲裔妇女和儿童的死亡率均高于白人,无论其收入水平高低。研究人员认为,种族主义及其导致的社区隔离、社区医院数量不足、慢性疾病发病率增加,以及获得医疗保健机会的不平等是罪魁祸首。[④]

此外,穷人也更易受肥胖和营养不良的困扰。营养不良导致身高偏低,进而影响就业、影响经济状况。同样,牙科疾病主要困扰的是穷人而不是富人,因为治牙费用昂贵,很多人宁愿拔牙而不是治牙。缺牙影响就业,这又使穷人陷入贫困循环。2017年,联合国赤贫与人权问题特别报告员菲利普·奥尔斯顿教授讲述了2017年他访美期间的所见所闻:污水泛滥,而州政府不认为提供卫生设施是他们的责任;很多成年人牙齿掉光了,因为绝大多数穷人享受不到成人牙科护理服务;飙升的死亡率及错误处方和其他药物成瘾造成的家庭破碎、社区凋零。波多黎各南部的人住在成堆的完全不设防的煤灰附近,煤灰

---

① 薛涌:《市场到哪里投胎:三种资本主义模式的得失》,北京:商务印书馆,2013年,第69—70页。

② [美]托马斯·斯坎伦:《为什么不平等至关重要》,陆鹏杰译,北京:中信出版社,2019年,第14页。

③ 闫勇:《健康不平等:美国种族歧视历史的延续》,《中国社会科学报》2014年10月13日。

④ 张梦旭:《种族不平等刺痛美国社会》,《人民日报》2019年9月3日。

造成的污染给他们带来疾病、残疾甚至死亡。①

新冠肺炎疫情凸显了非洲裔和拉美裔在生命健康权上面临的种族不平等。由于基础疾病与新冠病毒感染之间存在紧密的关联，相比白人而言，少数种族在罹患基础疾病上的概率历来较高，这使得他们更易成为新冠肺炎攻击的高危人群。这种系统性的种族健康差异，很大程度上缘于长期以来累积的系统性的种族医疗鸿沟。作为一项基本人权，健康权除了强调获得医疗卫生保健服务等具体权利之外，还蕴含着平等保障的原则。新冠肺炎疫情中非洲裔和拉美裔美国人的高死亡率，某种程度上正是美国长期不注重平等保障少数种族健康权的恶果。②

六、对美国不平等现象的简要评析

马克思主义认为，资本主义具有内在的不平等，而且会一直恶化。“资本主义社会的基本原则就是私有制、差别和私人利益。”③经济不平等的根源是资本主义私有制。根据马克思主义相关论述，上述五大不平等中，经济不平等是第一性的，其他不平等由经济不平等引起，并反过来强化经济不平等。这五大不平等具有系统性，互相关联、互相作用。

1. 马克思主义相关论述是剖析美国不平等问题的金钥匙。资本主义的不平等在某些时期可能有所缓和，但它是资本主义无法克服的痼疾。当前，美国的不平等问题加剧，充分反映了资本主义的系统性危机。只有坚持马克思主义，掌握马克思主义关于资本主义的论述分析，才能看清看透。比如，关于经济不平等，马克思指出，根源在于生产资料的资本主义私有制，在于资本的贪婪。④ 由于生产资料的资本主义私有制，工人不得不出卖劳动力并任由资本家剥削其剩余价值。由于资本的贪婪，资本才不断突破国界，剥削全世界，造成了世界范围内愈益严重的贫富两极分化的鸿沟，美国资本主义才依次经历商业资本主义、产业资本主义和金融资本主义三阶段，造成美国今天的产业结构变化，出现过度金融化和资本权力集中现象。关于政治不平等，马克思和恩格斯指出：“现代的国家政权不过是管理整个资产阶级的共同事务的委员会罢了。”⑤当今世界头号资本主义国家美国，其实际的统治者是大公司、大资本

---

① Statement on Visit to the USA, by Professor Philip Alston, United Nations Special Rapporteur on extreme poverty and human rights. OHCHR | Statement on Visit to the USA, by Professor Philip Alston, United Nations Special Rapporteur on extreme poverty and human rights. https://www.ohchr.org/EN/NewsEvents/Pages/DisplayNews.aspx? NewsID=22533&LangID=E.

② 郝亚明：《新冠肺炎疫情凸显美国的种族不平等》，《人民日报》2020年5月18日。

③ 龙钰：《马克思恩格斯法制思想的三大发展阶段及现实启示》，《马克思主义研究》2019年第7期。

④ 《马克思恩格斯文集》第5卷，北京：人民出版社，2009年，第872—875页。

⑤ 《马克思恩格斯文集》第2卷，北京：人民出版社，2009年，第33页。

家和富人。从总统及其内阁成员、国会议员及各州议员到大法官等的背景来看，他们无不来自上流社会。社会下层很少有人能担任官职，即使担任了职务，那也是权力和代表性很小的，是用来充当资产阶级民主点缀品的。资产阶级的法律也是如此，马克思和恩格斯一针见血地指出，资产阶级的观念本身是资产阶级的生产关系和所有制关系的产物，正像资产阶级的法不过是被奉为法律的资产阶级的意志，而这种意志的内容是由资产阶级的物质生活条件来决定的。① 美国的法律体系及其适用和执行无不体现资产阶级意志，并且维护其利益。所谓的"法律面前人人平等"只是一种欺骗而已。关于教育不平等，马克思和恩格斯指出，资本主义教育的目的是维护阶级统治和培养资本增殖的机器。② 当代美国教育体系的设置根本上仍然与马克思和恩格斯的论述相一致。关于健康不平等，马克思的整部《资本论》和恩格斯的整部《英国工人阶级状况》中都从医学角度、经济社会、城市发展等多角度进行了论述。马克思和恩格斯的健康观属于大健康观，超越了单纯的医学维度，体现了以人为本的价值追求。今天美国的健康不平等也不仅涉及医学领域，而且与整个社会结构、政治政策、种族结构、空间布局密切相关。经典作家的相关论述在今天依然闪耀着真理的光芒，是透视美国当今不平等问题的显微镜和望远镜，是解开美国不平等问题的金钥匙。

2. 当前美国的五大不平等现象并不是孤立的，每一领域的不平等都与其他领域的不平等相互交织。根据马克思主义唯物史观，物质是第一位的，物质生产方式的变革推动人类社会形态的更替，因而在美国五大不平等现象中，经济不平等是第一性的，它派生出其他领域的不平等，其他领域的不平等一经产生又互相强化，并经由资本主义制度波及全球。由于美国的历史传统，在其五大不平等现象中均具有种族主义特征。平等作为调整社会关系的工具和利益衡量标准，在阶级社会具有阶级性。奴隶社会的平等是奴隶主之间的平等，封建社会的平等是封建主之间的平等，资本主义社会的平等是资本家之间的平等。资本家和工人之间不可能平等。马克思和恩格斯在赞扬资本主义平等相比于封建主义平等的进步性的同时，也对资本主义平等的虚伪性和局限性进行了深刻剖析和揭露。恩格斯在《反杜林论》中指出，自从资产阶级提出消灭特权的要求起，无产阶级便同时提出了消灭阶级本身的要求。无产阶级的平等理论以资产阶级的平等理论为依据。对于无产阶级而言，平等不应当仅流于表面，还应是实际的，不应当仅限于国家领域，还应当扩展至社会、经济领域。③ 只有消灭生产资料资本主义私有制，消除异化，实现政治解放、社会解放、劳动解放，才能最终实现人类解放，实现真正的平等。

---

① 《马克思恩格斯文集》第2卷，北京：人民出版社，2009年，第48页。
② 《马克思恩格斯文集》第2卷，北京：人民出版社，2009年，第48页。
③ 《马克思恩格斯文集》第9卷，北京：人民出版社，2009年，第112页。

3.“中国之治”与“美国之乱”形成鲜明对比。党的十八大标志着中国特色社会主义进入新时代,而2008年以来,西方世界因为金融危机而陷入混乱,其展现在世人面前的是整个资本主义的系统性危机。2020年世界范围内新冠肺炎疫情大流行是人类共同的灾难。面对疫情,中国不仅在国内英勇“抗疫”,而且积极与国际社会合作抗疫。中国第一时间向世卫组织提交相关数据和资料,向其他国家提供“抗疫”经验,援助其他国家抗击疫情,争分夺秒研发疫苗并承诺疫苗研制成功后与世界各国分享。美国起初本有足够的时间和空间做好疫情防控,但是特朗普政府掩耳盗铃,不承认新冠疫情在美国的存在,错过了最佳防疫时间点,并使疫情一发不可收拾。面对凶猛的疫情,美国政府在国内外都将“抗疫”政治化。比如,在国内抗疫中政策、物资偏袒支持特朗普的州,在国际社会利用新冠肺炎疫情抹黑中国。在抗击疫情上,中国由形势严峻转为取得阶段性甚至全国性胜利,美国由“事不关己”“一片净土”到成为全球新冠肺炎感染及致死最多的国家,这本身是“中国之治”和“美国之乱”的一次无形中的大比拼。中国起初疫情形势最为严峻,然而,中国凭借着新中国成立以来所建立和完善的中国特色社会主义的政治经济制度体系和科学技术,凭借着党和全国人民一盘棋,取得了疫情防控战的重大胜利。可以说,中国的疫情防控体现了“中国之治”,“中国之治”则保障了中国的疫情防控。美国的疫情防控体现了“美国之乱”,“美国之乱”则破坏了疫情防控。

4. 美国的系统性不平等无疑是美国梦行不通的例证,这使得美国梦在民众中几近消失。美国社会阶层固化,社会流动性停滞,贫穷的社区始终贫穷,富裕的社区始终富裕。家长的收入、财富和社会地位预设了子女的未来。人民日渐觉醒,已有声音触及了问题的核心,“美国梦”、美国影视片塑造的“个人英雄”已越来越失去其“麻醉效果”。相反,追求人民美好生活、民族伟大复兴的中国梦则正在阔步走在现实的道路上,正在汇聚起磅礴的伟力,尽管会有荆棘和曲折,但在中国共产党的坚强有力领导下,在全国人民的努力奋斗中,定会如期实现。

作为“民主灯塔”的美国的不平等问题对于整个人类社会都具有极大的警示意义。资本、资本主义在美国的统治,不仅造成了美国国内的不平等的鸿沟日益扩大,而且随着资本主义的全球化,在全球不平等的国际经济政治秩序的加持下,“不平等”扩展到了资本所能达到的范围,世界范围内“穷国”与“富国”以及“穷人”与“富人”之间“不平等”的鸿沟日益扩大。

“资本至上”“资本主义制度”不能给人类社会带来美好的未来。资本愈强,人民愈弱。人类社会的良好发展必然要对“资本”进行约束,约束它的“任性”和“贪婪”,学会驾驭资本。这是一个世界性的课题。党的十九大报告庄严指出,中国特色社会主义进入新时代,在中华人民共和国发展史上、中华民族发展史上具有重大意义,在世界社会主义发展史上、人类社会发展史上也具有重大意义。人类社会的未来必然是社会主义、共产主义。

参考文献

[1]郭兴利:《论不平等的法律调控》,北京:中国社会科学出版社,2011年。
[2]张宇燕、高程:《美国行为的根源》,北京:中国社会科学出版社,2015年。
[3]倪世雄、赵可金:《美国政治的理论研究》,上海:复旦大学出版社,2014年。
[4]董秀丽:《美国政治经济与外交》,北京:知识产权出版社,2014年。

Marxist Analysis of Inequality in America

Liu Xiaolan Shan Chao

Abstract Marxism believes that the capitalist system has inherent inequality. Throughout the history of American capitalism, inequality has been cyclical, but its nature has not changed. Since the 1970s, especially since the financial crisis, various aspects of inequality in the United States have been increasingly intensified, mainly manifested as economic inequality, political inequality, legal inequality, education inequality and health inequality. Among them, economic inequality is the basis, while other inequalities are generated by economic inequality and then interact with each other to aggravate American inequality. With the global expansion of capitalism, the inequality in the United States has become a universal phenomenon in the world. The inequality in the United States is the epitome of the systemic plight of capitalism, and the future of mankind can only be socialism.

Key words American; inequality; Marxism

基于习近平伟大斗争思想视域下的中美战略博弈

吴庆军　王振中

内容提要　中美战略博弈本质是社会主义与资本主义两种制度的博弈,同时也是世界主导权博弈、世界两大国国运博弈。中美战略博弈表现为许多领域,其中在贸易战、科技战、金融战等领域最为突出。为了防止中国对美国的全面根本性超越,美方不惜背弃国家信用,肆意破坏现有的国际政治秩序和中美既有稳定的经贸关系,从各个领域对中国进行全面扼制和严厉打压已经成为美国对华的一种政治新常态。面对美国肆无忌惮的强势打压,中国能否扛住打压?今后中国如何应对?本文认为应该运用习近平伟大斗争思想来指导,中美战略博弈才能取得最终的全面胜利。中国的基本态度应该是中国首先不主动挑事,但面对无理攻击要有效反击,斗争要有理有利有节,斗而不破。本文论证了在中美战略博弈情形下,中国如何运用习近平伟大斗争思想对美国进行世纪大博弈,如何选择对美国斗争策略,提出了具体措施。

关键词　中美战略博弈;习近平伟大斗争思想;科技战;贸易战;金融战;应对措施

中图分类号　D82

当前国际局势风云变幻,美方悍然对中国肆意发动贸易战、科技战、金融战,造成世界局势动荡不安。不仅造成中国利益无故受损,而且更伤及自身。美方主动挑起贸易战以及打压中国,其直接目的和根本动力就是遏制中国的快速崛起和全面伟大复兴,让中国人民永远跪在美国膝下,让中国永远当美国的附庸。面对美国的强势打压,中国能否扛住打压,是重蹈苏联和日本的覆辙,还是凤凰涅槃、浴火重生。今后中国如何应对,是妥协退让,还是在斗争中求合作,以战止战。

一、中国崛起过程中,美国对中国长期打压是美国对华的政治新常态

从长期的世界历史看,作为世界霸主的美国对世界第二的严酷打压是历

作者简介:吴庆军,曲阜师范大学副教授,中国社会科学院马克思主义学院博士;王振中,中国社会科学院研究员,博士生导师,通讯作者。

史的常态。美国曾经对英国、苏联和日本进行过严厉扼制和无情打压，因此，美国对崛起的中国扼制和打压一点也不奇怪，这是历史的再现和重演。1902年，美国工业总产值超过英国成为全球第一大经济体。从那个时间点到今天，美国已经打过三次重要的贸易战：第一次是跟英国打，第二次是跟苏联打，第三次是跟日本打，2018年开始跟中国打是第四次。从一百年的全球贸易史看，作为世界第一大经济体，对崛起的世界第二大经济体进行长期的打压和扼制，是一定会发生的事情，不管你愿意还是不愿意，不管你妥协退让还是积极斗争，最终目的是把世界第二打趴下，不达目的，绝不松手。

为了防止中国对美国的超越，美方可以不惜背弃国家国际信用，肆意破坏现有的国际政治秩序和中美既有稳定的经贸关系，美国从各个方面对中国进行全面扼制和严厉打压成为今后美国处理中美关系的政治新常态。

美方想撕毁协议就撕毁，想破坏协议就破坏，早已习以为常。中美双方经过多轮磋商，原本已经达成共识，但是美方背信弃义，宣布对华进口商品征收高额关税，而且警告不得采取报复措施。还威胁，如果中方反制，美国将对额外中国商品加征关税。这真是“只许州官放火，不许百姓点灯”。我打你，你还不能反抗，你敢反抗，我可能打得更狠。这就是美方霸道的思维逻辑。

美国政府随意处罚中国的中兴公司，向中国企业派驻全权特别协调员，随时随地调阅中国公司全部档案和资料，成为超越一切权力的名副其实的太上皇。美国动用整体国家力量，在全球范围内采用种种不正当手段打压和扼杀一家在全球5G技术领先的中国高科技民营企业华为，背后的真实意图就是美国对中国高科技产业发展打压和扼制。美国政府唆使加拿大政府公然扣押华为高管——华为总裁任正非的女儿孟晚舟女士，并在未定罪的情况下，戴上电子脚镣，可谓赤裸裸的公然绑架。美国希望通过打压中国具有代表性高端企业，摧毁中国发展高科技工业的信心，阻断中国高科技企业和行业的崛起，遏制中国进军高科技领域，保持西方在该领域的绝对优势，最终扼制中国的全面崛起和伟大复兴。美方军舰随心所欲穿越台湾海峡，在中国领海南海恣意航行，公然侵犯我领土领海主权，擅自通过美国《西藏旅行法》《台湾旅行法》《台湾保证法案》和《重新确认美国对台湾及对执行台湾关系法之承诺》决议案，看中美博弈应该看到全方位多领域博弈的大棋局，不能仅仅盯着贸易战的小棋盘。由此可见，中美之间矛盾是不可调和的，幻想用局部的让步去换取美国停止对中国的打压只是一厢情愿而已。

美国关心的不仅仅是短期自身经济问题，更是世界霸权是否永世长存的问题，在对手还未完全崛起前发动攻击，这是美国朝野一致的看法。阻止中国向全球价值链顶层移动，就成为扼制中国崛起的主要手段。美国的想法是让中方一直处于产业链底层，而美国可以在高端享受各种成果，所有人都知道，产业链越高端附加值越高，超额垄断利润越大。但中国的全面发展让美国产生了恐慌。中国在科技方面减少对美国依赖的行为也成为美国攻击的标靶。

实际上，中美贸易规模量对美国经济影响很小。即便按美国官方统计，2017 年美中货物贸易逆差 3 752 亿美元仅相当于美国 GDP 的 1.9%。如果按照中国海关统计：2017 年美国货物贸易逆差 2 758 亿美元仅相当于美国 GDP 的 1.4%。如果算上美国对中国的服务贸易顺差 321.8 亿美元，2017 年美中综合逆差仅相当于美国 GDP 的 1.3%。这里还包括美国在华投资企业对美国出口的大量产品，如果把这些因素考虑进去，中国本土企业对美国顺差还不到美国 GDP 的 1%，这么小的份额根本不会影响中美两国的经济发展大局。美方借贸易逆差说事，纯属小题大做，蓄意挑起事端。即便将来贸易平衡了，还会找其他理由来挑事，就像给华为扣上莫须有罪名来打击华为的套路类似。

美国前 10%家庭拥有财富占全国家庭财富比例超过 75%，后 50%家庭拥有财富占全国家庭财富比例仅为 1%，贫富分化非常严重。激烈的国内矛盾自己无法解决于是就煽动民粹主义，把自己的国内社会矛盾推卸给国际社会，挑起贸易争端，用以转移国内公众视线，从而维护垄断资本的根本利益。

中国对美国贸易顺差是美国资本家为追求高额利润而把工厂从美国国内转移到低成本的国外生产，美国政府对华禁售高科技产品，美国民众高消费、低储蓄等原因所致，并非中国刻意为之，更不是中国故意占美国便宜，在中国对美国顺差的一大部分是投资在中国的美国企业出口到美国所创造的。美国企业在中国的大量投资攫取了巨额的利润。所以，美方以贸易逆差中国占了美国便宜为由挑起贸易战，实质上是颠倒黑白，出于扼制中国崛起的政治目的。即便是将来真的中美贸易平衡了，美方照样可以找出各种理由对中国进行打压和扼制。

美国试图将中国拉入西方世界体系并力图同化中国的希望失败后，放弃了之前四十年的对华友好政策，将中国看成现实直接竞争者与未来最大的挑战者，并对中国进行一系列扼制和打压。已经发生的各种大事件可以证明，美国正逐渐把打压和扼制中国放在明面上，日后的打压势必更严峻、更直接、更具有杀伤力。美方主动挑起贸易战以及打压中国，其目的是遏制中国的快速崛起和复兴。美方经常不讲信用，任性退出长期签订的国际条约，即便是自己说过的话或者签订的协议，仍会随意推翻，所以即便签订所谓的协议，其有效期根本无法保证。美方想撕毁协议就撕毁，想破坏协议就破坏，这已经成为常态。

二、面对美国打压，中国最后是崛起夭折，还是最终实现伟大复兴？

世界历史上，世界第一打压世界第二一定会不遗余力，世界第二“半路夭折”似乎成为一个魔咒。中国能否摆脱“世界第二覆灭的魔咒”，完成华丽转身，实现鲤鱼跃龙门？

事实上中美博弈中，中国不会轻易被击败。中国有习近平伟大斗争精神作指导，国家领导层有丰富的执政经验和有效治理能力，中国有庞大的经济体量、世界上最完备的产业体系，是世界上最大规模制造国、世界上最大规模和最具增长潜力的消费市场，世界最大的外汇储备国等，中国对美国贸易顺差仅占中国经济总量的2%，中国完全有能力消化外部冲击。更为主要的是中国以和为贵，以构建人类命运共同体为目标，占据世界道义的制高点，赢得世界人民的人心。这些是中国最终取得中美战略博弈胜利的根本依据所在。

美国处心积虑地打压中国的高科技企业，以“莫须有”罪名抹黑和扼杀，其手段无所不用其极，这些无理举措很可能适得其反，并前所未有地激发中国高科技企业的创新热情。假以时日，中国一定能够在全球高科技领域占据制高点，这是任何力量都无法阻挡的。

所谓“美国优先”的野蛮霸道行径，无疑是失道寡助的，已经遭到了世界各国的强烈抵制和反击。中美关系，尤其是经济领域高度融合、高度相互依赖。美国主动挑起的中美贸易战，害人害己，尤其是使得其国内许多制造商和农场主以及广大消费者的利益受到了严重损害，目前美国有2万家工厂受美方发起的贸易战而被迫歇业，一些知名公司纷纷出走美国。美方发起的贸易战激起美国内部矛盾，贸易战也不可能达到美方欲“重塑美国霸权地位”的梦幻，而必将导致它所期求的反面。

世界第二大经济体——社会主义的中国面临霸凌欺负时表现出超强的凝聚力。面对不利局势，14亿人民的爱国主义开始发挥作用，绝大多数人认为对美国横行霸道欺凌的做法必须予以还击，广大的民意形成强大的后盾，14亿人口的庞大世界超级市场为中美世纪博弈提供了充足的弹药，只要中国采取正确的思想作指导，众志成城，拧成一股绳，中华民族伟大复兴一定能如期实现。① 中美战略博弈是没有硝烟的战争，从长远看，中国将赢得中美战略博弈。但是中国如何选择策略和指导思想，才能确保最后的胜利？

三、要取得中美博弈最终胜利，中国需要习近平伟大斗争思想作指导

中国应该运用习近平伟大斗争思想指导中美战略博弈，才能取得最终胜利。必须准备进行具有许多新的历史特点的伟大斗争，是党的十八大提出的

① 吴庆军、王振中：《论新常态下中国对美国经济的追赶与超越》，《当代经济研究》2018年第9期。

重要论断。习近平在党的十九大报告里,从斗争的原因、斗争的对象、斗争的方式、斗争的目的四个方面对伟大斗争第一次给予界定。这一论断是我们党在全面审视国内国际两个大局发展大势的基础上作出的。从国际看,原有的全球政治经济均衡状态正在被打破,当前国际形势正处在新的转折点上,为朝着更有利于我方的形势发展,就需要习近平伟大斗争精神指导中美战略博弈。

党的十九大报告指出,"中国特色社会主义进入新时代,意味着近代以来久经磨难的中华民族迎来了从站起来、富起来到强起来的伟大飞跃,迎来了实现中华民族伟大复兴的光明前景;这个新时代,是全体中华儿女勠力同心、奋力实现中华民族伟大复兴中国梦的时代,是我国日益走近世界舞台中央、不断为人类作出更大贡献的时代。今天,我们比历史上任何时期都更接近、更有信心和能力实现中华民族伟大复兴的目标"①。

在实现这一伟大目标的历史进程中,原有的世界霸主不愿退出世界舞台的中心,动用一切手段进行打压和扼制中国就是必然要发生的事情。有人设想只要中国妥协和退让,打压和扼制就能停止,这是基本不可能发生的。即使中国的妥协和让步的程度极大地满足美方期望的巨大现实利益,也最多换取短暂的中场歇息,换取不到持久的和平。就像《六国论》中所讲:"以地事秦,犹抱薪救火,薪不尽,火不灭。六国破灭,弊在赂秦。赂秦而力亏,破灭之道也。"②美方最终的目的是要压制中国的崛起和复兴,除非中国停止崛起,永作随从或者解体分崩离析或者完全变成依附于美国的不入流的资本主义国家,否则美方对中国的打压和扼制始终不可能停止。

习近平同志指出:"实现伟大梦想,必须进行伟大斗争。社会是在矛盾运动中前进的,有矛盾就会有斗争。全党要团结带领人民有效应对重大挑战、抵御重大风险、克服重大阻力、解决重大矛盾,必须进行具有许多新的历史特点的伟大斗争。全党要充分认识这场伟大斗争的长期性、复杂性、艰巨性,发扬斗争精神,提高斗争本领,不断夺取伟大斗争新胜利。"③

日中则昃、月盈则亏、水满则溢。再强大的国家,都有自己的弱点和命门。美方越是显得强硬,就越暴露出内心的焦虑和外强中干的本质。习近平主席指出:"我们党要团结带领人民有效应对重大挑战、抵御重大风险、克服重大阻力、解决重大矛盾,必须进行具有许多新的历史特点的伟大斗争,任何回避矛盾的思想和行为都是错误的。"④

坚持战略定力。习近平同志指出:"面对国际局势风云变幻,始终保持强大战略定力,在战略上判断准确、谋划科学、赢得主动,党和人民事业就会大有

① 习近平:《决胜全面建成小康社会 夺取新时代中国特色社会主义伟大胜利——在中国共产党第十九次全国代表大会上的报告》,北京:人民出版社,2017年,第10页。

② 苏洵:《嘉祐集笺注》,上海:上海古籍出版社,1999年,第62页。

③ 《中国共产党第十九次全国代表大会文件汇编》,北京:人民出版社,2017年,第12页。

④ 《中国共产党第十九次全国代表大会文件汇编》,北京:人民出版社,2017年,第13页。

希望，就会立于不败之地。缺乏足够战略定力，就容易出现心理上患得患失、行动上犹豫不决、战略上摇摆不定，就容易随波逐流、进退失拒，乃至丧失行动能力，错失发展机遇。进行伟大斗争、建设伟大工程、推进伟大事业、实现伟大梦想，不仅要有'不到长城非好汉'的进取精神，更要有'乱云飞渡仍从容'的战略定力。改革开放以来，我们党每当遇到严峻挑战，党中央总是能化危为机、开创新局，根本原因在于我们党始终保持强大的战略定力。"①

坚持底线思维。习近平同志指出："只有凡事从最坏处准备，努力争取最好的结果，才能有备无患、遇事不慌，牢牢把握主动权。各种风险我们都要防控，但重点是防控那些可能迟滞或中断中华民族伟大复兴的全局性风险，这是强大底线思维的根本含义。在道路方向问题上，强调不能犯颠覆性错误。在外交战略方面，强调走和平发展道路，但绝不能放弃我们的正当权益，绝不能牺牲国家核心利益。树立明确的底线意识，绝不能触碰、践踏和逾越那些事关党和国家事业兴衰成败、中国特色社会主义前途命运、中华民族伟大复兴和中国人民根本利益的原则界限，不断增强坚守底线的坚定性自觉性。"②

习近平同志指出："把握国际形势要树立正确的历史观、大局观、角色观。正确历史观就是要端起历史望远镜回顾过去、总结历史规律，展望未来、把握历史前进大势。这就要求用马克思主义历史观去洞悉世界历史规律。正确大局观就是不仅要看到现象和细节怎么样，而且要把握本质和全局，抓住主要矛盾和矛盾的主要方面，避免在林林总总、纷纭多变的国际乱象中迷失方向、舍本逐末。这就要求从世界发展长远趋势和中华民族根本利益出发，总体把握世界全局和大局。正确角色观就是不仅要冷静分析各种国际现象，而且要把自己摆进去，在我国同世界的关系中看问题，弄清楚在世界格局演变中我国的地位和作用，科学制定我国对外方针政策。这就要求我们弄清楚中国在世界的客观定位、相对优势以及角色互换的演变趋势。"③这"三观"非常适用于把握中美战略博弈。

总之，习近平伟大斗争思想是指导中美战略博弈取得最终胜利的强大思想武器。

四、在中美战略博弈中，中国应该果断采取有效反制措施

（一）中国今后要增强经济发展的内生性，确保发展的稳定性和可持续性

今后重点应扩大内需，提高自主经济比重，提高经济抗击外部冲击的能

① 《习近平新时代中国特色社会主义思想三十讲》，北京：学习出版社，2018，第328页。

② 《习近平新时代中国特色社会主义思想三十讲》，北京：学习出版社，2018，第334页。

③ 习近平：《坚持以新时代中国特色社会主义外交思想为指导 努力开创中国特色大国外交新局面》，《人民日报》2018年6月24日。

力。美方再强横，也无法战胜 14 亿人口的庞大超级世界消费市场。德国媒体认为，“中国握有决胜的杀手锏，就是庞大的消费潜力”。如果美方发动的贸易大战像一场洪水，那么潜力巨大的消费市场，就像一个汪洋大海，足以抵消冲击。习近平主席说：“中国经济是一片大海，不是小池塘，狂风暴雨可以掀翻小池塘，但绝对掀翻不了大海。”①扩大内需已成为经济稳定运行的“压舱石”。中国经济完全可以通过提高自主经济比重，增强经济的内生性，既可以降低敌对势力对中国的战略遏制，还可以增强经济发展的可持续性和稳定性，从而增强内部经济抵御外部负面冲击的能力。

中国还有许多薄弱领域迫切需要投资，有效投资必将带动经济持续发展。我国经济发展尚不充分，存在短板、弱项，把补短板作为改革的重点，着力补齐基础设施短板、民生（健康、医疗、教育、养老）短板和公共服务短板、农业和生态环保短板，因此增加有效投资的潜力也很大。中国城镇化不断深化是投资拉动经济增长的有效途径。我国环保投资规模还亟待提高。想要中国环境质量得到明显改善，我国的环保投资规模还远远不够。切实将节能环保作为我国国民经济的支柱产业，发展新能源产业，保障我国经济社会的可持续发展。

中国经济发展模式应由出口导向型转变为内需拉动型。出口导向型增长模式是适用于追赶型经济增长模式，而不适于超越型经济发展模式。过去三十几年的出口导向型经济增长模式遇到瓶颈已经走到头，需要转型。只有把 14 亿人口的大市场激活了，美国盟友受到巨大经济利益的诱惑就会争先恐后地从中国的市场中分一杯羹，这时美国说话就不管用了。因此，我国通过内需拉动经济发展，不会再被美国卡住脖子。在中国“巨无霸”市场中，各国商人、各国企业都会垂涎欲滴，欲罢不能。所谓一步棋活，步步活，满盘都活。美方之所以敢于对中国打贸易战，是因为中国经济对美国依赖程度过高，尤其中国贸易对美依赖程度过高。但那只是一部分人不了解真实情况的判断。真实的情况是 2017 年中国对美货物出口占中国 GDP 比重仅为 3.5%，中国对美货物进口占中国 GDP 比重仅为 1.3%，中国对美货物贸易顺差占中国 GDP 的比重仅为 2.2%。如果这一比例进一步降低，就会进一步减少美国打压中国带来的负面冲击，同时也防止了未来世界性经济危机向中国国内传递，保持中国经济发展的稳定性，无论美方再怎么兴风作浪，都无法撼动中国庞大的经济体，更无法阻止中国的快速崛起。

（二）中国要走自主研发原创之路，集中优势力量占据世界高科技制高点

习近平同志指出：“矢志不移自主创新，坚定创新信心，着力增强自主创新能力。”他强调：“要坚持走自主创新之路，要有这么一股劲，要有这样的坚定信

① 习近平：《共建创新包容的开放型世界经济——首届中国国际进口博览会开幕式上的主旨演讲》，《人民日报》2018 年 11 月 6 日。

念和追求，不断在关键核心技术研发上取得新突破。”

过去我国主要引进先进技术，弥补发展短板，缩小与先进水平的差距。但引进的技术基本上是发达国家已经过时的技术，若亦步亦趋，难以实现对最发达国家的追赶，产业分工长期处于世界产业链的低端。实践证明，关键技术是买不来的，只有自主创新，掌握世界产业链的关键技术和核心技术，中国才能掌握世界发展的主导权。[①]

（三）中国的金融业要注意开放的程度、节奏和对象，注意防范金融系统性风险

开放过度必然带来巨大的系统风险，给敌对势力对我国经济攻击提供有效的平台和渠道。金融业是现代经济中调节宏观经济的重要杠杆，是沟通整个社会经济生活的命脉和媒介，在整体经济中处于核心地位，是经济的血脉和支柱。金融系统具有天然脆弱性和易受攻击性，存在流动性危机和偿付危机的可能性。如果银行过度开放扩张，会导致金融风险激增。

因此，对待金融业的开放一定要慎之又慎，注意开放的程度、节奏和对象，防范系统性的金融风险。哪怕步子迈得慢一些、稳一些，也不能只为开放而不加节制，造成巨大的金融风险，给敌对势力肆意攻击我国金融、经济留下机会和隐患。一旦出现金融危机，传导为经济危机，就会导致社会危机，进而演变成社会动乱，甚至政权丢失、国家解体、战火纷飞、生灵涂炭、民不聊生。

金融业开放节奏过快引发风险乃至金融危机的案例，数不胜数。比如泰国经济在20世纪80年代和90年代初实现高速增长，但是与此同时泰国信贷过度扩张，房地产热、股市热造成通胀急升，经济泡沫越来越大，最终引发了1998年的亚洲金融危机。目前土耳其、委内瑞拉等一些国家为何在美国的攻击面前不堪一击，货币贬值、金融动荡，经济危机、社会动荡，最主要的原因就是开放过度。

亚洲金融危机以前，韩国和日本金融保护得很好，不让美国资本进入它们的市场，韩国排名前十的大企业，外国公司拥有的股份不超过5%。金融危机时，国际货币基金组织压迫韩国开放——你不开放金融，我就不贷款给你。开放以后，韩国白白奋斗了几十年，变成给美国人打工了，许多韩国大企业的大部分股份变成美国企业拥有。

东欧进行自由化时，国有企业都破产了，原来可以换货交易也可以拿卢布计价，一旦向西方开放，就要拿美元、马克交易，但它们没有外汇，苏联的卢布和东欧国家的货币马上就贬值了。苏联卢布贬值了几千倍，乌克兰的货币贬值了一万几千倍。等于说，如果原来的国有资产价值7 000美元，最后1美元就送给外国了，社会财富上万倍的贬值，最后一钱不值。程恩富教授指出“开

---

① 宋之杰、赵桐坚：《持走自主创新之路》，《河北日报》2018年8月15日。

放金融领域应该循序渐进，强调有理、有利、有节，加强对国际游资防范与管理，严格监督外资金融机构的经营行为”①。

众多国家过度开放金融业的惨痛教训，不胜枚举，不得不加以认真思考汲取。因此，中国金融业必须在循序渐进中稳步推进开放，要始终让国有资本对中国金融业绝对控股，让党和政府拥有对金融业绝对发言权和控制力，才能从根本上防止系统性金融风险，进而防止金融动荡、防范经济危机、预防社会动荡、有效抵御外国敌对势力对我国经济的疯狂攻击、筑牢中国共产党执政的经济基础，确保社会主义的中国永不变色，确保中华民族伟大复兴的中国梦变为现实。

(四)联合各国构建世界贸易多元支付系统，逐步打破美元世界霸权地位

美国制造业高度空心化，如何创造巨额财富，为什么还有大量的钱来买那么多的东西呢？道理也很简单，因为作为世界货币的美元是美国印的，100 美元印刷成本仅几美分，在世界流通就可以购买价值 100 美元的商品，剥削世界各国的财富。所以要打击美国霸权，要从根除美元霸权开始。

越来越多的国家开始寻求建立新的全球货币支付系统，欧盟就在探讨建立非美元支付系统，许多石油出口国都开始采取非美元进行石油交易结算。俄罗斯开始组建 50 国大联盟，瞄准了美国的命脉，打击美元霸权。中国宣布中俄贸易和投资开始使用人民币和卢布结算。伊朗政府宣布使用欧元和人民币替代美元。阿联酋作为石油大国也在进行去美元化。巴基斯坦声明，与中国的双边贸易使用人民币作为结算货币。美元作为非洲跨境结算货币已经开始逐渐衰落。

一个基于美元的国际货币体系正向一个多货币的多极体系转变。世界银行预计，2025 年美元主导的世界货币霸权地位就基本瓦解。

(五)中国要逐渐减持美国国债，逐步摆脱对美元和美国国债的过度依赖

中国是美国国债的最大持有国。2008 年金融危机的时候，美国国债卖不动，当时在中美夫妻论的渲染下，中国逆势购买，将美国国债拯救过来。这种救美国就是救中国的思维模式需要彻底改变，中国虽然不主动挑起争斗，但也不应该主动充当美国经济和金融危机的救世主。

美债流通是美元流通的必要条件和充分保障。要想彻底打击美元霸权，就必须对美元流通性下手。一旦世界各国不再继续购买美债，那么美国政府和人民靠着借钱消费的好日子也就到头了，这时候美国开始进入真正的绝对衰退。

目前美国不仅依靠极低成本的美元大肆购买全世界商品，还通过出售美国债券把美元收回美国。中国对美国的贸易盈余，主要换回的是美国债券。

---

① 程恩富、周肇光：《逐步推行人民币的区域化和国际化》，《探索与争鸣》2004 年第 4 期。

当前这种美国剥削世界的畸形现象应该尽快改变。

(六)坚持人民币对美元长期不贬值的总趋势,积极推行人民币国际化

面对这场中美博弈,中国已没有退路。只有针锋相对,使贸易战的始作俑者感到"疼痛",才有可能"以战止战",避免美方的行为对经济全球化造成更严重的破坏。以往美国一加税,为了防止出口下滑,人民币对美元就贬值,这一做法实际上正中美国下怀,通过这种方式帮助美国实现了对中国商品价值的盘剥和掠夺。这种人民币贬值的错误做法必须扭转。只有人民币对美元长期不贬值,世界人民对人民币才会有信心。程恩富教授对人民币的区域化和国际化进行了深入探讨,提出了具体有效措施。①

只要中国坚持人民币不贬值,美国打贸易战的后果将反噬美国。美国从中国进口的商品很多是日常生活必需品,美国对中国产品加征关税,必然导致美国的消费品物价上涨,美国国内将出现通货膨胀,美联储被动加息,加大美国金融系统性风险。这一切将成为美国社会矛盾激化的催化剂。美国民众最后是发动贸易战的直接受害者。美国国内将激烈反对贸易战、反对提高关税、反对逆全球化,从而美国国内力量就会阻止美国贸易战进一步加剧。

五、结 论

中美战略博弈是没有硝烟的战争,中美战略博弈本质是两种制度的博弈,同时也是世界主导权的博弈。中美战略博弈表现为许多领域,贸易战、科技战、金融战等领域最为突出。为了防止中国对美国的全面超越,美方不惜背弃国家信用,肆意破坏现有的国际政治秩序和中美既有稳定的经贸关系,从各个领域对中国进行全面长期扼制和严厉打压已经成为美国对华的一种政治新常态。

事实上中美博弈中,中国不会轻易被击败。国家领导层有丰富的执政经验和有效治理能力,中国有庞大的经济体量、世界上最完备产业体系,是世界上最大规模制造国、世界上最大规模和最具增长潜力的消费市场,世界最大的外汇储备国等,中国对美国贸易顺差仅占中国经济总量2%,中国完全有能力消化外部冲击。更为主要的是中国以和为贵,以构建人类命运共同体为目标,占据世界道义的制高点,赢得世界人民的心。这些是中国最终取得中美战略博弈胜利的根本依据所在。

当然要取得中美博弈最终胜利,中国需要以习近平伟大斗争思想为指导,坚持战略定力。坚持底线思维,用正确的历史观、大局观、角色观把握国际大

---

① 程恩富、周肇光:《关于人民币区域化和国际化可能性探析》,《当代经济研究》2002年第11期。

势。中国要首先不主动挑事，但面对无理攻击要有效反击，斗争要有理有利有节，斗而不破。

在中美战略博弈中，中国可以采取的有效反制措施包括：中国今后重点扩大内需，提高自主经济比重，要增强经济发展的内生性，确保发展的稳定性和可持续性，提高经济抗击外部冲击的能力。中国应该向薄弱领域投资，着力补齐基础设施、民生、公共服务、农业、生态环保短板，中国城镇化不断深化是拉动经济持续发展的有效途径。中国经济发展模式由出口导向型向内需拉动型转变。中国要走自主研发原创之路，集中优势力量占据世界高科技制高点。世界各国应该联合起来构建世界贸易的非美元多元支付系统，逐步打破美元世界霸权地位。中国应逐渐减持美国国债，逐步摆脱对美元和美国国债的过度依赖。中国坚持人民币对美元长期不贬值的总趋势，积极推行人民币国际化。中国的金融业要注意开放的程度、节奏和对象，防范系统性金融外部风险。必须在循序渐进中稳步推进开放，要始终让国有资本对中国金融业绝对控股，让党和政府拥有对金融业绝对发言权和控制力，才能从根本上防止系统性金融风险，进而防止金融动荡、防范经济危机、预防社会动荡、有效抵御外国敌对势力对我国经济的疯狂攻击、筑牢中国共产党执政的经济基础，确保社会主义的中国永不变色。

从长远看，只要中国以习近平伟大斗争思想为指导，中国人民在中国共产党的领导下，拧成一股绳，众志成城，形成钢铁般的意志和坚定行动，必将赢得中美战略博弈的伟大胜利。

The Strategic Game between China and America from the Perspective of Xi Jinping's Great Struggle Thought

Wu Qingjun　Wang Zhenzhong

Abstract　The essence of the strategic game between China and the United States is the game between socialism and capitalism, as well as the game of world leading power and the game of the two world powers. The Sino-US strategic game is manifested in many fields, especially in trade war, science and technology war, financial war and so on. In order to prevent China from surpassing the United States in an all-round and fundamental way, the United States did not hesitate to betray its national credit and wantonly destroy the existing international political order and the already stable economic and trade relations between China and the United States, it has become a new political normal for the United States to suppress China comprehensively and severely in all fields. In the face of unbridled American repression, can China withstand it? How will China respond in the future? This article thinks that Xi Jinping's great struggle thought should be used to guide the Sino-US strategic game in order to obtain the final overall victory. The basic attitude of China should be that China should not initiate trouble in the first place, but in the face of unreasonable attacks it should strike back effectively, and struggle should be reasonable, advantageous and restrained, and fight without breaking. This paper demonstrates how China uses Xi Jinping's great struggle thought to carry out the great game of the century against the United States and how China chooses its struggle strategy against the United States. Finally, this paper puts forward some concrete and effective measures to be taken in the sino-us strategic game.

Key words Sino - US strategic game; Xi Jinping's great struggle thought; science warfare; trade war; financial warfare; coping strategies

百年未有之大变局下马克思主义战略策略理论的历史回望与新发展

周　淼

内容提要　马克思、恩格斯、列宁等革命导师十分注重战略和策略对无产阶级革命斗争和社会主义运动的指导作用，关于无产阶级革命的战略策略理论是马克思主义理论的重要组成部分。党的十八大以来，习近平总书记继承马克思主义和世界社会主义发展的宝贵经验，多次强调要树立战略思维，要注重从战略上思考和谋划问题。在新时代新征程，面对百年未有之大变局，我们回顾世界社会主义发展史上关于无产阶级革命和社会主义的战略理论，对于瞄准主要战略目标和方向，保持战略定力，不断攻坚克难，实现中华民族伟大复兴的光明前景，推动中国特色社会主义和世界社会主义的不断发展，有着重要的启示价值和意义。

关键词　马克思主义；战略策略理论；新发

中图分类号　F0-0

当今世界正处于百年未有之大变局，世界正处于大调整大变革之中。特别是新冠肺炎疫情在全球爆发和蔓延以来，世界面临的不确定性增加。在以习近平同志为核心的党中央坚强领导下，我国及时控制了疫情，充分体现了社会主义在应对各种复杂多变风险挑战时，能及时进行战略统筹的制度优势。党的十八大以来，习近平总书记多次强调要树立战略思维，要注重从战略上判断和谋划问题，这是对马克思主义和世界社会主义发展宝贵经验的继承。马克思、恩格斯、列宁等革命导师十分注重战略和策略对无产阶级革命斗争和社会主义运动的指导作用，关于无产阶级革命的战略策略理论是马克思主义理论的重要组成部分。在新时代新征程，面对百年未有之大变局，我们回顾世界社会主义发展史上关于无产阶级革命和社会主义的战略理论，对于保持战略定力，树立战略思维，做好战略谋划，瞄准主要战略目标和方向，不断攻坚克难，实现中华民族伟大复兴的光明前景，推动中国特色社会主义和世界社会主义的不断发展，有着重要的启示价值和意义。

作者简介：周淼，中国社会科学院马克思主义研究院国外马克思主义研究部国外左翼思想研究室主任，副研究员，中国社科院世界社会主义研究中心特邀研究员。

基金项目：本文为国家社科基金一般项目“列宁帝国主义理论与新帝国主义理论的比较与启示”(17BKS015)的阶段性成果。

一、要关注马克思主义战略策略理论的研究

（一）战略理论的发展

“战略”一词长期被用于军事领域，指对战争全局和整体的谋划和指导。随着人类社会实践和社会交往的丰富和深化，战略被广泛应用于其他领域，指对本领域整体、全局、长远的筹划和指导，如经济发展战略、国家战略、国际战略等。特别是资本主义发展到帝国主义阶段，资本主义矛盾日益激化，反映在国际关系领域，导致了两次世界大战的爆发。“二战”后，还形成了资本主义和社会主义两大阵营的对立，美苏的两极对立。因此，各个阶级之间、各个国家之间、各种政治势力之间博弈、竞争、斗争的领域越来越广泛，形式也越来越复杂。在战争中，不仅战场领域从陆地扩展到海洋、天空，而且为赢得战争和国际斗争的胜利，各国还不得不动员国家军事、政治、经济、外交、文化等各方面的力量，进行所谓的“整体战”“总体战”。英国著名军事理论家李德·哈特针对这种战略应用的客观实践，在理论上提出了“大战略”的概念，他认为“大战略”与“战略”（军事战略）是不同的，并指出：“战术是把战略应用到较低的一个阶层中，同样的，战略也就是把大战略应用到较低的一个阶层中。”“所谓大战略——高级战略的任务，就是协调和指导一个国家（或是一群国家）的一切力量，使其达到战争的政治目的。”①这种大战略，当时主要是指运用政治、经济、外交、军事等多种手段，以达到战争目的的谋略。与此同时，德国军事思想家埃里希·鲁登道夫提出了“总体战”理论，法国军事理论家安德烈·博福尔提出了“总体战略”的概念，世界各国在理论与实践上对战争的指导和谋划明显超出了军事领域，更加突显以国家整体力量的运用来实现战争和国家战略目的。

之后“大战略”的概念被普遍采用，它的内涵也得到了发展，不仅仅是指调动和运用各方面的综合力量使之服务于战争目的的实现，而是指服务于国家、阶级、社会集团整体利益的实现，并为之作长远、全面的谋划。其中，美国更是使大战略服务于政治目的，在大战略的理论研究与实践运用方面都走在了前列。美国著名战略理论家柯林斯在《大战略》一书中指出，“国家战略在平时和战时综合运用一个国家的各种力量以实现国家的利益和目标。按照这种观点，战略可分为应付国际和国内问题的全面政治战略、对外和对内的经济战略以及国家军事战略等。每一种战略都直接或间接地关系着国家的安全……这些战略汇集起来便构成‘大战略’，即在各种情况下运用国家力量的一门艺术和科学，以便通过威胁、武力、间接压力、外交、诡计以及其他可以想到的手段，

① ［英］李德·哈特：《战略论：间接路线》，钮先钟译，上海：上海人民出版社，2015年，第277页。

对敌方实施所需要的各种程度和各种样式的控制，以实现国家安全的利益和目标”①。这里，柯林斯已经对国家战略、大战略与军事战略之间的关系作了区分和论述，为开展国家战略博弈奠定了理论基础。美国把战略研究服务于资本主义和社会主义两种制度的较量，形成了“和平演变”的大战略，对社会主义进行地缘军事上遏制、政治上收买腐蚀、经济上拖垮、科技上封锁压制、意识形态文化领域渗透等，最终使东欧剧变、苏联解体。因此，当代的政治家和政治经济领域的研究者，已经不能仅仅把战略视为军事领域的问题了，只有树立经济、金融、政治、军事、文化、社会等为一体的大战略观，把战略筹划提升到国际战略、国家战略、大战略的高度，才能掌握国际博弈和国家发展的主动权；坚持和发展社会主义，防止和平演变同样也需要战略理论的指导。

(二)马克思、恩格斯、列宁也十分重视无产阶级革命战略策略理论研究

马克思主义经典作家也较早地使用了“政治战略”“策略”等概念，把战略筹划应用到无产阶级革命的理论和实践之中，关于无产阶级革命的战略理论是马克思主义理论的重要组成部分。无产阶级革命战略是无产阶级政党和领导人在一定历史时期内为达成革命目标而制定的全面的路线、方针、政策，是研究无产阶级革命斗争指导规律的科学。马克思、恩格斯十分注重无产阶级革命斗争和社会主义运动的战略思考和筹划，确定了无产阶级革命的战略总目标，提出了无产阶级革命的理论和策略。马克思曾经指出，“在政治经济学领域内，自由的科学研究遇到的敌人，不只是它在一切其他领域内遇到的敌人。政治经济学所研究的材料的特殊性，把人们心中最激烈、最卑鄙、最恶劣的感情，把代表私人利益的复仇女神召唤到战场上来反对自由的科学研究。例如，英国高教会派宁愿饶恕对它的三十九个信条中的三十八个信条进行的攻击，而不饶恕对它的现金收入的三十九分之一进行的攻击”②。私有制的拥护者既然不会容忍科学研究质疑剥削制度，更何况推翻这种剥削制度的行为。因为，无产阶级革命与过去的一切革命根本不同，它不是以一种剥削制度代替另一种剥削制度，而是要彻底消灭一切剥削制度，它是人类历史上最广泛、最深刻、最彻底的革命，必然会激起资产阶级及一切旧势力的竭力反对，这也必将是一个艰苦卓绝的斗争过程。无产阶级若想夺取政权，取得革命的胜利，必须十分重视革命的战略和策略。在《共产党宣言》中，马克思、恩格斯就指出了无产阶级革命斗争战略与策略的辩证关系，并阐述了工人阶级政党在斗争中的策略思想，指出：“共产党人为工人阶级的最近的目的和利益而斗争，但是他们在当前的运动中同时代表运动的未来。”③这一思想是马克思主义战略和策略思想的核心，指出共产党人在工人运动中要把最终目标和现实的斗争结合

① [美]柯林斯：《大战略》，北京：中国人民解放军军事科学院，1978年，第46页。
② 马克思：《资本论》第1卷，北京：人民出版社，2004年，第10页。
③ 《马克思恩格斯选集》第1卷，北京：人民出版社，1995年，第306页。

起来,要注意把握战略和策略的辩证关系。

列宁也十分重视无产阶级革命的战略理论,1914年列宁在《卡尔·马克思(传略和马克思主义概述)》一文中把无产阶级斗争的策略作为马克思学说中的重要部分。列宁是在战略的高度来使用"策略"一词,他指出:"社会民主党的正确的策略口号对领导群众来说具有特别重要的意义。在革命时期贬低原则上坚定的策略口号的意义,是再危险不过了……制定正确的策略决议,这对一个想根据马克思主义的坚定原则来领导无产阶级而不仅是跟在事变后面做尾巴的政党来说,是有巨大意义的。"①"党的策略是指党的政治行为,或者说,是指党的政治活动的性质、方向和方法。"②"俄国过于长久的惨痛的血的经验,使我们确信这样一个真理:决不能只根据革命情绪来制定革命策略。制定策略,必须清醒而极为客观地估计到本国的(和邻国的以及一切国家的,即世界范围内的)一切阶级力量,并且要估计到历次革命运动的经验。"③因此,列宁对什么是无产阶级革命的战略,制定无产阶级革命战略的意义以及如何制定战略等问题,都作了重要探讨,形成了无产阶级革命的战略理论,并在此指导下取得了十月革命的胜利。

二、列宁对马克思主义战略策略理论的发展

(一)列宁进一步完善了马克思主义战略策略理论

就战略而言,有国家发展和国家间博弈的战略,也有阶级革命与发展的大战略。列宁继承马克思主义关于无产阶级革命的战略策略理论,进一步完善了马克思主义战略策略理论,其中包括无产阶级革命战略、巩固和发展无产阶级政权的战略。列宁的马克思主义战略策略理论中,对无产阶级革命战略理论的发展和创新是主要部分,并指导俄国十月革命取得胜利,这是巩固和发展无产阶级政权战略形成的前提。由于无产阶级革命的战略不仅要对国内革命形势进行分析,随着资本主义全球化的发展,更要对国际形势进行分析判断。所以,无产阶级革命战略理论在某种程度上是一种国际战略理论,这需要正确的国际问题理论的指导和为之筹划。马克思、恩格斯不仅为我们研究国际问题提供了科学的世界观和方法论,深厚的理论基础和宏大的战略视角,而且在其著作中还有一系列关于国际问题的科学思想和深刻论述。早在《共产党宣言》中,马克思和恩格斯就对西方资本主义的扩张对殖民地国家政治经济发展的影响进行了考察,并形成了世界交往、国际阶级斗争与世界革命等经典马克思主义国际政治理论范畴与观点。只有以马克思主义为指导,我们才能深刻

① 《列宁选集》第1卷,北京:人民出版社,1995年,第529页。
② 《列宁选集》第1卷,北京:人民出版社,1995年,第532页。
③ 《列宁选集》第4卷,北京:人民出版社,1995年,第173页。

认识各种国际问题、国际现象的本质和运动规律，从而探寻无产阶级革命运动的规律和大战略。列宁对时代、帝国主义的理论探索和研究是其关于无产阶级革命战略的直接理论来源，当代西方著名的国际关系学者罗伯特·吉尔平指出，“列宁其实已从根本上将马克思主义从一种国内经济理论改变为一种阐述资本主义国家之间国际政治关系的理论”①。因此，列宁《帝国主义论》的发表，标志着马克思主义国际政治经济理论和国际关系理论的成熟和完善，也标志着列宁的马克思主义战略策略理论的成熟与完善。

（二）列宁关于无产阶级革命的战略理论

无产阶级政党制定革命的战略必须依据时代的特征。对时代、时代特征等问题的认识，是最高层次的战略判断，也是马克思主义国际问题理论和国际战略理论特有的理论概念、范式和研究的起点。列宁指出，“首先考虑到各个‘时代’的不同的基本特征（而不是个别国家的个别历史事件），我们才能够正确地制定自己的策略；只有了解了某一时代的基本特征，才能在这一基础上去考虑这个国家或那个国家的更具体的特征”②。针对垄断资本主义的发展，列宁提出了帝国主义时代的说法。对帝国主义时代，列宁通过分析其五个基本特征，进一步揭示了帝国主义时代社会主义革命的可能性，制定了帝国主义时代无产阶级革命的战略和策略。列宁通过对帝国主义时代资本主义经济政治发展不平衡性与社会主义运动之间的关系进行分析，提出了社会主义将在一国或在几个国家首先胜利的思想。由于资本主义经济政治发展不平衡规律的作用，帝国主义国家必然会爆发瓜分世界、划分势力范围的矛盾和战争，乃至世界大战，从而更加削弱帝国主义链条中的薄弱环节，各种矛盾更加尖锐，为社会主义革命创造了客观条件。

列宁指出，“经济和政治发展的不平衡是资本主义的绝对规律。由此就应得出结论：社会主义可能首先在少数甚至在单独一个资本主义国家内获得胜利”③。马克思、恩格斯曾经设想社会主义革命在几个发达国家同时发生，社会主义革命的胜利不是一国革命的胜利，而是同时胜利。列宁虽然提出了“一国首先胜利论”，是对无产阶级革命战略的重大发展。但无论是“同时胜利论”还是“一国首先胜利论”，都是对无产阶级革命战略的研究和探索，无产阶级革命战略实际上是一种世界革命战略。列宁“一国首先胜利论”是为无产阶级世界革命寻找突破口，是一种具体战略的探索，其为实现无产阶级和全人类的解放的宗旨是没有变的。社会主义事业是国际性的，社会主义只有在世界范围内取得胜利人类才能获得整体解放。因此，列宁提出“一国首先胜利论”并付

① ［美］罗伯特·吉尔平：《国际关系政治经济学》，杨宇光等译，上海：上海人民出版社，2006年，第35页。

② 《列宁全集》第26卷，北京：人民出版社，1988年，第143页。

③ 《列宁选集》第2卷，北京：人民出版社，1995年，第554页。

诸实践后，对世界革命的形势也进行了分析判断。针对一些殖民地半殖民地国家的革命运动日益高涨的形势，列宁又提出了世界社会主义运动取决于俄国、中国等东方国家的战略思想。列宁指出，“正是由于第一次帝国主义大战，东方已经最终加入了革命运动，最终卷入了全世界革命运动的总漩涡。……斗争的结局归根到底取决于如下这一点：俄国、印度、中国等等构成世界人口的绝大多数”①。十月革命胜利后，落后国家民族解放运动成为世界社会主义革命的重要组成部分，“二战”后一系列落后国家赢得民族独立并走上社会主义道路也印证了列宁的判断。

(三)列宁关于巩固和发展无产阶级政权的战略理论

列宁无产阶级革命战略理论指导俄国革命取得了胜利；巩固和发展无产阶级政权的战略则指导俄国妥善应对国内外敌对势力干涉，并创造性地进行了社会主义建设实践和理论探索。十月革命胜利之后，苏维埃政权能否在资本主义国家包围之中生存下去？俄国革命与世界革命的关系如何？这是人们所关注和疑问的。列宁曾经认为俄国爆发的无产阶级革命会激发西方各国的社会主义革命，只有争取西方革命的支持，把俄国革命同西方国家的革命联系在一起，才能巩固俄国社会主义革命成果，取得完全的胜利。由于十月革命的影响，欧洲的德国、芬兰、匈牙利等国也爆发了无产阶级革命，但由于各种原因相继失败，欧洲革命运动陷入低潮。那么，落后国家走上社会主义道路，而发达国家的社会主义运动暂时没有胜利，社会主义国家能坚持下去吗？能进行社会主义建设吗？怎样进行社会主义建设？对此，国际国内包括布尔什维克党内都有许多疑问，列宁提出了许多战略思想，在理论上为社会主义政权的巩固和发展指明方向、树立信心。他认为虽然社会主义革命需要建立在较高的经济基础上，但从俄国的实际情况出发，可以先夺取政权，然后再进行建设，发展物质文明。他指出：“既然建立社会主义需要有一定的文化水平(虽然谁也说不出这个一定的‘文化水平’究竟是什么样的，因为这在各个西欧国家都是不同的)，我们为什么不能首先用革命手段取得达到这个一定水平的前提，然后在工农政权和苏维埃制度的基础上赶上别国人民呢？”②他还提出要进行工作重点转移，俄国可以先于西方国家进行社会主义建设的思想，认为只有建立社会主义政治经济制度，主要依靠苏俄人民自己的力量加强经济建设，才能为全世界树立先进制度的榜样，才能巩固十月革命的胜利成果。他指出，“现在我们应当采用组织、建设的办法，来代替用革命方式推翻剥削者和抗击暴力者的办法，我们应当向全世界显示和证明，我们不仅是一种能够抵抗军事扼杀的力量，而且是一种能够树立榜样的力量”③。列宁就具体在苏俄怎样进行社会

① 《列宁选集》第4卷，北京：人民出版社，1995年，第795页。
② 《列宁选集》第4卷，北京：人民出版社，1995年，第776页。
③ 《列宁全集》第40卷，北京：人民出版社，1986年，第28页。

主义建设，也进行了重大理论和实践探索，如对落后国家向社会主义过渡道路的探索、对农业社会主义改造思想和合作制理论、关于社会主义民主和无产阶级专政的理论和实践探索等。

在与资本主义国家的关系上，列宁也有许多战略思考。列宁首先认为在落后国家建设社会主义，必须努力学习发达资本主义国家创造的一切文明成果，积极开展对外经济交往。他强调："社会主义能否实现，就取决于我们把苏维埃政权和苏维埃管理组织同资本主义最新的进步的东西结合的好坏。"① "社会主义共和国不同世界发生联系是不能生存下去的，在目前情况下应当把自己的生存同资本主义的关系联系起来。"②在与资本主义国家交往中，列宁还认为要灵活机动，要善于利用资本主义国家的各种矛盾。列宁指出，"要战胜更强大的敌人，就必须尽最大的努力，同时必须极仔细、极留心、极谨慎、极巧妙地一方面利用敌人之间的一切裂痕，哪怕是最小的裂痕，利用各国资产阶级之间以及各个国家内资产阶级各个集团或各种类别之间利益上的一切对立，另一方面要利用一切机会，哪怕是极小的机会，来获得大量的同盟者，尽管这些同盟者可能是暂时的、动摇的、不稳定的、不可靠的、有条件的"③。总之，列宁是灵活应对国际局势的策略大师，善于处理与资本主义国家的关系，努力化解不利因素，为社会主义建设争取了有利的国际环境。

三、中国共产党对马克思主义战略策略理论的探索

十月革命的胜利，大大推动了马克思列宁主义在国际上的传播，也推动了中国共产党的建立。以毛泽东为代表的中国共产党人把马克思主义基本原理同中国实际相结合，创立了毛泽东思想，领导中国人民取得了中国革命的胜利。中国共产党也继承和发展了马克思主义战略策略理论，形成了中国共产党关于社会主义革命和社会主义建设发展的战略理论。

(一)毛泽东对马克思主义战略策略理论的贡献

毛泽东是国内外公认的无产阶级大政治家、大战略家，在领导中国革命和建设的长期实践中，形成了极为丰富的战略思想，毛泽东同样也形成了关于无产阶级革命和社会主义发展的战略理论。在无产阶级革命战略的认识和判断上，毛泽东继承了马克思列宁主义的观点，认为当今时代是人类从资本主义过渡到社会主义、共产主义的大时代，战争、革命是时代主题，中国革命是世界无产阶级革命的一部分。毛泽东提出了符合中国革命发展规律的两步走战略决策，第一步是新民主主义，第二步是社会主义，其发展前途是社会主义，并指出

① 《列宁选集》第3卷，北京：人民出版社，1995年，第492页。
② 《列宁全集》第41卷，北京：人民出版社，1986年，第167页。
③ 《列宁全集》第39卷，北京：人民出版社，1986年，第50页。

了新民主主义革命的总路线,“新民主主义的革命,不是任何别的革命,它只能是和必须是无产阶级领导的,人民大众的,反对帝国主义、封建主义和官僚资本主义的革命”①。毛泽东同志还对中国革命的形式与道路、动力、前途等问题也作出了重大战略判断:新民主主义革命的形式是用武装的革命反对武装的反革命,走农村包围城市的革命道路;革命的动力是工人阶级、农民阶级和其他小资产阶级;革命的前途是由新民主主义革命转变为社会主义革命,从而指导中国革命取得了胜利。

新中国成立之后,毛泽东根据国际形势的变化,先后提出过“一边倒”“中间地带”“一条线”“一大片”“两大阵营”“三个世界”等国际战略思想,在国际交往中坚持和平共处五项原则,倡导灵活的国际战略方针,晚年还抓住国际战略格局的变化,打开了中美关系的大门,为中国社会主义建设和无产阶级政权的巩固营造了良好的国际环境。毛泽东虽然曾经对世界革命的形势较为乐观,但强调战争的危险,并把国家大量资源投入战备之中,也是因为客观存在的美国和苏联霸权主义对我国的国家安全有着现实的威胁。在社会主义建设和发展战略上,毛泽东借鉴苏联经验,结合中国国情提出了社会主义改造理论、人民民主专政理论、社会主义建设理论等,并提出要以苏联经验为鉴,探索中国自己的社会主义建设道路。同时,毛泽东也注意到了资本主义国家对社会主义国家策略的转变,注意到了资本主义国家的“和平演变”战略。毛泽东反复强调要警惕和防止“和平演变”,提出了要警惕和防止党的领导层出现修正主义、培养和造就千百万无产阶级革命事业接班人以及要加强党风建设、防腐拒变的观点,这对中国共产党反对“和平演变”战略,维护社会主义制度的安全具有极其重要的战略意义。

(二)邓小平、江泽民、胡锦涛对马克思主义战略策略理论的发展

20世纪70年代后,邓小平把握世界发展潮流和方向,及时调整了对国际局势的判断,指出和平与发展是全球性的战略问题,他指出,“现在世界上真正大的问题,带全球性的战略问题,一个是和平问题,一个是经济问题或者说发展问题。和平问题是东西问题,发展问题是南北问题”②。党的十四大报告正式提出和平与发展是当今世界两大主题。邓小平关于时代问题的判断为我国进行战略重点转移,为党在社会主义初级阶段基本路线的制定,实行改革开放战略提供了重要的科学依据。邓小平还认为,中国只有搞好自身建设,才能为世界社会主义作出大的贡献,指出,“到下世纪中叶,能够接近世界发达国家的水平,那才是大变化。到那时,社会主义中国的分量和作用就不同了,我们就可以对人类有较大贡献”③。同时,在国际战略上,他还提出要韬光养晦、有所

① 《毛泽东选集》第4卷,北京:人民出版社,1991年,第1313页。
② 《邓小平文选》第3卷,北京:人民出版社,1993年,第105页。
③ 《邓小平文选》第3卷,北京:人民出版社,1993年,第143页。

作为，反对霸权主义，建立国际新秩序。在两种制度关系上，既强调同世界一切国家建立发展外交关系和经济文化关系，学习借鉴发达国家的先进经验和文明成果；同时也重视维护国家利益与国家安全，反对霸权主义，警惕西方国家的和平演变战略，1989 年他指出："我希望冷战结束，但现在我感到失望。可能是一个冷战结束了，另外两个冷战又已经开始。一个是针对整个南方、第三世界的，另一个是针对社会主义的。西方国家正在打一场没有硝烟的第三次世界大战。所谓没有硝烟，就是要社会主义国家和平演变。"[①]江泽民和胡锦涛继承了邓小平的社会主义战略理论，坚持党在社会主义初级阶段的基本路线，稳步推行改革开放战略，不断完善中国特色社会主义理论、制度。江泽民还提出 21 世纪头 20 年是我国发展重要战略机遇期，主张树立新安全观，倡导国际关系民主化等战略思想。胡锦涛提出了中国走和平发展道路，坚持奉行互利共赢的开放战略，建设和谐世界的战略思想等。

(三)新时代以习近平同志为核心的党中央对马克思主义战略策略理论的新发展

进入新的世纪，国际政治经济格局正在发生着深刻的变动，世界正处于大调整大变革之中。以习近平同志为核心的党中央深入分析世情、国情变化的特点和趋势，在社会主义战略方面提出了许多重要论述，还多次强调要树立战略思维、历史思维、辩证思维、创新思维、法治思维和底线思维，以应对复杂多变的国内外局势。习近平总书记指出要全面看待时代主题问题，以积极应对国际格局的调整与变化，"要充分估计国际格局发展演变的复杂性，更要看到世界多极化向前推进的态势不会改变。要充分估计世界经济调整的曲折性，更要看到经济全球化进程不会改变。要充分估计国际矛盾和斗争的尖锐性，更要看到和平与发展的时代主题不会改变"[②]。习近平总书记还提出了坚持走和平发展道路，构建以合作共赢为核心的新型国际关系和国际新秩序，推动建设人类命运共同体，特别是提出"一带一路"宏伟设想和合作倡议。这些战略构想和举措的提出与不断付诸实施，体现了中国和世界同舟共济、共享发展成果的责任和担当。同时，随着中国日益走近世界舞台中央，面临西方国家特别是美国的打压越来越公开化。因此，党的十九大报告强调，统筹发展和安全，增强忧患意识，做到居安思危，是我们党治国理政的一个重大原则。习近平总书记还创造性地提出总体国家安全观。党的十九大将坚持总体国家安全观纳入新时代坚持和发展中国特色社会主义的基本方略，并写入党章，成为习近平新时代中国特色社会主义思想的重要内容。

习近平总书记 2019 年在中央党校(国家行政学院)中青年干部培训班开

---

① 《邓小平文选》第 3 卷，北京：人民出版社，1993 年，第 344 页。
② 《中央外事工作会议在京举行》，《人民日报》2014 年 11 月 30 日。

班式上发表重要讲话，指出要发扬斗争精神增强斗争本领，为实现“两个一百年”奋斗目标而顽强奋斗。其中强调在各种重大斗争中，要加强战略判断，注意策略方法，体现了习近平总书记的战略视野和战略眼光。习近平总书记强调，“中华民族伟大复兴，绝不是轻轻松松、敲锣打鼓就能实现的，实现伟大梦想必须进行伟大斗争。在前进道路上我们面临的风险考验只会越来越复杂，甚至会遇到难以想象的惊涛骇浪。我们面临的各种斗争不是短期的而是长期的，至少要伴随我们实现第二个百年奋斗目标全过程”。习近平总书记又强调，“斗争是一门艺术，要善于斗争。在各种重大斗争中，我们要坚持增强忧患意识和保持战略定力相统一、坚持战略判断和战术决断相统一、坚持斗争过程和斗争实效相统一。领导干部要守土有责、守土尽责，召之即来、来之能战、战之必胜”。习近平总书记指出，“要注重策略方法，讲求斗争艺术。要抓主要矛盾、抓矛盾的主要方面，坚持有理有利有节，合理选择斗争方式、把握斗争火候，在原则问题上寸步不让，在策略问题上灵活机动。要根据形势需要，把握时、度、效，及时调整斗争策略。要团结一切可以团结的力量，调动一切积极因素，在斗争中争取团结，在斗争中谋求合作，在斗争中争取共赢”①。

在社会主义建设和发展的总体战略上，党的十八大以来，以习近平同志为核心的党中央围绕坚持和发展中国特色社会主义这一重大时代课题，不断进行马克思主义理论探索和创新，形成了习近平新时代中国特色社会主义思想。习近平新时代中国特色社会主义思想体系由“八个明确”和十四条基本方略两部分内容构成，涵盖了新时代坚持和发展中国特色社会主义的总目标、总任务、总体布局、战略布局和发展方向、发展方式、发展动力、战略步骤等基本问题，在社会主义经济、政治、法治、文化、教育、民生、外交、党的建设等各方面作出了理论概括和战略指引。这一系列具有开创性意义的新理念新思想新战略，以崭新的思想内容丰富和发展了马克思主义，是当代中国马克思主义、21世纪马克思主义，必将推动我国全面建成小康社会、实现中华民族伟大复兴中国梦。

参考文献

[1][美]李德·哈特:《战略论:间接路线》,钮先钟译,上海:上海人民出版社,2015年。

[2]《科学社会主义概论》编写组:《科学社会主义概论》,北京:人民教育出版社,2011年。

[3]魏荣、吴波:《习近平关于战略定力的重要论述研究》,《中国特色社会主义研究》2018年第12期。

[4]周淼:《马克思主义国际政治经济学的发展与成熟——列宁帝国主义理论再认

① 《习近平在中央党校(国家行政学院)中青年干部培训班开班式上发表重要讲话强调:发扬斗争精神增强斗争本领 为实现“两个一百年”奋斗目标而顽强奋斗》,《人民日报》2019年9月4日。

识》,《世界社会主义研究》2017 年第 1 期。

[5]童仁:《马克思主义的战略策略原理是指导无产阶级革命斗争的科学》,《党建研究》2002 年第 6 期。

The Historical Review and New Development of Marxist Strategic Theory under the Great Change in a Century

Zhou Miao

Abstract Marx, Engels, Lenin and other revolutionary instructors attach great importance to the guiding role of strategy and tactics in the proletarian revolutionary struggle and socialist movement, and the strategic and tactical theory of proletarian revolution is an important part of Marxist theory.

Since the eighteen Party's Congress, general secretary Xi Jinping has inherited the valuable experience of Marx doctrine and the development of world socialism. He has repeatedly stressed the importance of establishing strategic thinking and paying attention to strategically thinking and planning problems. In the new era and new journey, in the face of great changes not seen in a century, it has important enlightenment value and significance for us to review the strategic theory of proletarian revolution and socialism in the history of world socialist development, aiming at the main strategic objectives and directions, maintaining strategic focus, constantly overcoming difficulties, realizing the bright prospect of the great rejuvenation of the Chinese nation, and promoting the continuous development of socialism with Chinese characteristics and world socialism.

Key words Marxism; strategic and tactical theory; new development

人类命运共同体理念在国际比较中凸显的理论价值

——兼论全球新冠疫情冲击下的人类醒悟

郝玉萍　谢元态

内容提要　"人类命运共同体"是当代中国共产党人着眼于世界大势而提出的中国理念,是当代中国外交政策和习近平外交思想的精髓所在。文章指出,人类命运共同体理念在国际比较中凸显的理论价值具体表现为:共同现代化与单一现代化道路的价值差异、社会主义制度与资本主义制度的价值差异、"天人合一"文化与"天人相分"文化的价值差异。新冠疫情对全球的冲击,触发了人类命运共同体意识的全面醒悟:全球新冠疫情挑战了既有治理体系,同时增强了国际治理体系重塑的必要性;全球新冠疫情引发全球经济下滑,同时又强化了国际经济共同合作意识;全球新冠疫情冲击公共卫生体系,同时必将促进国际卫生协作体系发展;全球新冠疫情激发人类生态觉醒,同时必将重构全球共同家园规制建设。

关键词　人类命运共同体;新冠疫情;理论价值;醒悟

中图分类号　F014.3

当今世界正处于百年未有之变局。新冠疫情全球流行、迟迟不退,人类正面临前所未有的危机与挑战。在危机面前,是团结合作抑或分裂对抗,是风险共担抑或诿过他人——是世界各国共同面临的抉择。在2020年9月第七十五届联合国大会上,习近平主席再一次提出面对全球新冠疫情,全人类命运与共,呼吁各国共同抗击新冠疫情,明确而响亮地给出了中国答案。

一、人类命运共同体理念在国际比较中凸显的理论价值

人类命运共同体理念作为中华文明智慧的创新和发展,在新的时代问题中焕发出全新生机和活力,并得以创造性转化和提升。这一理念为当前全球合作抗疫注入了源源不断的信心和力量,为今后世界各国在全球性挑战面前的选择指明了正确的方向。与此同时,这一理念也让世界人民更加清醒地认识到"建设一个什么样的世界和如何建设这个世界"。在这次全球抗疫中,人类命运共同体理念凸显了与西方社会完全不同的现代化道路、不同的社会制

作者简介:郝玉萍,江西农业大学经济与贸易学院硕士研究生;谢元态,江西农业大学经济与贸易学院教授。

度和不同的“天一人”文化的理论价值差异。

(一)共同现代化与单一现代化道路的价值差异

新中国成立以来,在一穷二白的经济背景下,中国共产党带领中国人民艰难探索,创造了一个又一个令世界震惊的发展奇迹。中国在实现自身发展的同时,始终不忘对其他发展中国家尤其是非洲国家施以援手。中国和这些国家有着相同的命运,尽管中国当时自己也面临诸多经济困难,但仍然尽自身所能向这些国家提供援助,为这些国家的政治独立和经济发展贡献中国力量,例如帮助他们搞基础建设,拉动这些国家的经济发展,改善这些国家的人民生活环境,不遗余力帮助其渡过难关。尽管这些援助从数量上来说可能是微小的,但绝大多数都是无偿的、不附任何条件的,其充分展现了中国帮助这些国家实现独立和共同现代化的真诚愿望。

十一届三中全会标志着中国现代化进程中的重要转折。自十一届三中全会以来,中国始终坚持改革开放,创造了经济腾飞的奇迹,也为世界经济和全球化发展做出了不可磨灭的历史性贡献。习近平总书记在 2013 年提出“构建人类命运共同体”,并在同年提出“一带一路”宏伟构想,此后中国一直积极践行人类命运共同体的理念,在发展自身的同时不忘带动“一带一路”沿线国家发展,让其共享中国发展成果,走出了一条互帮互助、互利共赢的具有中国特色的共同现代化发展道路。

纵观世界历史发展进程,早在 15 世纪左右,西方国家就已经出现了现代化萌芽。开始于欧洲的地理大发现使被大洋阻隔的东西方世界连接成为一个整体,同时加速了西欧社会内部变化。这一时期,西欧一些国家通过黑奴贸易和殖民掠夺等方式大量收敛财富,商品经济的发展加速了西欧从传统农业文明向现代工业文明过渡的进程,为工业化的开展奠定了坚实的经济基础。

16 世纪以来,西方发达资本主义国家主要走的是一条带有掠夺性质的单一现代化道路。不可否认,这种现代化道路模式为世界发展提供了强大动力,但同样毋庸置疑的是,这种道路模式也为世界发展带来了诸多问题。

英国的第一次工业革命正式开启西方国家的现代化进程。随着工业革命的完成、扩大殖民地和商品市场的需要,以英国为首的西方资本主义强国开始强行打开中国大门,掠夺原材料和金银财富。始于 19 世纪 70 年代的第二次工业革命,使生产力有了突飞猛进发展的同时,加剧了西方各国之间的发展不平衡,从而导致了资本主义国家间矛盾的日益尖锐和第一次世界大战的爆发。

第三次科技革命加速了现代化进程。以美国为首的资本主义阵营和以苏联为首的社会主义阵营之间的对峙长达四十多年,不但引发了局部战争,更是阻碍了全球一体化的发展。近些年来,以美国为首的一些西方国家仍然奉行单一现代化道路模式,阻碍世界多极化发展。

从以上西方国家现代化过程来看,他们的现代化道路遵循的是弱肉强食的丛林法则，坚持的是赢者通吃的零和博弈之道，是一条以竞争和掠夺为特征的单一现代化道路。

西方单一现代化道路与中国共同现代化道路的价值差异从各国抗击新冠疫情的行动中可见一斑。自疫情发生以来，中国政府坚持以人民为中心，本着对本国人民和世界各国人民负责任的态度全力组织抗疫行动，书写了可歌可泣的全民抗疫英雄篇章。在疫情席卷全球之际，中国除积极开展自身抗疫行动外，还屡屡帮助世界其他国家共同抗击疫情，捐款捐物，甚至派遣专家亲自前往指导抗疫工作，充分展现了我国的责任担当和践行"人类命运共同体"理念的崇高价值追求。反观西方一些大国，非但不积极组织抗疫行动，反而无视世界卫生组织权威建议，轻视疫情，消极抗疫，置民众安危于不顾，甚至恶意甩锅以抹黑中国。但是最终自食恶果，非但没有阻止疫情蔓延，反而自身陷入了更深的疫情泥淖之中。

(二)社会主义制度与资本主义制度的价值差异

1. 从政治层面看社会主义制度与资本主义制度所体现的价值差异

从政治层面看，社会主义中国是"以人民为中心"的国家。社会主义民主政治是为人民服务的，并且采取各种政策与法律措施切实保障广大人民群众民主权利的行使，真正做到了民主政治形式与内容的统一。社会主义国家实行民主集中制原则，既有民主基础上的集中，又有集中指导下的民主；既有权力之间的相互制约，又有上下级之间以及多渠道的监督；既赋予人民群众以广泛自由的权利，又规定了其必须履行的基本义务。总之，社会主义制度所体现的是"以人民为中心"和"一切权力属于人民"的全体公民当家作主、完全平等的价值观。

从政治层面看，资本主义国家实行的议会制、多党制、三权分立等形式，给民众一种高度民主的假象。实际上，国家的重大权利都掌握在大资本家手中，广大民众受到各种实际条件的制约，根本不可能真正享有法律规定的民主权利，民主政治在形式上和内容上是割裂开来的。而资本主义民主的权利和自由大部分为少数剥削者享有，广大人民履行了应尽的义务却无法享受应有的权利，权利与义务是不对等的。总之，资本主义国家广大民众的民主权利是虚假的和不充分的，资本主义国家的集中是服从于资本权力的，尤其是服从于大资本垄断集团的。资本主义制度所体现的是剥削者少数人之间相对公平的价值观。

2. 从经济层面看社会主义制度与资本主义制度所体现的价值差异

从经济层面看，在社会主义国家，经济发展依靠人民，发展目的为了人民，发展成果全民共享。在我国社会主义初级阶段，为了加快经济发展，实行以公有制为主体、多种经济成分共存的所有制形式，实行以按劳分配为主体、多种分配方式并存的分配制度，既充分发挥市场机制的作用配置资源，又适度发挥宏观调控手段的作用兼顾公平；既调动各个微观主体的积极性和创造性，又充分发挥社会主义制度全国一盘棋、集中力量办大事的制度优势，提供全民共享的公共产品，体现了人类发展史以来中西方仁人志士所共同追求的崇高价值目标。

从经济层面看，在资本主义国家，一方面，生产资料私有制与社会化大生产的基本矛盾所生发出来的各种社会问题日益积累，马克思所指出并论证了的资本主义经济危机周期性发生，不但给本国人民带来灾难，而且冲击世界经济体系，使许多国家陷入沉重的经济危机。另一方面，资本主义的本质是资本家凭借资本控制社会生活各领域，资本家通过对劳动者的剥削来榨取剩余价值维持其生产生活，劳动者的收入由资本家决定，而与劳动生产率无关。由于资本的逐利性，资本主义的生产目的只是追求利润最大化，其结果正如《21 世纪资本论》所指出的，资本主义发展史是一部“关于财富及其分配不平等所引发的社会、政治和文化矛盾的历史，一部鲜活生动的人类历史”①。所以，资本主义国家经济发展的一切方面、一切环节和终极目的都是受剩余价值基本规律所支配的。

在此次世界各国抗击新冠疫情的行动中，社会主义与资本主义两种制度的价值差异被展现得淋漓尽致。中国作为社会主义的代表，始终将人民的根本利益放在首位，坚持人民至上、以人为本的执政理念，举全国之力对抗疫情，并在短时间内调动全国资源使疫情得到控制，充分体现了社会主义集中力量办大事的制度优势。在这场疫情大考中，不仅筑成中国人民同心抗疫的钢铁长城，而且不吝向需要帮助的国家施以援手，切实践行人类命运共同体理念，竭力维护世界安全与稳定，向世界展示出负责任的大国担当。而作为头号资本主义国家的美国，不仅掩耳盗铃，将疫情当成流感看待，而且无视国内和国际卫生专家有关疫情的权威报告，置人民生命安全于不顾，甚至刻意打压中国，恶意挑起政治争端，其抗疫表现着实令世人大失所望。

（三）“天人合一”文化与“天人相分”文化的价值差异

中华文化历来崇尚“天人合一”。庄子视“自然无为”的天道为人道的最高准则，并提出“无以人灭天，无以故灭命”的观点。孔子提出“人与天一”命题，把天看作是道德伦理关系的化身，主张根据天意来建立稳定和谐的人伦秩序。董仲舒发展了“天人合一”思想，并且推崇“天人感应”说——天能干预人事，人亦能感应上天。北宋张载进一步深化了对“天人合一”思想的认识，他视天地万物皆与自己同为一物、同为一体——不仅所有人皆是“同胞”，而且自然界万物皆是“朋友”。

西方文化常常把人与自然看成是两个个体。在人与自然的关系上，认为

① ［法］托马斯·皮凯蒂：《21 世纪资本论》，北京：中信出版社，2014 年。

人的价值高于自然万物,人处于绝对的主宰地位。这种理念和价值观在《圣经》中体现得淋漓尽致,所谓"上帝创造了人类"和"上帝主宰人类",并被推崇为"普世价值"。文艺复兴时期,思想家们大肆宣扬人的价值与尊严,人道主义逐渐转化为人类中心主义。极为荒唐可笑的是,当年的头号资本主义国家英国和当今的头号帝国主义国家美国,都以"上帝的代表"自居,向世界各国贩卖他们所谓的"普世价值"价值观。

"天人合一"文化与"天人相分"文化的价值差异,在各国抗击新冠疫情的国家行动中充分体现。当疫情在全球多点爆发和快速蔓延之际,中国始终坚持"人民生命健康第一",不论年龄、不论身份、不论地位"应收尽收、应治尽治",举全国之力救治每一条生命和控制疫情蔓延。同时,践行人类命运共同体理念,支持世界卫生组织工作,积极参与疫情防控全球合作,第一时间向世界卫生组织分享病毒信息并提供捐款,同各国分享治疗与防控方案,并派遣医疗队前往多个国家协助防控工作。这是当代中国马克思主义国际情怀与中华天人合一文化天下情怀的融合体现。

西方国家受天人相分文化影响,更加注重个体利益而忽视群体利益。在人各为私的西方资本主义世界里,资本决定一切,政府决策受制于资本垄断集团。政客们因一己之私忙于勾心斗角、尔虞我诈;百姓们追求个人私利,忙于家庭生计。这就使整个国家难以形成集体力量,不可能在抗疫的集体斗争中有所作为。最终,白白浪费了中国人民以巨大牺牲换来的宝贵防疫空窗期,导致新冠疫情的全球大流行。

中西方的抗疫结果凸显了鲜明的价值差异。"人类命运共同体"理念在中国共同现代化道路、社会主义制度和天人合一文化等方面都得到了充分的体现。中国抗疫的实践证明,世界各国只有坚持共同现代化道路,坚持以人为本和集体利益最大化,坚持人与自然和谐相处的天人合一观,践行人类命运共同体理念,相互扶持,守望相助,才有望取得抗疫的全面胜利和从容应对今后可能遇到的各种全球性危机和挑战。

二、全球新冠疫情冲击下的人类命运共同体意识的全面醒悟

新冠疫情对全球的冲击,触发了人类命运共同体意识的全面醒悟。不仅有利于推动国际治理体系重塑和助力国际经济共同合作,而且有利于促进国际医疗卫生发展和重构全球共同家园规制。

(一)全球新冠疫情挑战了既有治理体系,同时增强了国际治理体系重塑的必要性

新冠疫情为世界带来的影响已经遍及各个方面。表面上来看,新冠疫情只是一个典型的公共卫生事件问题,然而并非如此,它只是以公共卫生事件的

形式表现出来，却不仅仅局限于医疗与卫生问题，还涉及各个国家及整个国际社会的治理体系问题。

此次疫情在短短三个月时间就在全球各地爆发，截至 10 月初，除中国等少数国家疫情得到基本控制外，疫情还在欧美地区持续扩散。这让我们不得不反思，在信息如此畅通、科技如此发达的今天，疫情为何如此难以控制，人类何以会陷入如此困境。

回顾过去几个月的抗疫过程，不难发现，尽管联合国、世界卫生组织等国际组织在抗击疫情方面做出了努力，但从结果来看，成效有限。虽然联合国多次呼吁各国要团结协作，但并未真正起到团结和协调作用，一些国家仍旧表现出各人自扫门前雪的状态。世界卫生组织虽然也积极组织病毒研究和抗疫行动，但在协调各国行动力方面明显表现得力不从心，并且，世界卫生组织发出的关于病毒严重性和传播途径等重要建议信息并没有引起各国足够重视，白白错失了宝贵的防控时间。另外，大国间合作不足和领导缺失也是抗疫成效有限的原因之一。作为世界第一大国的美国，在疫情爆发以来，始终坚持美国优先政策，并未见其在抗疫行动中有何积极作为。相反，在中国抗疫的关键时期，美国政府非但没有对中国提供实质性援助，污名化中国的声音倒是此起彼伏。德国、法国等欧洲大国的“佛系”抗疫行为，英国的“群体免疫”政策都为抗疫胜利增加了不小难度。中国虽然始终致力于国内疫情防控并与国际社会分享抗疫经验和信息，积极为他国提供物资与人员援助，但是，仅靠中国一己之力实难应对。

世界各国的抗疫行动和抗疫结果再次提醒我们，现有的国际治理体系在新冠疫情面前已然失灵，全球治理体系改革愈发迫切。只有树立人类命运共同体意识，加强国家间对话交流与团结协作，推动国际治理体系变革，促进人类命运共同体构建，人类才能打赢这场没有硝烟的战争。

（二）全球新冠疫情引发全球经济下滑，同时又强化了国际经济共同合作意识

美国次贷危机对世界经济冲击的影响尚未消退，新冠疫情又使世界经济雪上加霜，引发全球经济尤其是西方国家经济的全面下滑。

一方面，由于各国各地区为控制病毒传播而采取一系列封路、封城、封航等措施限制人员流动和交通运输，导致经济按下暂停键，从而在生产端和消费端同时为经济运行带来压力。疫情初期，在各国实行封航和限制出入境的措施影响下，国际间贸易中断，众多进出口企业纷纷倒闭关门，再加上大面积停工停产，生产端快速降温。人员流动限制对消费和旅游的冲击最为突出。作为拥有 14 亿人口的中国，春节期间正是中国人民消费和旅游旺季，然而受疫情影响，中国境内餐饮业、休闲娱乐业、交通运输业几乎全部歇业。此外，受到中国游客出游减少的影响，以往最受中国游客欢迎的周边国家和地区的旅游业、餐饮业、酒店服务业以及零售业统统遭遇寒流。消费端同样快速降温。

另一方面,由于疫情在全球范围内迅速蔓延,导致经济不确定性增加,投资者信心下降,投资减少,从而引发资本与金融市场的动荡与萎缩。随着疫情传染范围的扩大,企业营收遭到较大冲击,资金链面临断裂危险,使得投资者信心受挫,不利于投资增加。受恐慌情绪影响,很多股民都对当前股市不加看好,导致国际股市大幅暴跌,金融市场形势严峻。

受经济全球化的影响,世界上没有哪个国家有能力独自应对全球经济普遍下滑风险。只有坚持人类命运共同体,世界各国利益共享、风险共担,加强国际经济共同合作,实现互利共赢,才能有效应对经济下滑风险,实现全球经济重振。

(三)全球新冠疫情冲击公共卫生体系,同时必将促进国际卫生协作体系发展

新冠疫情作为一次重大的突发性公共卫生事件,对各国医疗卫生体系造成较大冲击,使经济社会面临重大挑战。突如其来的新冠肺炎疫情,让世界人民更加充分地认识到了完善公共卫生体系的重要性和紧迫性,同时也让各国公共卫生体系短板暴露无遗。

医疗物质短缺是此次疫情暴露出来的最明显的一个问题。疫情爆发之初,武汉各大救治医院普遍出现医疗物资、救治场地、医护人员等战略储备不足问题。这不仅影响感染患者的及时治疗,也会增加医护人员感染风险,从而加大疫情防控难度。另外,公共卫生突发事件报告不及时也是一大问题。早在2019年12月底、2020年1月初,武汉就已经发现新冠肺炎感染者,但在很多农村地区,直到1月底才知道这件事并开始采取防控措施,明显为阻止病毒传播增大了难度。应急响应机制不健全也是此次疫情暴露出的一个重要问题。面对疫情突袭,核酸检测试剂数量明显不足,且质量良莠不齐。疫情发生后,甚至还出现符合资质的医疗机构迟迟无法获得检测资质现象,延误了大量疑似患者的检测和确诊,传染风险显著增加。公众公共安全知识和道德素养缺乏也是一个比较显著的问题。例如,很多新发传染病大多与野生动物有关,但非法捕猎、运输、销售、购买野生动物现象层出不穷。又如疫情防控期间,隐瞒病情、造谣传谣、人群聚集、抢购物资、卖假口罩事件也是时有发生。

国际传染性疾病防控机制也暴露出一些问题。早在疫情扩散初期,世界卫生组织就肯定了中国的防疫做法和经验并向世界其他国家宣传,但由于危机意识不足,不同国家和国家内部各地区对于中国经验采纳程度不一,导致一些国家和地区防控不力,确诊人数攀升。此外,国际防疫资金筹措也比较困难,资金分配不平衡问题也比较突出。一些发展中国家并没有得到相应的防疫资金援助,有些捐资方注重对疫苗的研发,而忽视了对基础防疫物资生产的投资。

在全球性重大突发公共卫生事件面前，“没有哪个国家能够独自应对人类面临的各种挑战，也没有哪个国家能够退回到自我封闭的孤岛”①。面对像新冠疫情这样的全人类公敌，各国必须牢固树立人类命运共同体理念，服从国际组织领导，配合国际组织工作，携手共御。像新冠疫情这样的公共卫生事件不是第一次，当然也不会是最后一次，塑造一个更高效、更有力的全球公共卫生体系，促进国际医疗卫生事业的发展，离不开各国的相互帮扶，当然也离不开人类命运共同体意识来凝聚力量。

(四)全球新冠疫情激发人类生态觉醒，同时必将重构全球共同家园规制建设

这场重大疫情为人类敲响了生态安全警钟，人类有必要反思和重新审视人与自然的关系问题。正如恩格斯所指出的“我们不要过分陶醉于我们对自然界的胜利。对于每一次这样的胜利，自然界都报复了我们”②。人类必须始终牢记：任何违背自然发展规律的人类行为，或迟或早都会受到自然的惩罚，任何对自然的伤害终究会伤及人类自身。此次疫情事发突然，究其根源，主要还是人类命运共同体及人与生态命运共同体意识不强，缺乏对天人关系的正确认识和生态文明观念的淡漠。很多人可能还不清楚，大部分新发性病毒来源和传播途径与方式越来越复杂。殊不知，正是公众对尊重自然理念的缺乏、对生态文明观念的淡漠，才酿成了这场悲剧的发生。

人类要树立大自然的伦理尊严，必须要“像保护眼睛一样保护生态环境，像对待生命一样对待生态环境”③。人类与自然界中的动物、植物和其他生物种群以及非生命环境共同构成一个地球生态系统，其中任何一环的断裂，都将会造成地球生态系统的失衡。此次疫情的发生也在告诫人们：人类对自然的无序开发和粗暴掠夺必然会遭到自然的惩罚。只有共同树立尊重自然的观念，共同担起保护自然的责任，才能免受自然界的惩罚，才能保持地球生态系统的平衡。“应对生态环境的挑战，非一国之力，更非一日之功。”④只有各国携起手来，精诚合作，共克时艰，才能还人类一个天蓝、水清、草绿的“绿色”地球。为此，联合国等国际组织要充分发挥其国际管理者作用，加强生态、环境、气候、碳排放等方面规制建设，重构令绝大多数国家所共同接受和遵循的全球共同家园规制。

经此一役，相信人们更加清醒地理解了人与自然的关系，更加深切地明白

① 《习近平在中国共产党第十九次全国代表大会上的报告》，http://www.qstheory.cn/llqikan/2017—12/03/c_1122049424.htm. 2017 年 10 月 18 日。

② 恩格斯：《自然辩证法》，北京：人民出版社，1971 年，第 23—24 页。

③ 《习近平在全国生态环境保护大会上的讲话》，https://www.xuexi.cn/822625c30f6179b77f8cf8b8d46e0f05/e43e220633a65f9b6d8b53712cba9caa.html. 2018 年 5 月 18 日。

④ 张乾元、冯宏伟：《习近平生态文明思想形成逻辑的多维向度》，《中南林业科技大学学报(社会科学版)》2019 年第 4 期。

了保护生态的重要性。因此，人类理应痛定思痛，努力提升生态环境保护意识，增强生态环境法制观念，规范生态环境保护行为。在人类命运共同体理念指引下，提高生态觉悟和生态素质，共同维护地球家园，构建人与自然繁荣共生崭新格局。

参考文献

[1]赵可金:《通向人类命运共同体的“一带一路”》,《当代世界》2016年第6期。

[2]习近平:《在第七十五届联合国大会一般性辩论上的讲话》,《人民日报》2020年9月23日。

[3]贾庆国:《从新冠疫情下国际合作看全球治理面临的困境和挑战》,《国际政治研究》2020年第3期。

[4]尹响、易鑫、胡旭:《人类命运共同体理念下应对新冠疫情全球经济冲击的中国方案》,《经济学家》2020年第5期。

[5]刘海霞:《培塑新时代生态人:新冠疫情引发的理论与实践思考》,《兰州学刊》2020年第3期。

[6]李培超:《自然的伦理尊严》,南昌:江西人民出版社,2001年。

[7]杨通进:《环境伦理:全球话语 中国视野》,重庆:重庆出版社,2007年。

[8]舒慧国、谢元态:《生态经济学原理与应用》,南昌:江西科学技术出版社,2003年。

The Theoretical Value of the Concept of Community of Human Destiny in International Comparison

—On the Awakening of Mankind under the Impact of the New Global Epidemic

Hao Yuping Xie Yuantai

Abstract "The community of human destiny" is the Chinese concept of the contemporary Chinese Communists in the world trend, and is the quintessence of contemporary China's foreign policy and Xi Jinping's diplomatic thinking. The paper points out that the theoretical value of the concept of community of human destiny in international comparison is embodied in the value differences between common modernization and single modernization, between socialist system and capitalist system, and between the culture of "harmony between man and nature" and the culture of "separation between man and nature". The impact of the new epidemic on the world has triggered a comprehensive awakening of the awareness of the community of common destiny of mankind: the new epidemic challenges the existing governance system and enhances the necessity of reshaping the international governance system; the new epidemic has triggered a global economic downturn and strengthened the awareness of international economic cooperation; the new epidemic has impacted the public health system and will certainly promote the development of the international health cooperation system; the new global epidemic situation stimulates the ecological awakening of human beings, at the same time, it is bound to reconstruct the global common home regulatory construction.

Key words　the community of human destiny; covid-19; theoretical value; wake up

正确处理改革开放前后两个历史时期关系

龚　云

内容提要　以 1978 年党的十一届三中全会为标志,新中国 70 年历史可分为改革开放前和改革开放后两个历史时期。这是两个相互联系又有重大区别的时期,本质上都是中国共产党领导人民进行社会主义建设的实践探索。正确处理改革开放前后的社会主义实践探索的关系,不只是一个历史问题,更主要的是一个政治问题。对改革开放前的历史时期要正确评价,不能用改革开放后的历史时期否定改革开放前的历史时期,也不能用改革开放前的历史时期否定改革开放后的历史时期。

关键词　新中国历史;社会主义实践;探索

中图分类号　F0-0

新中国 70 年,是中国共产党团结带领全国各族人民披荆斩棘、接续奋斗、波澜壮阔进行社会主义建设的 70 年。在中国共产党的领导下,中国人民谱写了一部感天动地的奋斗史诗,创造了人类发展史上的伟大奇迹。中华民族迎来了从站起来、富起来到强起来的伟大飞跃,正阔步走在中华民族伟大复兴的新时代征程上。

以 1978 年党的十一届三中全会为标志,新中国 70 年历史可分为改革开放前和改革开放后两个历史时期。习近平总书记指出:“这是两个相互联系又有重大区别的时期,但本质上都是我们党领导人民进行社会主义建设的实践探索。对改革开放前的历史时期要正确评价,不能用改革开放后的历史时期否定改革开放前的历史时期,也不能用改革开放前的历史时期否定改革开放后的历史时期。”① 这两个历史时期,是前后相续、不断发展的 70 年,是一脉相承、辩证统一的整体。

一、正确处理两个时期的关系是一个重大的政治问题

习近平总书记指出:“正确处理改革开放前后的社会主义实践探索的关

作者简介:龚云,中国社会科学院习近平新时代中国特色社会主义思想研究中心执行副主任、研究员。

① 习近平:《关于坚持和发展中国特色社会主义的几个问题》,《求是》2019 年第 7 期。

系，不只是一个历史问题，更主要的是一个政治问题。”①

古人说：“灭人之国，必先去其史。”国内外敌对势力往往就是拿中国革命史、新中国历史来做文章，竭尽攻击、丑化、污蔑之能事，根本目的就是要搞乱人心。苏联为什么解体？苏共为什么垮台？一个重要原因就是意识形态领域的斗争十分激烈，全面否定了苏联历史、苏共历史，否定列宁，否定斯大林，搞历史虚无主义，思想搞乱了，各级党组织几乎没任何作用了，军队都不在党的领导之下了。最后，苏联共产党偌大一个党就作鸟兽散了，苏联偌大一个社会主义国家就分崩离析了。这是前车之鉴啊！如果当时全盘否定了毛泽东同志，那我们党还能站得住吗？我们国家的社会主义制度还能站得住吗？那就站不住了，站不住就会天下大乱。

分析和评价新中国70年的历史，离不开“探索”这个关键词眼。新中国70年发展的历程，充满着探索的艰辛。离开它，许多事情就无法正确理解。对中国这样一个人口众多的东方大国来说，无论是革命、建设还是改革，遇到的都是崭新的课题，书本和别国经验中找不到现成的答案。中国要走出一条适合自己的新路，就只有依靠中国人自己在实践中大胆探索，不断总结经验教训，无其他捷径可走。既然是探索，就不可能只有成功没有失败、只有正确没有错误。这样的探索，在人类发展史上是没有的。历史的辩证法是，人们正是通过成功与失败、正确与错误的反复比较，而且常常是多次的反复比较，才能做到主观认识符合客观真理，才能找到正确的前行之路。这正是探索的真谛与价值所在。中国共产党人正是在改革开放前成功经验和挫折教训的基础上，在1978年实现了具有深远意义的伟大转折，成功开辟了中国特色社会主义道路，创造了人类历史上的中国奇迹。我们要以尊重历史的态度看待新中国的“前30年”。如果一味抹黑“前30年”，就是没有良心；如果“走老路”，就是没有头脑。忘记过去，就意味着背叛。没有昨天，也就没有今天和明天。

新民主主义革命的胜利成果决不能丢失，社会主义革命和建设的成就决不能否定，改革开放和社会主义现代化建设的方向决不能动摇。这是党和人民在当今世界安身立命、风雨前行的资格。

二、两个历史时期在本质上是一致的

新中国70年两个历史时期是不可割裂、更不可对立的一部分，本质上都是党领导人民进行社会主义建设的实践探索，主要体现在以下几个方面：

社会性质一致性。改革开放前和改革开放后都属于社会主义社会。新中国成立以后，实际上开始了向社会主义过渡，在恢复国民经济的基础上，1953

① 《十八大以来重要文献选编》(上)，北京：中央文献出版社，2014年，第113—114页。

年启动了社会主义改造,1956年社会主义改造基本完成,标志着我国进入社会主义社会,也开始了社会主义初级阶段。改革开放以后,我国仍处于社会主义初级阶段,通过改革开放不断完善社会主义制度。1987年党的十三大指出"我国社会已经是社会主义社会",但是"我国的社会主义社会还处在初级阶段。我们必须从这个实际出发,而不能超越这个阶段"。① 1997年党的十五大提出:中国最大的实际"就是中国现在处于并将长期处于社会主义初级阶段"。党的十八大以来,在以习近平同志为核心的党中央领导下,中国特色社会主义进入了新时代,这是我国发展新的历史方位,"意味着科学社会主义在二十一世纪的中国焕发出强大生机活力,在世界上高高举起了中国特色社会主义伟大旗帜"②。进入新时代,虽然我国社会主要矛盾已经转化为人民日益增长的美好生活需要和不平衡不充分的发展之间的矛盾,但是,"我国仍处于并将长期处于社会主义初级阶段的基本国情没有变,我国是世界最大发展中国家的国际地位没有变"。

社会制度一致性。中国共产党从一成立开始就把实现社会主义作为自己的政纲和奋斗目标。毛泽东同志明确指出:"中国的前途,就是搞社会主义","只有社会主义才能救中国"。③ 新中国成立后,在新民主主义革命胜利的基础上,确立了社会主义的国家制度和政治制度,即工人阶级(经过共产党)领导的、以工农联盟为基础的人民民主专政的国体,民主集中制的人民代表大会制度的政体,统一的多民族国家和单一制国家中民族区域自治制度的国家结构形式,中国共产党领导的多党合作和政治协商制度的政党制度。1956年经过生产资料私有制的社会主义改造,我国又确立了以公有制为基础的社会主义基本经济制度。当然,这个制度是要在探索中不断发展、不断完善的。正如党的十一届六中全会通过的《关于建国以来党的若干历史问题的决议》所指出的:"我们的社会主义制度还是处于初级的阶段","我们的社会主义制度由比较不完善到比较完善,必然要经历一个长久的过程"。④ 随后开始了全面建设社会主义建设,巩固社会主义制度。"文化大革命"时期,"我国社会主义制度的根基仍然存在着,社会主义经济建设还在进行,我们的国家仍然保持统一并且在国际上发挥重要影响"⑤。改革开放后,我们所推行的改革是社会主义制度的自我完善和发展,始终坚持改革的社会主义方向。邓小平同志多次强调:"在改革中坚持社会主义方向,这是一个很重要的问题。"⑥党的十八大以来,

① 《十三大以来重要文献选编》(上),北京:人民出版社,1991年,第12页。

② 习近平:《决胜全面建成小康社会 夺取新时代中国特色社会主义伟大胜利——在中国共产党第十九次全国代表大会上的报告》,《人民日报》2017年10月28日。

③ 《毛泽东文集》第7卷,北京:人民出版社,1999年,第124、214页。

④ 《中国共产党中央委员会关于建国以来党的若干历史问题的决议》,北京:人民出版社,2009年,第56页。

⑤ 《三中全会以来重要文献选编》(下),北京:人民出版社,1982年,第815—816页。

⑥ 《习近平关于全面深化改革论述摘编》,北京:中央文献出版社,2014年,第27页。

习近平总书记指出:“世界在发展,社会在进步,不实行改革开放死路一条,搞否定社会主义方向的‘改革开放’也是死路一条。在方向问题上,我们头脑必须十分清醒。我们的方向就是不断推动社会主义制度自我完善和发展,而不是对社会主义制度改弦易张。我们要坚持四项基本原则这个立国之本,既以四项基本原则保证改革开放的正确方向,又通过改革开放赋予四项基本原则新的时代内涵,排除各种干扰,坚定不移走中国特色社会主义道路。”①提出全面深化改革总目标是完善和发展中国特色社会主义制度、推进国家治理体系和治理能力现代化,到2020年要使中国特色社会主义制度更加定型、更加成熟、更加管用。

党的领导一致性。党的领导是中国最大国情。坚持党的领导,是新中国70年取得革命、建设和改革成功的关键。70年来,正是在中国共产党的坚强领导下,中华民族迎来了从站起来、富起来到强起来的伟大飞跃,迎来了实现中华民族伟大复兴的光明前景。坚持党的领导70年一以贯之。毛泽东同志多次强调,东西南北中,党是领导一切的。邓小平同志指出,坚持四项基本原则,关键是坚持党的领导和社会主义道路。习近平同志明确指出,中国共产党的领导是中国特色社会主义最本质的特征,是中国特色社会主义制度最大优势,是最高政治力量,要坚持和加强党的全面领导。

初心使命一致性。中国共产党的初心和使命是为中国人民谋幸福,为中华民族谋复兴。这个初心和使命是激励中国共产党不断前进的根本动力。新中国70年,无论是顺境还是逆境,中国共产党始终不渝地保持这个初心、牢记这个使命,永远与人民同呼吸、共命运、心连心,把人民对美好生活的向往作为奋斗目标,以永不懈怠的精神和一往无前的奋斗姿态,为实现中华民族伟大复兴奋斗不已。

奋斗目标一致性。建设社会主义现代化强国,是新中国始终如一的目标。毛泽东同志反复强调,中国共产党肩负的一项艰巨历史任务,就是要把贫穷落后的中国建设成为社会主义现代化强国。“我们一定会建设一个具有现代工业、现代农业和现代科学文化的社会主义国家。”②后来,党提出了实现“四个现代化”的奋斗目标和战略构想。改革开放以后,党继续把实现社会主义现代化作为奋斗目标。邓小平同志多次强调,只有“把我们的国家建设成为社会主义的现代化强国,才能更有效地巩固社会主义制度”③。改革开放40多年来,党的历次全国人民代表大会都围绕坚持和发展中国特色社会主义这个主题,一步一步绘就了中国实现社会主义现代化的宏伟蓝图。党的十八大以来,以习近平同志为核心的党中央领导改革开放和社会主义现代化建设取得历史性

① 《习近平关于全面深化改革论述摘编》,北京:中央文献出版社,2014年,第14—15页。
② 《毛泽东文集》第7卷,北京:人民出版社,1999年,第268页。
③ 《邓小平文选》第2卷,北京:人民出版社,1994年,第86页。

成就，并在党的十九大擘画了新时代实现社会主义现代化强国的战略安排：2020年全面建成小康社会，2035年基本实现现代化，2050年全面建成社会主义现代化强国，展现了实现社会主义现代化的宏伟蓝图。中国共产党作为马克思主义政党，始终把实现全体人民共同富裕作为矢志不渝的奋斗目标。新中国成立后，毛泽东同志为探索中国人民共同富裕进行了艰苦的持续探索。他说："现在我们实行这么一种制度，这么一种计划，是可以一年一年走向更富更强的，一年一年可以看到更富更强些。而这个富是共同的富，这个强是共同的强，大家都有份。"[①]改革开放以来，邓小平同志总结以往经验教训，将共同富裕概括为社会主义的本质和基本原则，并提出先富带后富并最终实现共同富裕的具体路径。以习近平同志为核心的党中央坚定不移地走共同富裕道路，反复强调："我们追求的发展是造福人民的发展，我们追求的富裕是全体人民共同富裕。改革发展搞得成功不成功，最终判断的标准是人民是不是共同享受到了改革发展成功。"[②]党的十九大清晰地勾勒了实现中国人民共同富裕的时间表：2020年全面建成小康社会，2035年全体人民共同富裕迈出坚实步伐，2050年全体人民共同富裕基本实现。

三、两个历史时期在发展上是接续的

习近平总书记指出："我们党领导的革命、建设、改革伟大实践，是一个接续奋斗的历史过程，是一项救国、兴国、强国，进而实现中华民族伟大复兴的完整事业。"新中国两个历史时期具有发展的连续性和发展的阶段性相统一的特点，是接续与发展的关系。

改革开放前历史时期为改革开放后历史时期提供了政治前提、制度基础、物质技术基础、思想理论准备、宝贵经验和国际环境。

政治前提和制度基础。1949年新中国的成立，是中华民族历史上前所未有的社会大变革，彻底结束了旧中国半殖民地半封建社会的历史，彻底结束了旧中国一盘散沙的局面，彻底废除了列强强加给中国的不平等条约和帝国主义在中国的一切特权，实现了中国从几千年封建专制政治向人民民主的伟大飞跃。新中国成立后，在以毛泽东同志为核心的党的第一代中央领导集体，带领人民，在迅速医治战争创伤、恢复国民经济的基础上，不失时机提出了过渡时期总路线，创造性地完成了由新民主主义革命向社会主义革命的转变，使中国这个占世界四分之一人口的东方大国进入了社会主义社会，成功实现了中国历史上最深刻最伟大的社会变革。习近平总书记指出："新民主主义革命的

---

① 《毛泽东文集》第6卷，北京：人民出版社，1999年，第495页。

② 《征求对中共中央关于制定国民经济和社会发展第十三个五年规划的建议的意见 中共中央召开党外人士座谈会》，《人民日报》2015年10月31日。

胜利，社会主义基本制度的确立，为当代中国一切发展进步奠定根本政治前途和制度基础。”

物质技术基础。新中国成立后，在一穷二白的基础上，中国共产党带领中国人民，用比西方许多国家短很多的时间，就基本上建立起独立的、比较完整的工业体系和国民经济体系，为改革开放新时期发展奠定了基本的物质技术基础。从1949年到1978年，国内生产总值年均增长率为8.43%，从466亿元提高到3 624.1亿元，增长7.78倍；工业总产值从140亿元提高到4 230亿元，增长3 026倍；农业总产值从326亿元提高到1 397亿元，增长4.29倍；粮食产量从1.131 8亿吨提高到3.047 7亿吨，增长2.69倍；棉花产量从44.4万吨提高到216.7万吨，增长4.88倍；钢产量从16万吨提高到3 178万吨，增长198.63倍；煤产量从3 200万吨提高到6.18亿吨，增长14.31倍；发电量从43亿度提高到2 566亿度，增长59.67倍。同时，全国高校毕业生超过旧中国36年累计总数的14倍，专业技术人员达到新中国成立初期同类人员的13倍多。1981年《中共中央关于建国以来党的若干历史问题的决议》指出：“我们现在赖以进行现代化建设的物质技术基础，很大一部分是这个期间建设起来的；全国经济文化建设等方面的骨干力量和他们的工作经验，大部分也是在这个期间培养和积累起来的。这是这个期间党的工作的主导方面。”①

思想理论准备。社会主义基本制度确立以后，如何在中国建设社会主义，是中国共产党面临的崭新课题。以毛泽东为核心的第一代领导集体，对适合中国情况的社会主义建设道路进行了艰苦探索，提出了建设社会主义的一些理论和思想，例如把马克思列宁主义基本原理同中国实际进行“第二次结合”、社会主义社会矛盾的学说、社会主义分不发达的社会主义和比较发达的社会主义两个阶段理论、社会主义商品经济的理论等，为改革开放后社会主义建设提供了思想理论准备。

正反两方面经验。改革开放前，在中国共产党领导下，我国各族人民投身中国历史上从来不曾有过的热气腾腾的社会主义建设。在不长的时间里，使我国“成为在世界上有重要影响的大国，积累起在中国这样一个社会生产力水平十分落后的东方大国进行社会主义建设的重要经验”。在全面建设社会主义过程中，形成了许多反映国情、符合客观的认识，积累了一系列对于改革开放仍然具有宝贵价值的正面经验。同时，也犯过不少失误，积累了惨痛的教训。正面经验是财富，反面经验也是财富。邓小平同志指出：“总结历史，不要着眼于个人功过，而是为了开辟未来。过去的成功是我们的财富，过去的错误也是我们的财富。我们根本否定‘文化大革命’。但应该说‘文化大革命’也有

① 《关于建国以来党的若干历史问题的决议注释本（修订）》，北京：人民出版社，1985年，第10页。

一'功',它提供了反面教训。没有'文化大革命'的教训,就不可能制定出十一届三中全会以来的思想、政治、组织路线和一系列政策。三中全会确定将工作重点由阶级斗争转到以发展生产力、建设四个现代化为中心,受到全国人民的拥护。为什么呢?就是因为有'文化大革命'作比较,'文化大革命'变成了我们的财富。"①

国际有利环境。新中国成立以后,积极支持亚非拉民族解放和独立运动,在国际上树立了讲道义的国际形象,与广大发展中国家特别是非洲国家结下了深厚的友谊。20世纪70年代初,毛泽东提出关于三个世界划分的理论,实现了中美和解,改善了中国同日本、西欧许多国家,恢复了在联合国的合法席位,大大提升了国际地位,为和平建设争取了时间。邓小平同志评价道:"毛泽东同志关于三个世界划分的战略思想,给我们开辟了道路。"②

改革开放后历史时期是对改革开放前历史时期社会主义实践探索的坚持、改革、发展。中国特色社会主义道路是在新中国已经建立起社会主义基本制度并进行了20多年建设的基础上开创的。改革开放伟大事业,是在以毛泽东同志为核心的党的第一代中央领导集体创立毛泽东思想,带领全党全国各族人民建立新中国、取得社会主义革命和建设伟大成就以及艰辛探索社会主义建设规律取得宝贵经验的基础上进行的。中国特色社会主义不是从天上掉下来的,是党和人民历尽千辛万苦、付出各种代价取得的根本成就。改革开放以前的社会主义实践探索,是党和人民在历史新时期把握现实、创造未来的出发阵地,没有它提供的正反两方面的历史经验,没有它积累的思想成果、物质成果、制度成果,改革开放也难以顺利推进。一切向前走,都不能忘记走过的路;走得再远、走到再光辉的未来,也不能忘记走过的过去。虽然这两个历史时期在进行社会主义建设的思想指导、方针政策、实际工作上有很大差别,但两者决不是彼此割裂的,更不是根本对立的。改革开放前我们党在社会主义建设实践中提出了许多正确主张,当时没有真正落实,改革开放后得到了真正贯彻,将来也还是要坚持和发展的。邓小平同志指出:"从许多方面来说,现在我们还是把毛泽东同志已经提出但是没有做的事情做起来,把他反对错了的改正过来,把他没有做好的事情做好。今后相当长的时期,还是做这件事。当然,我们也有发展,而且还要继续发展。"③如果没有1949年建立新中国并进行社会主义革命和建设,积累了重要的思想、物质、制度条件,积累了正反两方面经验,改革开放也很难顺利推进。

改革开放是中国人民和中华民族发展史上一次伟大革命,推动了中国特色社会主义事业的伟大飞跃。习近平同志指出:"改革开放是我们党的一次伟

① 《邓小平文选》第3卷,北京:人民出版社,1993年,第272页。
② 《邓小平文选》第2卷,北京:人民出版社,1994年,第127页。
③ 《邓小平文选》第2卷,北京:人民出版社,1994年,第300页。

大觉醒，正是这个伟大觉醒孕育了我们党从理论到实践的伟大创造。”“我们党靠什么来振奋人心、统一思想、凝聚力量？靠什么来激发全体人民的创造精神和创造活力？靠什么来实现我国经济社会快速发展、在与资本主义竞争中赢得比较优势？靠的就是改革开放。”我们党作出实行改革开放的历史性决策，是基于对党和国家前途命运的深刻把握，是基于对社会主义革命和建设实践的深刻总结，是基于对时代潮流的深刻洞察，是基于对人民群众期盼和需要的深刻体悟。随着对社会主义本质、对怎样建设社会主义等重大问题认识的不断深入，党在对改革开放前后两个历史时期正反两方面经验总结的基础上形成确立了社会主义初级阶段的基本路线，实现了从“以阶级斗争为纲”向“以经济建设为中心”的转变、从高度集中的计划经济体制向社会主义市场经济体制的转变，开创并发展了中国特色社会主义。在理论上对一些重大理论问题实现了突破，围绕“什么是社会主义、怎样建设社会主义”这个根本问题实现了创新发展，提出社会主义初级阶段理论、社会主义本质理论、社会主义市场经济理论、社会主义改革开放理论，在实践上克服了改革开放前超越阶段的错误观念和政策，结束了一段时间“以阶级斗争为纲”的“左”的错误，改变了高度集中的计划经济体制，等等。改革开放是党和人民大踏步赶上时代的重要法宝，是坚持和发展中国特色社会主义的必由之路，是决定当代中国命运的关键一招，也是决定实现“两个一百年”奋斗目标、实现中华民族伟大复兴的关键一招。改革开放是正确之路、强国之路、富民之路。如果没有 1978 年我们党果断决定实行改革开放，并坚定不移推进改革开放，坚定不移把握改革开放的正确方向，社会主义中国就不可能有今天这样的大好局面，就可能面临严重危机，就可能遇到像苏联、东欧国家那样的亡党亡国危机。改革开放给人们提供了许多弥足珍贵的启示，其中最重要的一条就是，一个国家、一个民族要振兴，就必须在历史前进的逻辑中前进、在时代发展的潮流中发展。

两个历史时期的重大区别是螺旋式上升过程。“任何事物的发展都不是直线的，而是螺旋式地上升，也是波浪式发展。”①两个历史时期的相互联系和相互区别也是如此，是理论与实践相互作用、相互影响的螺旋式上升的过程。

改革开放前后两个历史时期是密切联系、一脉相承、辩证统一的，同时，二者也是有着重大区别的。两个历史时期在进行社会主义建设的思想指导、方针政策、实际工作方面是不同的，在进行社会主义实践探索的内外条件、实践基础等方面也存在很大的差别。看不到两个时期的重大区别，就无法看到改革开放新时期的鲜明特色，就会看不清历史转折深远意义，就不可能懂得中国特色社会主义道路“特”在哪里，就会影响我们对改革开放这场伟大社会革命的意义的充分认识。从一定意义上讲，改革开放新时期是对改革开放前时期

① 《毛泽东文集》第 8 卷，北京：人民出版社，1999 年，第 120 页。

一些不适应生产力发展需要的观念、体制、机制的巨大革命，是一种“否定”，呈现出显著不同。但是，这种否定是“扬弃”，是在坚持基本制度基础上的“扬弃”，是一种螺旋式上升过程。

从党的指导思想上看，改革开放以后，纠正了毛泽东晚年的错误，否定了“以阶级斗争为纲”这个不适合于社会主义时期的错误口号，实现了党的工作重点向经济建设的转移，在坚持马列主义、毛泽东思想的基础上，把马克思主义基本原理与中国具体实际相结合，发展了马列主义、毛泽东思想，先后形成了邓小平理论、“三个代表”重要思想、科学发展观、习近平新时代中国特色社会主义思想，实现了党的指导思想既一脉相承又与时俱进；从经济体制上看，改革开放后，打破了公有制和按劳分配一统天下的局面，改变了高度集中的计划经济体制，确立了社会主义市场经济体制。但同时仍然坚持公有制和按劳分配为主体，坚持国有经济在国民经济中的主导地位，坚持农村土地集体所有不动摇，探索农村集体经济新的实现形式；明确社会主义市场经济是同社会主义基本制度结合在一起的，发挥市场在资源配置的决定性作用的同时，发挥政府的宏观调控作用；在政治体制上，加强了社会主义民主和全面依法治国建设，同时始终坚持党的全面领导，坚持人民民主专政国体，坚持党的领导、人民当家作主、依法治国相统一，坚持全心全意依靠工人阶级；在文化上，摒弃了以往在意识形态工作中的“左”的做法，促进人民精神生活多样化，但同时又始终坚持马克思主义在意识形态领域的指导地位；在外交上，改变了过去关于时代特征的判断和相对封闭的局面，确立和平与发展是时代主题的重大判断，实行全面对外开放，构建人类命运共同体。同时，仍然坚持新中国成立之初确立的独立自主的和平外交政策和所倡导的和平共处五项原则，加强同发展中国家的团结合作，反对各种形式的霸权主义和强权政治，推动国家秩序向更加公正合理方向的发展。改革开放新时期，我们党团结带领中国人民进行改革开放新的伟大革命，极大激发广大人民群众的创造性，极大解放和发展社会生产力，极大增强社会发展活力，人民生活显著改善，综合国力显著增强，国际地位显著提高。这一伟大历史贡献的意义在于，开辟了中国特色社会主义道路，形成了中国特色社会主义理论体系，确立了中国特色社会主义制度，使中国赶上了时代，实现了中国人民从站起来到富起来、强起来的伟大飞跃。

四、正确处理改革开放前后两个历史时期的关系对坚持和发展中国特色社会主义具有重大意义

习近平总书记早在2013年就指出：“我之所以强调这个问题，是因为这个

重大政治问题处理不好，就会产生严重政治后果。”[①]回顾新中国70年历史，正确处理改革开放前后两个历史时期的关系，对于准确把握70年历史的主题和主线、主流与本质，增强对共产党执政规律、社会主义建设规律和人类社会发展规律的认识，推动新时代党和国家事业发展实现“两个一百年”奋斗目标具有重要的历史意义和深远的现实意义。

有利于准确把握新中国70年历史的主题与主线、主流与本质，从整体上把握新中国70年历史。习近平总书记指出：“坚持实事求是研究和宣传党的历史，要牢牢把握党的历史发展的主题和主线、主流和本质。”[②]正确处理两个历史时期的关系，有助于我们实事求是地认识、阐释和宣传新中国70年的历史，有助于牢牢抓住新中国历史发展的主题、主线、主流和本质。贯穿新中国70年的主题和主线就是中国人民在中国共产党领导下建设社会主义新国家、新社会的历史。这项前无古人的全新事业，是在不断探索中前进的。历史在人民的探索和奋斗中造就了中国共产党，中国共产党领导人民又造就了新的历史辉煌。100年来，我们党紧紧依靠人民完成了新民主主义革命，实现了民族独立和人民解放；完成了社会主义革命，确立了社会主义根本制度并取得了社会主义建设的巨大成就；进行了改革开放新的伟大革命，完善和发展了中国特色社会主义。这三件大事，从根本上改变了中国人民和中华民族的前途命运，不可逆转地结束了近代以后中国内忧外患、积贫积弱的悲惨境遇，不可逆转地开启了当代中国沿着社会主义道路走向现代化、走向伟大复兴的历史进军。我们要牢牢把握党的历史发展的主题和主线、主流和本质，从党的光辉历程和伟大业绩中获得继往开来的强大动力，始终坚定中国特色社会主义信念和共产主义远大理想，永葆共产党人的政治本色。如果看不到改革开放新时期与改革开放前的连续性，就不可能懂得中国特色社会主义为什么是社会主义而不是其他什么主义，就会妨碍我国对新中国70年历史的整体把握，就会割断历史。

把握好历史发展的主题和主线、主流和本质，并不是说不要正视历史上发生过的曲折和错误。习近平总书记指出，对改革开放前社会主义建设的实践探索，“要坚持实事求是的思想路线，分清主流和支流，坚持真理，修正错误，发扬经验，吸取教训，在这个基础上把党和人民事业继续推向前进”。“我们党对自己包括领袖人物的失误和错误历来采取郑重的态度，一是敢于承认，二是正确分析，三是坚决纠正，从而使失误和错误连同党的成功经验一起成为宝贵的历史教材。”[③]

有利于增强对共产党执政规律、社会主义建设规律和人类社会发展规律

---

① 《十八大以来重要文献选编》(上)，北京：中央文献出版社，2014年，第113—114页。
② 《全国党史工作会议在京举行》，《人民日报》2010年7月22日。
③ 习近平：《在纪念毛泽东同志诞辰120周年座谈会上的讲话》，《人民日报》2013年12月27日。

的认识和把握。社会主义建设有自己的规律，必须严格遵循，任何时候都不能违背。仅靠良好的主观愿望，充分发挥人的主观能动性，并不能把事情办好。正确认识改革开放前后历史时期的关系，才能认识到我们在推进革命、建设、改革的进程中，是怎样经过反复比较和总结，历史地选择了马克思主义、选择了社会主义道路的；是怎样把马克思主义基本原理同中国实际和时代特征结合起来，独立自主走自己的路的；是怎样历经千辛万苦，付出各种代价，开创和发展了中国特色社会主义的。从而明白中国特色社会主义是党和人民90多年奋斗、创造、积累的根本成就，是改革开放40多年实践的根本总结，凝结着实现中华民族伟大复兴这个近代以来中华民族最根本的梦想，体现着近代以来人类对社会主义的美好憧憬和不懈探索，更加坚定信念，增强“四个自信”，做到以习近平新时代中国特色社会主义思想为指导，做到倍加珍惜、始终坚持、不断发展中国特色社会主义道路、中国特色社会主义理论体系、中国特色社会主义制度、中国特色社会主义文化。

有利于推动新时代党和国家事业发展的新实践奋力实现“两个一百年”奋斗目标。历史是一面镜子，鉴古知今，学史明智。当代中国是历史中国的延续和发展。新时代坚持和发展中国特色社会主义，更加需要系统研究中国历史和文化，更加需要深刻把握人类发展历史规律，在对历史的深入思考中汲取智慧、走向未来。历史是最好的老师，它忠实记录下每一个国家走过的足迹，也给每一个国家未来的发展提供启示。历史是最好的教科书。回顾新中国70年的光辉历程，正确处理改革开放前后两个历史时期的关系，将有利于最大限度地凝聚人心、凝聚力量、凝聚智慧，有利于形成思想共识，巩固全国人民共同团结奋斗的思想基础。人世间没有一帆风顺的事业。综观世界历史，任何一个国家、一个民族的发展，都会跌宕起伏甚至充满曲折。“艰难困苦，玉汝于成。”“多难兴邦，殷忧启圣。”“失败为成功之母。”前途是光明的，道路是曲折的。这是一切正义事业发展的历史逻辑。我们的事业之所以伟大，就在于经历世所罕见的艰难而不断取得成功。方向决定道路，道路决定命运。历史和实践雄辩地证明：只有社会主义才能救中国，只有中国特色社会主义才能发展中国。只有坚持和发展中国特色社会主义，才能实现“两个一百年”奋斗目标。中国特色社会主义是连续性和阶段性的统一。习近平同志强调：“坚持和发展中国特色社会主义是一篇大文章，邓小平同志为它确定了基本思路和基本原则，以江泽民同志为核心的党的第三代中央领导集体、以胡锦涛同志为总书记的党中央在这篇大文章上都写下了精彩的篇章。现在，我们这一代共产党人的任务，就是继续把这篇大文章写下去。”

马克思说过：“人们自己创造自己的历史，但是他们并不是随心所欲地创造，并不是在他们自己选定的条件下创造，而是在直接碰到的、既定的、从过去承继下来的条件下创造。”回顾历史，可以清醒地看到，马克思主义产生和发展、社会主义国家诞生和发展的历程充满着斗争的艰辛。建立中国共产党、成立中华人民共和国、实行改革开放、推进新时代中国特色社会主义事业，都是在斗争中诞生、在斗争中发展、在斗争中壮大的。正确处理两个时期关系这个重大政治问题，也必须发扬斗争精神，增强斗争本领。展望中华民族伟大复兴的光明前景，我们信心百倍。在以习近平同志为核心的党中央正确领导下，在习近平新时代中国特色社会主义思想科学指引下，坚定不移走中国特色社会主义道路，一定能在中国共产党成立100年时全面建成小康社会，一定能在新中国成立100年时建成富强民主文明和谐美丽的社会主义现代化强国，中华民族伟大复兴的中国梦一定能如期实现！

Correctly Handle the Relationship between the Two Historical Periods before and after the Reform and Opening Up

Gong Yun

Abstract Marked by the Third Plenary Session of the Eleventh Central Committee of the CPC in 1978, the 70 years history of new China can be divided into two historical periods: before the reform and opening up and after the reform and opening up. These two periods are both interrelated and different. In essence, they are both practical explorations of the CPC leading the people in socialist construction. It is not only a historical issue, but also a political issue to correctly handle the relationship between socialist practice and exploration before and after the reform and opening up. We should correctly evaluate the historical period before the reform and opening up. We can't use the historical period after the reform and opening up to negate the historical period before the reform and opening up, and vice versa.

Key words the history of new China; socialist practice; exploration

海派经济学
第 19 卷第 1 期,2021 Journal of Economics of Shanghai School No. 19,1,2021

论马克思主义的实践辩证法及其发展规律

池忠军

内容提要 推进中国特色社会主义伟大事业需要方法论的支持,其中实践辩证法具有基础性的地位。马克思的实践唯物主义蕴涵着深刻的实践辩证法的思想光辉。应在马克思主义世界观、历史观与实践辩证法的逻辑关系中,深刻揭示实践辩证法对历史的科学解释和改变世界的功能、对无产阶级自己解放自己的革命和建设功能,以显现实践辩证法的科学价值。总结概括马克思主义者运用和发展实践辩证法的规律性认识,进一步提升运用实践辩证法及其创新发展的能力,有助于全面深化改革中诸多矛盾的解决。

关键词 马克思主义 实践辩证法 发展规律
中图分类号 B024

推进中国特色社会主义伟大事业、推进国家治理现代化应注重实践辩证法的应用和发展问题。马克思、恩格斯虽然没有使用过实践辩证法的概念,但在辩证唯物主义和历史唯物主义中蕴涵着深刻的实践辩证法思想。马克思主义的实践辩证法不可能从亚里士多德、康德的“实践智慧”和“实践理性”中来解释,也不可能从西方主体性哲学中发展,只能从马克思主义的世界观和历史观与唯物辩证法和实践辩证法的逻辑关系中提取实践辩证法,进而厘定其方法论功能。回溯马克思主义发展的历程,总是有一批政治家和理论家立足现实和长远目标集中人民群众智慧在不断解决问题中发展马克思主义。他们具有扎实的马克思主义理论素养和坚定的社会主义信念,以社会主义与人民发展相统一的辩证方法论,将理论逻辑、历史逻辑、实践逻辑有机统一起来。在推进马克思主义实践化、特殊化、民族化的历史进程中,强化坚持与发展、继承与创新实践辩证法的规律性认识,有利于坚定理论自信与有效解决矛盾的有机统一。

一、马克思主义实践辩证法的历史科学揭示功能

实践这一概念,唯心主义将其作为支配世界本体目的的实现活动,限定在

作者简介:池忠军,中国矿业大学马克思主义学院院长、教授。

基金项目:本文系国家社科基金一般项目“马克思主义国家学说的创新逻辑研究”(19BZZ002)的阶段性成果。

道德领域;旧唯物主义以抽象的物质决定论来规定实践;费尔巴哈人本学唯物主义将实践作为自私自利的营生来看待。马克思将实践概念从唯心主义和旧唯物主义中拯救出来,将人们全部社会生活的本质视为实践的,成为新唯物主义解释世界和改造世界的思想武器。20世纪80年代,实践唯物主义、历史唯物主义、辩证唯物主义作为马克思主义的三种称谓,风生水起,争讼不已。在争辩中多数学者基本达成共识:辩证唯物主义、历史唯物主义、实践唯物主义都是对马克思主义的不同表述,而因对某方面的侧重强调体现其个性,这与学者们的论题和论域有关。但也应看到辩证唯物主义更强调的是世界观与唯物辩证法的统一,世界观是前提,历史观是世界观的表现形式。列宁对这一问题作过深刻的论述:辩证唯物主义是马克思主义的世界观①,"马克思和恩格斯在他们的著作中特别强调的是'辩证'唯物主义,而不是辩证'唯物主义',特别坚持的是'历史'唯物主义,而不是历史'唯物主义'"②。这一强调体现了唯物辩证法与世界观、历史观的统一。实践唯物主义概念,主要来源于马克思和恩格斯《德意志意识形态》中的"实践的唯物主义者即共产主义者"的概念,也有受西方实践哲学和主体哲学的影响因素,因强调实践的主体性而消解物质前提、将实践作为本体论而产生争议。对此,有马克思主义学者作出了更正和定位:实践唯物主义概念没有问题,但马克思主义的本体论是辩证唯物主义,实践是本体论的功能方面,唯物主义一元论不能丢,唯物主义世界观的前提不能丢,否则只强调实践的主体性而否定客体制约,有退回唯心主义历史观的风险。③ 这一强调极有价值,一方面厘定了实践唯物主义的限界,辩证唯物主义是实践唯物主义的前哨,历史唯物主义是实践唯物主义的展现形式;另一方面,凸显了在主体与客体关系中的实践唯物主义对世界观和历史观的揭示功能。

实践唯物主义与人们创造世界历史是一体两面,它改变了上帝创世和思想创世的世界历史解释学。世界与自然界不同,世界对人来说不是从来就有的,"整个所谓世界历史不外是人通过人的劳动而诞生的过程"④。自然界既作为世界的前史,又在人与自然界永恒的物质变换实践中产生世界。马克思在"全部社会生活在本质上是实践的"⑤维度揭示了新的世界观和历史观,凸显了人的主体性。恩格斯指出:"根据唯物史观,历史过程中的决定性因素归根到底是现实生活的生产和再生产。无论马克思或我都从来没有肯定过比这

① 《列宁专题文集:论辩证唯物主义和历史唯物主义》,北京:人民出版社,2009年,第334页。

② 《列宁专题文集:论辩证唯物主义和历史唯物主义》,北京:人民出版社,2009年,第115—116页。

③ 参见陈先达:《马克思主义世界观科学性的客观依据——论马克思主义哲学本体论及其当代价值》,《当代国外马克思主义评论》2004年年刊;侯惠勤:《作为世界观的马克思主义辩证法》,《马克思主义研究》2007年第7期。

④ 《马克思恩格斯文集》第1卷,北京:人民出版社,2009年,第196页。

⑤ 《马克思恩格斯文集》第1卷,北京:人民出版社,2009年,第501页。

更多的东西。”①现实生活的生产和再生产的能力，亦即生产力，这是人的主体性的标示。但主体性不是任性，它受到自然界、人本身、人们之间相互作用关系等限制。因此，这种能动的超越能力与外在限制所构成的矛盾运动，即是生产力与生产关系、经济基础与上层建筑之间的关系。

这种人们生产和再生产的矛盾演化关系就是实践辩证法。但实践辩证法与唯物辩证法既有区别又不可分离。唯物辩证法在总体上是关于事物自身矛盾运动的自我扬弃的学说，包括自然界自身的辩证运动和人类与自然界的物质变换运动、人类社会自身的发展。实践辩证法是人类社会发展史的唯物辩证法，它揭示的是人们自己创造历史的矛盾运动过程。实践辩证法作为唯物史观的方法论具有两种功能：作为揭示性功能，是唯物史观的科学解释学；作为批判的革命的功能，是无产阶级解放的理论和行动指南。

作为唯物史观科学解释学的实践辩证法，在两个自然必然性的维度揭示了人类社会历史规律的三个层面。一是人类有一个永恒的不可超越的自然必然性。马克思指出：“劳动作为使用价值的创造者，作为有用劳动，是不以一切社会形式为转移的人类生存条件，是人和自然之间的物质变换即人类生活得以实现的永恒的自然必然性。”②二是建立在前一自然必然性基础上的经济社会形态演进的自然必然性，马克思也将其称为自然史，它受生产力总和制约，既是人们相互作用的结果，又不以人的主观意志为转移。这个规律就是经济规律，在不同社会历史阶段具有质的差异性，它是社会规律的基础，对总体社会发展起决定作用。三是在这两个自然必然性规律基础上揭示了阶级斗争规律。

阶级不是从来就有的，是生产出来的，但不同经济社会形态的阶级关系和表现形式不同。资本主义社会及以前的经济规律是自然发生的，个人受偶然性的条件所支配。资本主义的产生则是利用生产力总和的历史性事件，以交换价值为目的的生产代替了之前以使用价值为目的的生产，因此资产阶级必然要求私有制的普遍化，国家、法律、意识形态等也都获得了政治形式，资产阶级与无产阶级公开的对立也表现出来。前资本主义各时代，阶级斗争或多或少还以隐蔽的形式进行，只是被共同的语言、习俗、祖先、信仰的共同体和神性的国家所掩盖。到了资本主义时代，国家的物质性完全暴露出来，社会的物质性表现为货币，货币就是社会联系，它代替了自然形成的氏族、部落共同体和各种想象的共同体，“凡是在货币本身不是共同体的地方，货币必然使共同体瓦解”③。马克思针对那种无视基于物质利益的阶级冲突的现实和不顾无产阶级革命条件的两种情况，先后提出了“两个必然”和“两个决不会”：“资产阶

① 《马克思恩格斯文集》第10卷，北京：人民出版社，2009年，第591页。
② 《马克思恩格斯文集》第5卷，北京：人民出版社，2009年，第56页。
③ 《马克思恩格斯全集》第30卷，北京：人民出版社，1995年，第177页。

级的灭亡和无产阶级的胜利是同样不可避免的。"①"无论哪一个社会形态，在它所能容纳的全部生产力发挥出来以前，是决不会灭亡的；而新的更高的生产关系，在它的物质存在条件在旧社会的胎胞里成熟以前，是决不会出现的。"②这两个著名论断，在马克思主义者内部、非马克思主义者中产生了长期争论。一些反马克思主义者认为这是马克思自身的矛盾，或由激进的革命走向保守。在马克思主义者内部也存在以"两个决不会"反对"两个必然"，抑或以"两个决不会"作为社会进化论（引入生物进化论的观点）来消解无产阶级"两个必然"的自觉能动性的规律。然而实际上，马克思这两个论断都是从阶级斗争的规律上来说的。

马克思分析阶级斗争并不是从阶级斗争入手，而是从经济社会形态演变的自然必然性的规律上来揭示的，阶级斗争规律性从属于经济规律。在《共产党宣言》中关于自阶级社会以来的"历史都是在阶级对立中运动的，而这种对立在不同的时代具有不同的形式"③的论断，是在人们的社会存在、社会关系的历史发展基础上阐发的，关于经济规律与革命的关系问题，因《宣言》的主旨要求不可能更多地阐发。而"两个决不会"凸显了经济规律的自然必然性与无产阶级自觉革命条件之间的辩证关系。马克思在阐释"两个决不会"之后，就在下述论断中将"两个必然"与"两个决不会"在理论和实践的逻辑上统一起来了。"大体说来，亚细亚的、古希腊罗马的、封建的和现代资产阶级的生产方式可以看做是经济的社会形态演进的几个时代。资产阶级的生产关系是社会生产过程的最后一个对抗性形式，这里所说的对抗，不是指个人的对抗，而是指从个人的社会生活条件中生长出来的对抗；但是，在资产阶级社会的胎胞里发展的生产力，同时又创造着解决这种对抗的物质条件。因此，人类社会的史前时期就以这种社会形态而告终。"④马克思依据西欧和北美的资本主义时代判定，无产阶级自身的主体条件和生产力总和的物质条件已经具备，但革命还需要科学理论以及其他条件，还有资产阶级本身的社会改革、资产阶级意识形态的反作用因素等。马克思着力于阐述资本主义的经济规律及其基础地位，不可能将所有的问题囊括进来。如果那样做也会冲淡主题。基于资本主义时代的无产阶级自觉自为的革命是马克思所恪守的致思路向。

著名学者阿伦特针对一些因马克思"发明"阶级斗争学说而愤怒或怨恨的人指出，规律性的存在只能是被"发现"而不是"发明"，阶级斗争在亚里士多德的政体论中已经有很好的表述；在 18—19 世纪政治经济学家的著作中阶级斗争现象也充分显现，这不需要马克思；但马克思是真正发现 19 世纪社会病症

① 《马克思恩格斯文集》第 2 卷，北京：人民出版社，2009 年，第 43 页。
② 《马克思恩格斯文集》第 2 卷，北京：人民出版社，2009 年，第 592 页。
③ 《马克思恩格斯文集》第 2 卷，北京：人民出版社，2009 年，第 51 页。
④ 《马克思恩格斯文集》第 2 卷，北京：人民出版社，2009 年，第 592 页。

的人，与被称为一些社会科学家的人相比，马克思才是真正的社会科学家。[①]阿伦特不是马克思主义者，甚至对马克思的思想有严重的误读，但这一评价是中肯的。马克思自己说明："无论是发现现代社会中有阶级存在或发现各种阶级间的斗争，都不是我的功劳。在我以前很久，资产阶级历史编纂学家就已经叙述过阶级斗争的历史发展，资产阶级经济学家也已经对各个阶级作过经济上的分析。我所加上的新内容就是证明了下列几点：(1)阶级的存在仅仅同生产发展的一定历史阶段相联系；(2)阶级斗争必然导致无产阶级专政；(3)这个专政不过是达到消灭一切阶级和进入无产阶级社会的过渡。"[②]阶级斗争的规律是无产阶级自觉解放的科学依据。

由此可见，作为揭示人类社会历史规律的实践辩证法，是科学性、真理性、批判性的统一，在实践辩证法的维度真实地揭示了人们生产和再生产而创造历史的自然必然性。这种自然必然性体现在：人们总是在他们所遇到的历史的生产力总和并受其支配的条件下进行生产和社会实践的。科学性是真理性的基础和证明逻辑，真理性的基本含义就是真实性。科学性和真理性是批判的前提，以实践的辩证的历史唯物主义批判唯心主义思想中的理性规律、社会进化论的自然规律，其虚假性便暴露无遗。实践辩证法剔除了理论与理论争讼的路径依赖，构建了实践逻辑的理论辨识之光。"哲学家们只是用不同的方式解释世界，问题在于改变世界。"[③]这句极为简洁的话语包含着三层意思：首先，解释世界要建立实践在先的原则，物质生产实践是改变世界的基础，哲学家们只从思想产生思想来解释世界而陷入虚幻。其次，人类社会历史在自然必然性的演进中也在改变世界，一方面，人与自然界的联系是自然界本身的联系；另一方面主体的对象化将"自在之物"改造成"为我之物"的自然发生，是因为劳动主体还意识不到其主体性的存在，而主体性要么被少数人占有，要么被思想家颠倒地从主体性设定为主体。因此，马克思批判资产阶级"把自己的生产关系和所有制关系从历史的、在生产过程中是暂时的关系变成永恒的自然规律和理性规律"[④]。再次，实践唯物主义改变了世界观、历史观，将解释世界与改变世界统一起来，解释世界是为改变世界服务的。因此，马克思为无产阶级的解放奠定了实践辩证法的科学方法论。

二、马克思主义实践辩证法的革命和建设功能

马克思主义实践辩证法的革命和建设功能，是无产阶级改变世界的科学

① [德]汉娜·阿伦特：《马克思与西方政治思想传统》，孙传钊译，南京：江苏人民出版社，2007年，第4—5页。

② 《马克思恩格斯文集》第10卷，北京：人民出版社，2009年，第106页。

③ 《马克思恩格斯文集》第1卷，北京：人民出版社，2009年，第502页。

④ 《马克思恩格斯文集》第2卷，北京：人民出版社，2009年，第48页。

性、真理性的思想武器，它建立在科学的历史观基础上，凸显其阶级性、党派性和意识形态性。因此，无产阶级的世界观、历史观与资产阶级、各种社会主义的对立必然涉及科学社会主义的历史方位问题。马克思、恩格斯在《共产党宣言》中指出，“在资产阶级社会里是过去支配现在，在共产主义社会里是现在支配过去”①。这种颠倒或翻转，改变了历史的自然必然性逻辑。在开辟无产阶级世界历史的方位上，必然要求发挥并发展实践辩证法的功能，即深层次的如何革命和如何发展的方法论。“对实践的唯物主义者即共产主义者来说，全部问题都在于使现存世界革命化，实际地反对并改变现存的事物。”②政治解放是造成无产阶级自己发展自己的历史前提，而劳动解放，是生产力发展与人的全面而自由发展相互促进的历史过程，自觉运用和发展实践辩证法贯穿其中。马克思主义的社会历史理论是无产阶级解放乃至人类解放及其条件的学说，实践辩证法的革命功能就在于将马克思主义的科学性、真理性与现实条件相结合而实现“两个颠倒”。

共产主义实践首先实现由资产阶级统治到无产阶级统治的颠倒。马克思指明人类社会历史规律与人的关系有两个历史阶段，即前共产主义的人们被动地承受自然而然发生的经济规律支配；而共产主义运动要实现对其颠倒，无产阶级就要以其主体性的自觉从自在翻转为自为，要实现这样的颠倒，就必须将资产阶级专政的国家颠倒为无产阶级专政的国家；要实现这样的颠倒，就必须以共产主义思想作为无产阶级的意识形态，使国家、社会的改变与无产阶级自身的改变相一致；要实现这样的颠倒，就必须将阶级矛盾政治化，这虽然是历史的重复，但已经不是简单地更换统治阶级的老路和重建私有制，而是以消灭阶级、消灭私有制为目标的整体翻转，包括无产阶级自身的共产主义洗礼。马克思、恩格斯指出：“革命之所以必需，不仅是因为没有任何其他的办法能够推翻统治阶级，而且还因为推翻统治阶级的那个阶级，只有在革命中才能抛掉自己身上的一切陈旧的肮脏的东西，才能胜任重建社会的工作。”③这仅是从科学共产主义理论与工人阶级的自觉革命统一于实践上来说的。无产阶级自觉能动地占有生产力总和并利用其为自己发展服务，更具有根本性和长期性。

无产阶级能动自觉地占有生产力总和，这是对资本主义社会经济规律与人的关系的颠倒。它既是革命的基础，同时又以革命为前提。但这个颠倒是一个历史过程，是共产主义第一阶段的阵痛期。马克思指出：“我的观点是把经济的社会形态的发展理解为一种自然史的过程。”④这种自然史不是自然界的历史，而是人们生产和再生产自己的历史所形成的经济规律，即每一时代都

① 《马克思恩格斯文集》第2卷，北京：人民出版社，2009年，第46页。
② 《马克思恩格斯文集》第1卷，北京：人民出版社，2009年，第527页。
③ 《马克思恩格斯文集》第1卷，北京：人民出版社，2009年，第543页。
④ 《马克思恩格斯文集》第5卷，北京：人民出版社，2009年，第10页。

是在生产力总和的量和质的统一所达到的程度下，人们利用这一条件并受其支配的自然演进规律。马克思将这一规律称为自然规律，这与其社会是人们生产出来的第二自然的说法是一致的。从经济规律的基础和决定地位上，马克思也将这一规律称为社会规律。马克思强调了把握和认识这一规律的重大意义，而如何翻转受这一规律支配的问题更是其毕生的志业，《资本论》就是解释世界历史与能动改变世界的统一。马克思在说明《资本论》的主旨目的时指出："一个社会即使探索到了本身运动的自然规律——本书的最终目的就是揭示现代社会的经济运动规律，它还是既不能跳过也不能用法令取消自然的发展阶段。但是它能缩短和减轻分娩的痛苦。"①马克思为无产阶级如何将历史的人与经济规律的关系翻转过来作出过明确的论断。综合《资本论》《政治经济学批判》《哥达纲领批判》《共产党宣言》《德意志意识形态》中关于无产阶级自身发展的实践辩证法的思想，我们可以看出一个明确的总体的思路：一是社会主义"以每一个个人的全面而自由的发展为基本原则"②。这就在生产和再生产的目的上，将资本主义以财富为目的而以工人为工具的关系，颠倒为以人的发展为目的而以财富为工具的关系。二是自由人联合体与重建个人所有制、按劳分配是一个整体，这样自由人联合体才能控制外部条件并支配它，因而改变了个人总是受偶然性条件支配的历史。这样的自由人联合体翻转了个人作为旧共同体锁链的一个环节的历史。马克思、恩格斯将这样的共同体视为经济性质的共产主义，它与"所有过去的运动不同的地方在于：它推翻一切旧的生产关系和交往关系的基础，并且第一次自觉地把一切自发形成的前提看做是前人的创造，消除这些前提的自发性，使这些前提受联合起来的个人的支配"③。三是改造资本主义的经济规律使之成为社会主义的规律。马克思将共产主义第一阶段等量劳动交换的付出与领回的关系，依然视为商品等价交换的规律，但"内容和形式都改变了"④。四是要求无产阶级自觉地开辟世界历史，将资产阶级依赖世界市场力量支配的世界历史⑤，代之以联合起来的无产阶级的力量使世界贸易实现等价交换的原则。无产阶级开辟世界历史的另一要求，是改变狭隘的民族史范围内的宗派、宗法、宗教等虚假共同体表现的形形色色的虚假共产主义。

这两个颠倒，显然不可能在费尔巴哈对黑格尔辩证法的主谓颠倒法中得到，只能是在历史唯物主义和辩证唯物主义的实践辩证法中才能获得科学的

① 《马克思恩格斯文集》第5卷，北京：人民出版社，2009年，第9—10页。

② 《马克思恩格斯文集》第5卷，北京：人民出版社，2009年，第683页。

③ 《马克思恩格斯文集》第1卷，北京：人民出版社，2009年，第574页。

④ 《马克思恩格斯文集》第3卷，北京：人民出版社，2009年，第434页。

⑤ 这里的世界历史与前述的世界观的世界历史不同，是超越民族史的世界历史，资产阶级依赖世界市场力量强迫世界性分工，首次开辟世界历史，无产阶级利用这一条件重新开辟无产阶级的世界历史。（参见《马克思恩格斯文集》第1卷，北京：人民出版社，2009年，第540—541页。）

揭示和实现。实践辩证法在历史上呈现两种形态，即在自然史中的自在阶段，人们创造历史却不知道如何创造，被各种脱离实践的虚假意识形态所蒙蔽。马克思将实践辩证法在实践的、辩证的历史唯物主义的科学途径层面揭示出来，作为自觉地自己解放自己的无产阶级思想武器，使实践辩证法发展到自觉运用的阶段。在前一阶段，实践辩证法是客观的存在，而在后一阶段，则是以无产阶级为主体自觉运用的主观辩证法与客观辩证法相统一的历史。马克思、恩格斯创立的实践辩证法，被马克思主义者作为工具也就具有主观性的特点，只有实现主体自觉地将主观与客观相统一，才能实现这样的颠倒。因此，这一问题便转换到马克思主义理论与现实条件相结合的实践逻辑上。

马克思关于无产阶级革命和建设实现两个颠倒的论断，基于实践辩证法把"这一运动的'历史必然性'明确地限制在西欧各国的范围内"①。这也就是说，真理的普遍性与实现真理的特殊条件应统一在实践辩证法的轨道上来。马克思曾经批评过将他所揭示的西欧地理学范围内的社会历史阶段理论普遍化的严重倾向："把我关于西欧资本主义起源的历史概述彻底变成一般发展道路的历史哲学理论，一切民族，不管它们所处的历史环境如何，都注定要走这条道路，以便最后都达到在保证社会劳动生产力极高度发展的同时又保证每个生产者个人最全面的发展的这样一种经济形态。但是我要请他原谅。（他这样做，会给我过多的荣誉，同时也会给我过多的侮辱。）"②马克思的批评具有双重意味：一是因地域和特殊民族的社会历史阶段有差异，无产阶级革命的起点也不会相同，但生产力总和、无产阶级从自在到自觉、共产主义理论三者是相互联系、相互作用的；二是无产阶级的自觉革命是马克思不变的主张，但要实现政治革命和经济规律的变革，应将科学社会主义原理与差异条件结合起来。这两点，实质上关涉实践辩证法的自觉运用和发展的问题。

马克思、恩格斯在一定程度上对运用他们所创造的理论与一定的特殊的社会历史条件相结合的问题作过论述。在《德意志意识形态》中他们指出："一切划时代的体系的真正的内容都是由于产生这些体系的那个时期的需要而形成起来的。"③这就是说，任何一种具有重要意义的思想体系的产生，都是为了表达一定的社会需要。社会的需要又孕育着产生这种体系所需要的历史的思想前提。这一论断，说明了作为无产阶级解放的实践辩证法，以无产阶级解放的时代需要为前提，进行理论和实践创新才有可能。理论和实践的创新必须以科学社会主义原理为起点。科学的理论本身就是推动力量，但也必须有真正的马克思主义者将这一科学实践化。科学的世界观是实现两个颠倒的前提，但它"不仅必然遭受到资产阶级代表人物的反对，而且也必然遭到一群想

① 《马克思恩格斯文集》第 3 卷，北京：人民出版社，2009 年，第 583 页。
② 《马克思恩格斯文集》第 3 卷，北京：人民出版社，2009 年，第 466 页。
③ 《马克思恩格斯全集》第 3 卷，北京：人民出版社，1960 年，第 544 页。

靠自由、平等、博爱的符咒来翻转世界的法国社会主义者的反对”①。社会主义运动形形色色,只有科学社会主义及其发展的理论,才能使无产阶级有能力翻转世界。

马克思主义现实化,必须以通晓马克思主义真理为前提,正确处理科学社会主义原理与实施条件、领袖与人民群众及学者、现实条件与目标之间的关系。马克思、恩格斯并未集中地指出过解决这些问题和矛盾的可能途径,但也指涉了将现实条件革命化的几点关键环节。其一,理论的现实化与将现实引向理论的辩证统一,“光是思想力求成为现实是不够的,现实本身应当力求趋向思想”②。这种理论与现实的辩证关系是一而二、二而一的。其二,针对不同条件来确定理论批判和政治革命谁在先的问题,“运动从哪个领域开始,这要看一个民族的真正的、公认的生活主要是在意识领域还是在外部世界进行,这种生活更多的是观念的生活还是现实的生活”③。三是,无产阶级革命必须将现实条件政治化,构建无产阶级专政的国家,以此保证自由人联合体的生产组织构建,分阶段走向共产主义。历史唯物主义强调无产阶级革命的历史条件,但如何立足现有条件创新发展,这便是继承和发展实践辩证法的问题。

列宁主义是发展马克思主义的第一座丰碑,成功地将科学社会主义理论飞跃到实践。唯物辩证法的核心是发展和具体,它揭示了事物发展是内在矛盾引起的自否定或自我扬弃过程。列宁强调的“飞跃式发展”,不是量的增减而是质变,只有主体能动地运用矛盾向对立面转化的规律才能抓住“飞跃”的钥匙。④ 列宁正确地运用实践辩证法深刻把握本民族内在的矛盾并联系世界无产阶级运动的趋势,成功实现了俄国革命的飞跃,超越了马克思、恩格斯对共产主义运动发生的经验判断。⑤ 在“跨越”了资本主义政治制度的卡夫丁峡谷后,列宁领导苏联人民探索了社会主义制度与生产力发展“穿越”卡夫丁峡谷的理论和实践。⑥ 列宁之后,苏联虽取得了社会主义建设的巨大成就,但没有解决好生产力与生产关系协调发展的问题,以致资本主义死灰复燃。中国化的马克思主义理论成果,以实践为源泉,坚持人民解放、人民幸福的价值观,运用马克思主义方法回答一系列关于人民发展的“命题逻辑”,深刻把握社会主义建设中矛盾运动规律,形成了发展马克思主义实践辩证法的中国丰碑。

---

① 《马克思恩格斯文集》第2卷,北京:人民出版社,2009年,第598页。

② 《马克思恩格斯文集》第1卷,北京:人民出版社,2009年,第13页。

③ 《马克思恩格斯文集》第1卷,北京:人民出版社,2009年,第186页。

④ 《列宁专题文集:论辩证唯物主义和历史唯物主义》,北京:人民出版社,2009年,第149页。

⑤ 马克思、恩格斯在《德意志意识形态》中指出:“共产主义只有作为占统治地位的民族‘一下子’同时发生的行动,在经验上才是可能的。”(参见《马克思恩格斯文集》第1卷,北京:人民出版社,2009年,第538—539页。)

⑥ 关于俄国以农业公社为起点,在资本主义和共产主义影响下是否能够跨越资本主义的卡夫丁峡谷的问题,马克思对其回答几易其稿,虽然最后没有明确答复,但明显的主张是:有跨越资本主义政治制度的可能性,但社会主义必须占有资本主义发达的生产力成就,并保障生产力发展穿越卡夫丁峡谷。(参见《马克思恩格斯文集》第3卷,北京:人民出版社,2009年,第575页。)

恩格斯对如何运用马克思主义理论的问题指出过两个关键点：一是，“马克思的整个世界观不是教义，而是方法。它提供的不是现成的教条，而是进一步研究的出发点和供这种研究使用的方法”①。二是，如果将马克思主义的无产阶级革命理论仅理解为经济决定论而缺少政治与经济的辩证关系，那么“所有这些先生们所缺少的东西就是辩证法”②。

三、马克思主义实践辩证法发展的规律性认识

发展马克思主义的实践辩证法，根基是坚定马克思主义的世界观和历史观，核心要义是辩证发展，途径和方式是实践。在马克思主义中国化的历史进程中，我们已经获得了规律性的认识：一切从实际出发，理论联系实际，实事求是，在实践中检验真理和发展真理。这些判断，是从成功的经验和失败的教训中上升为理性认识的，它倚赖马克思主义实践化、特殊化、民族化的实践而形成。换言之，马克思主义中国化内在地包含和体现着马克思主义实践化、特殊化、民族化。但由于苏联的影响，一段时间仅用“具体化”给替代了。然而稍加分析，这几个概念是有差别的，在中国化的语境上，实践化、特殊化、民族化是一体化的各个侧面，各有指涉的焦点或关节点。在马克思主义者主体意识上对其加以实践辩证法的提升，显然有益于规律性认识的形成。

马克思主义实践化主要解决理论与实践的关系问题。对自觉的马克思主义者来说，理论与实践的关系不可能是一手理论一手实践。马克思主义实践化，就是将马克思主义立场、方法、目标具体化为行动方案并加以实施的过程。作为过程的起点就是现实条件，对其分析必然要求用马克思主义的方法。即便如此，现实条件也会与理论产生矛盾。这种矛盾实际上是理论联系实际的矛盾。解决这种矛盾，首先要把科学社会主义原则和人民的发展要求相结合而实现纲领化，并进而构建解决问题的实施方案。在实施方案的过程中，可能出现总体目标与分目标、长远目标与阶段目标之间的矛盾，乃至现实起点和方案的错误，由之，便构成和凸显成熟的马克思主义者与非马克思主义者之间的重大区别：成熟的马克思主义者不会用失败的方案来检验马克思主义本原理论以及发展的重大成果，而是从方案本身找原因；非马克思主义者会用阶段的、分目标的失败而遮蔽发展的历史成就，进而推翻马克思主义本原理论。

成熟的马克思主义者具有有效处理理论与实践辩证关系的品格。列宁曾指出：“实践高于（理论的）认识，因为它不仅具有普遍性的品格，而且还具有直接现实性的品格。”③这一强调非常重要，但却不可由此做出实践高于理论或

① 《马克思恩格斯文集》第 10 卷，北京：人民出版社，2009 年，第 691 页。
② 《马克思恩格斯文集》第 10 卷，北京：人民出版社，2009 年，第 601 页。
③ 列宁：《哲学笔记》，北京：人民出版社，1993 年，第 183 页。

重实践而轻理论的判断。列宁还强调:“没有革命的理论,就不会有革命的运动,而现在未必有再来证明这个真理的必要。”①实际上,前一句是列宁在理论形态向实践形态飞跃的意义上说的。把两方面的强调联系起来,是理论到实践、实践再上升为理论的循环,这正是理论创新的机制和路径。从辩证的思维来看,理论与实践是相互渗透的关系,在实践中坚持马克思主义价值导向、运用马克思主义方法解决现实矛盾,以致产生新的理论并指导实践,是马克思主义在实践中的螺旋式发展形式,它本身就是辩证法的。习近平指出:“理论创新对实践创新具有重大先导作用,全面深化改革必须以理论创新为先导。”②这种理论与实践的一体两面,蕴含着实践是理论的源泉、在实践中发展理论、以实践检验理论的耦合关系。这与在实践逻辑上审视理论与实践的关系有差别,这种检验一般是反思意味的,它的功能在于审视理论与实践是否耦合,或从实践上审视作用于它的理论是什么。应当说,马克思主义实践化的耦合关系包括这种反思精神在内,但只有反思是不够的,反思本身具有滞后性的特点。在理论与实践的耦合整体关系中,包含着用马克思主义的立场方法审视实践本身的问题,理论与实践的相互渗透是其显著特征。在真正的马克思主义者看来,理论与实践的关系不仅是哲学的问题,而且是实现人民发展的问题。在这一维度上,实践检验就成为人民利益实现的反思。毛泽东指出:“共产党人必须随时准备坚持真理,因为任何真理都是符合于人民利益的;共产党人必须随时准备修正错误,因为任何错误都是不符合于人民利益的。”③

马克思主义的特殊化更具有实践辩证法的特质。黑格尔指出:“概念的运动原则不仅消溶而且产生普遍物的特殊化,我把这个原则叫做辩证法。”④黑格尔唯心主义的辩证历史观已被马克思的唯物实践辩证法的历史观所驳倒,但继承马克思改造黑格尔辩证法的方法,对其加以创造性地改造依然具有现实价值。马克思主义者视科学社会主义原理为普遍的,就必须在理论形态的普遍性和未来共产主义社会形态普遍性的两端确立信仰、信念,而过程即是普遍的特殊化。任何国别、民族的社会主义运动,无论起始条件、发展进程及其阶段有什么差别,但科学社会主义必然内涵于其特殊性中。正如习近平所指出的那样,“中国特色社会主义是社会主义而不是其他什么主义,科学社会主义基本原则不能丢,丢了就不是社会主义”⑤。从马克思主义发展的历史维度来看,科学社会主义原理在特殊化中所出现的问题主要表现为以下四点:第一,苏联沙文主义的马克思主义的解释权严重影响国别化马克思主义的创新发展;第二,社会主义发展的阶段性也是特殊化的过程,因缺乏对实践挫折进

① 《列宁选集》第1卷,北京:人民出版社,2012年,第153页。
② 《习近平谈治国理政》,北京:外文出版社,2014年,第75—76页。
③ 《毛泽东选集》第3卷,北京:人民出版社,1991年,第1095页。
④ [德]黑格尔:《法哲学原理》,范扬、张企泰译,北京:商务印书馆,1961年,第38页。
⑤ 《习近平谈治国理政》,北京:外文出版社,2014年,第22页。

行马克思主义方法的反思和自我批判精神，而事实上抛弃了马克思主义原理；第三，指导实践的理论不是马克思主义的，诸如偷梁换柱、自由主义理论乔装打扮，马克思、恩格斯深刻批判过的种种社会主义理论的翻新等，这些理论左右下的实践导致了苏东社会主义的颠覆，进而否定了科学社会主义原理，以及继承创新发展的重要成就；第四，缺少在实践中发展马克思主义的责任担当，没有新的理论成果解答时代的实践课题和理论命题的能力。而反观中国特色社会主义理论体系和实践，尤其是新时代的新理论和新实践，中国共产党人在马克思主义的特殊化方面，已经抛却“本领恐慌”，突出地表现出成熟的马克思主义者所具备的实践辩证法的特质。

马克思主义的民族化，是马克思主义植根于民族历史与世界历史的辩证统一。世界历史是资本主义以世界市场的力量开辟的，它超越了狭隘的民族史。马克思、恩格斯从世界历史上分析，民族史范围内的共产主义是宗教的、宗派的，“无产阶级只有在世界历史意义上才能存在，就像共产主义——它的事业——只有作为‘世界历史性的’存在才有可能实现一样”①。马克思主义民族化与民族特色的社会主义世界化是辩证的统一。毛泽东在阐明新民主主义革命的道路时，就将中国革命的历史阶段和特点与无产阶级世界历史统一起来。苏联社会主义革命的成功，在实践上开辟了无产阶级的世界历史。但斯大林对“列宁主义”的定义既没有“马克思主义俄国化”的内涵，也没有民族化、文化化的明确指涉。而且相反，对马克思主义中国化、民族化却横加指责。毛泽东指出：“马克思主义的中国化使之在其每一表现中带着中国的特性，即是说，按照中国的特点去应用它……以新鲜活泼的、为中国老百姓所喜闻乐见的中国作风和中国气派。”②这一精辟论断，深刻地指明了马克思主义中国化包含“化”中国与植根于中国的双重逻辑。民族化包含与历史文化相结合，这正是赋予马克思主义民族特色的一面，但传统文化并不能涵养马克思主义。“中国共产党人是我们民族一切文化、思想、道德的最优秀传统的继承者，把这一切优秀传统看成和自己血肉相连的东西，而且将继续加以发扬光大……使得马克思列宁主义这一革命科学更进一步地和中国革命实践、中国历史、中国文化深相结合起来。”③传统文化只能是用“共产主义思想去领导”④，经过创造性转化和创新性发展才能涵养社会主义核心价值观。⑤

马克思主义的实践化、特殊化、民族化的统一，构成了发展马克思主义实践辩证法的整体，以其作为马克思主义者的主体意识加以培养，是有效解决坚持与发展、继承与创新等矛盾和问题的根本方法。发展马克思主义的实践辩

① 《马克思恩格斯文集》第 1 卷，北京：人民出版社，2009 年，第 539 页。
② 《建党以来重要文献选编》第 15 册，北京：中央文献出版社，2011 年，第 651 页。
③ 《建党以来重要文献选编》第 20 册，北京：中央文献出版社，2011 年，第 318—319 页。
④ 《毛泽东选集》第 2 卷，北京：人民出版社，1991 年，第 698 页。
⑤ 《习近平谈治国理政》，北京：外文出版社，2014 年，第 164 页。

证法，既要继承马克思创立的实践辩证法，又要致力于在实践中创新。它首先要求马克思主义的继承人作为实现马克思主义真理的工具，将马克思主义真理的普遍性推向特定实践；其次，马克思主义者以自身为主体，将马克思主义的方法作为认识工具，在实践中创新和发展马克思主义，以新思想、新理论把握社会历史的变动趋势，以新战略、新策略推进实践的发展。这一认识论，在列宁主义、毛泽东思想和中国特色社会主义理论体系的创新发展中得到了充分的体现，同时也在一些社会主义实践失败的沉痛教训中获得反面佐证。从经验与教训相结合的视角来看，发展马克思主义的主体必须是真正的马克思主义者，只有这个主体的能动自觉才能促使科学社会主义原理向实践飞跃，否则马克思主义的实践并不存在。因此，“主体—理论—实践”用“不间断连字符”就整体性地体现了三者的相互渗透、相互作用的关系。

Practice Dialectics of Marxism and Its Development Law

Chi Zhongjun

Abstract Promoting the great cause of socialism with Chinese characteristics needs methodological support, among which the practice dialectics has a fundamental position. Marx's practical materialism contains profound thoughts of practice dialectics. The logical relationship between Marx's world outlook, history view and practice dialectics should be employed to profoundly reveal the scientific interpretation of history and the function of changing the world of practice dialectics, as well as the revolutionary and constructive function of the proletariat itself, in order to show the scientific value of dialectics of practice. Summarizing the Marxists' regular cognition of applying and developing practice dialectics, and further improving the ability to use practice dialectics and its innovation and development, will help to solve many contradictions in the comprehensively deepen reform.

Key words Marxism; practice dialectics; law of development

马克思恩格斯超越资本主义文明思想与现实启示

陈华娟　蒯正明

内容提要　文明是人类社会历史演进过程特有的一种现象。资本主义文明是建立资本在社会占统治地位基础之上的。资本主义文明在推动人类社会由传统社会向现代社会转变的同时,也实现了人类文明的现代化。对于资本主义文明,马克思、恩格斯既肯定其进步性,也深刻揭示了其内在的矛盾。资本主义文明的内在矛盾决定它必然向新的、更高级的社会文明形态过渡。中国特色社会主义文明建设要坚持以人民为中心的理念,注重协同推进物质文明、政治文明、精神文明、社会文明和生态文明建设。同时在全球交往中,注重尊重文明的多样性,推动文明交流、互鉴,积极推进人类命运共同体。

关键词　文明;马克思;恩格斯;资本主义;社会主义

中图分类号　F0-0

人类社会形态是由低级逐渐走向高级的过程,同样,人类文明也是由低级到高级逐步进步的过程。资本主义文明是建立在资本对现代社会实现广泛渗透和全面统治的基础之上。相对于封建文明而言,其进步性是毋庸置疑的。但是,其自身有着不可调和的矛盾,决定它必然走向新的文明形态。马克思和恩格斯立足于资本主义经济、政治、文化、社会、生态建设的现实,分析了资本主义文明进步性的表现,揭示了其内在的矛盾,指明了共产主义文明超越资本主义文明发展的历史必然性。人类文明发展到今天,共建、共治、共享已是历史的必然趋势,但是零和博弈的冷战思维依然存在,特别是美国在对外交往中,追求美国优先,搞"逆全球化"和贸易保护主义等。在此背景下,深化马克思恩格斯文明思想的研究,对于我们把握人类文明发展规律,深化中国特色社会主义文明建设都具有重要的理论和实践意义。

一、资本主义文明的产生与人类文明现代化

文明是人类社会历史演进过程特有的一种现象。关于文明演进动力,受理性决定论的影响,众多西方学者将文明进步的原因归结于人类精神的活动。

作者简介:陈华娟,山东大学马克思主义学院助理研究员;蒯正明,温州大学马克思主义学院教授、博士生导师。

西方启蒙理性主义者认为理性是普遍存在的,人都具有理性和获得真理的能力,并将理性作为社会文明演进的动力。以理性为主题的启蒙运动对于人们冲破封建神学的思想牢笼,把人从神、专制的束缚中解放出来,以及促进人们的个性解放都起到极为重要的作用。但我们也必须看到,将理性作为社会文明演进的动力实际上是从抽象的人性论出发来探寻人类文明发展的动力,颠倒了主客体之间的关系,不可避免陷入了形而上学、唯心主义的理论窠臼。与启蒙理性主义者将理性作为社会文明演进的动力所不同的,马克思和恩格斯认为人类物质生产实践是人类文明的演进动力。对此,恩格斯早在1844年所写的《英国状况——十八世纪》就指出:"文明是实践的事情。"[①]实践过程是物质生产与精神活动的统一,也是自然过程与社会关系过程的统一。人们在物质生活的生产实践中,不仅生产出丰富物质产品和精神产品,也生产出人与人的社会关系。因为,实践过程首先是人对自然物质改造的过程,但并非以单个人的身份,而是以集体成员的身份来改造自然的,人必须形成一定的社会关系,形成一定的社会组织来改造自然的活动,由此形成各个层面的人与人之间的关系,如劳动分工、产品分配与交换关系、消费关系,乃至生产资料所有权关系等。生产力和生产关系、经济基础和上层建筑的矛盾运动推动人类社会不断向前发展,人类逐步摆脱了蒙昧和野蛮时代,而进入文明时代。

与蒙昧和野蛮时代相比,文明时代具有以下几个方面显著特征:一是私有制的确立。随着生产力的发展,个体家庭开始成为社会的经济单位,由此使原始公有制赖以生存的基础遭到瓦解。"正在产生的私有制就这样在氏族制度上打开了第一个缺口。"[②]二是商业分工的出现和发展。文明时代是商品生产和商品交换的时代。在这个阶段,社会分工逐步深化,商品生产和商品交换也得到不断发展,与此同时也出现了商品交换的媒介,即货币,货币的出现进一步加速商品经济的发展。三是阶级分化。私有制的产生必然改变原始的劳动关系,出现了阶级分化和阶级对抗,人类社会由此步入阶级社会。剥削阶级和被剥削阶级是文明时代两大最基本的阶级,而奴隶制生产关系是文明时代最早出现的奴役形式。对此,恩格斯在《家庭、私有制和国家的起源》中就明确指出:"文明时代的基础是一个阶级对另一个阶级的剥削。"[③]当然,有阶级就必然有国家,在马克思和恩格斯看来,国家是随着阶级的产生而产生的,国家是阶级统治的工具。

"分工的各个不同发展阶段,同时也就是所有制的各种不同形式。"[④]随着人类的分工越来越细,人们的劳动逐步实现了由简单劳动到复杂劳动的转变。

---

① 《马克思恩格斯文集》第1卷,北京:人民出版社,2009年,第97页。
② 《马克思恩格斯文集》第4卷,北京:人民出版社,2009年,第181页。
③ 《马克思恩格斯文集》第4卷,北京:人民出版社,2009年,第196页。
④ 《马克思恩格斯文集》第1卷,北京:人民出版社,2009年,第521页。

一旦生产力发展达到这样的水平，即社会劳动单位从个人作业转变为集体作业，生产资料从个体劳动工具变为集体共同使用，于是必须雇佣劳动进行集体作业，这也就促使了一种新的生产关系出现——最早的资本。资本胚胎出现之后，一旦得到适宜的社会环境，便会不断从母体中吸收生产要素并对其进行重新组合。由此不断扩张，主宰整个社会的生产方式，产生了资本主义生产方式，也使资本主义文明得以产生和发展。

在资本主义社会，资本力量成为支配全社会物质生活的主导性力量，在此基础上形成的社会文明形态就是资本主义文明。相比较奴隶制文明、封建文明而言，资本主义文明是一种崭新的文明形态，它开启了人类文明现代化的步伐，表现出很大的进步性。

第一，从物质文明的发展来看。资本作为投入社会在生产系统中追求自身增值的剩余价值，是一种追求自我扩张的“市场权力放大器”，具有推动社会生产力系统不断扩张的强大动力，促使资本家不断提高生产效率，发展先进科学技术，改进生产工具和生产方法，等等。与此同时，资本家还会不断扩大国内外市场，获得更多的原料产地和商品销售市场，不断促进生产力的发展。正如马克思和恩格斯指出的：“资产阶级在它的不到一百年的阶级统治中所创造的生产力，比过去一切世代创造的全部生产力还要多、还要大。”①

第二，从政治文明来看。通过资产阶级革命，资本主义民主制度得以建立，虽然各个国家民主制度存在差异，如美国的总统制、英国的君主立宪制、德国的内阁制等，但现代民主运行的一系列制度，如政党制、议会制、选举制、三权分立制等被资本主义国家广泛采用。在马克思和恩格斯看来，虽然资本主义民主不是真正的人民民主，但相比较封建专制主义而言，它是进步的。不仅如此，马克思和恩格斯还强调在反对封建主义的斗争中，“共产主义者始终应当支持自由派资产者，只是应当注意，不要跟着资产者自我欺骗，不要听信他们关于资产阶级的胜利会给无产阶级带来良好结果的花言巧语。”②

第三，从精神文明来看。从资本主义现实出发，马克思和恩格斯也肯定了资产阶级对教育、现代科学、艺术、哲学等精神文明要素发展所作出的贡献。对此，恩格斯高度评价文艺复兴的革命性作用，指出：“从15世纪中叶起的整个文艺复兴时期，本质上是城市的从而是市民阶级的产物，同样，从那时起重新觉醒的哲学也是如此。”③同时，他们还肯定了资本主义社会在改进教育制度、促进知识传播等方面的进步性。对此，马克思指出，资本主义社会“随着科学的进步，基本教育、知识等等……越来越迅速地、越容易地、越普遍地、越便

---

① 《马克思恩格斯文集》第2卷，北京：人民出版社，2009年，第36页。
② 《马克思恩格斯文集》第1卷，北京：人民出版社，2009年，第692页。
③ 《马克思恩格斯文集》第4卷，北京：人民出版社，2009年，第308页。

宜地再生产出来”①。不仅如此,资本的全球扩张又大大推进了知识在全球范围的传播,使各民族的精神产品成了公共的财产,等等。

第四,在资本主义以前的时代,个人隶属于束缚人的自然经济和社会等级关系,个人很难独立发展。资本主义要发展商品经济,自由雇佣劳动力就必须打破这种“人的从属关系”,使人获得政治上的解放,从而使劳动者从封建等级制结构中游离出来,实现了更大的自由。包括劳动者在法律上成为自由人,也包括劳动者可以自由地出卖劳动力的自由。相比较封建社会中存在的等级关系和人身依附关系来说,资本主义社会中,劳动者从表面上成了“独立的人”“自由的人”。

总之,相对于封建文明而言,资本主义文明在各个领域都取得显著的进步,它在推进人类社会由传统社会向现代社会转化的同时,也实现了人类文明的现代化。并且伴随着资本的全球扩张,资本主义文明也逐步实现由地域文明向世界文明的转变。资本主义文明在全球范围的传播,一方面促使了落后封建国家或地区的资本主义文明化,另一方面也是迫使落后封建国家或地区接受资本逻辑,进而实现资本主义生产关系向世界领域拓展的过程。现代资本主义促使历史从民族史向世界史的转变,也大大推动了人类文明发展步伐。

二、文明中的野蛮:资本主义文明的内在矛盾

在人类文明发展史上,资本主义文明第一次实现了人类文明的现代化,大大促进人类文明发展步伐。但资本扩展的悖论决定,资本统治下的社会文明形态必然内含着深刻的矛盾,主要表现为:

第一,周期性经济危机对物质文明的破坏。资本主义基本矛盾是造成经济危机的根本原因。在资本主义社会中,一方面生产力社会化水平不断提高,但另一方面生产资料被资本家私人占有。劳动者受资本家的严重剥削的社会现实使得社会支付能力落后于生产的发展,由此导致产品过剩也越来越严重,最终社会再生产的实现条件遭到破坏,生产与消费的矛盾以激化的形式暴露出来,导致经济危机的爆发。在经济危机期间,大量商品被毁掉,工厂停工,工人失业,信用关系遭到严重破坏。随着资本主义经济的恢复,各种矛盾又会重新发展起来,导致经济危机周期性地重复发生,表现为:危机—萧条(收缩)—复苏(向上转折)—高涨(扩张),再发展到下一个周期。20世纪70年代后,随着金融资本扩张及其主导地位的确立,经济危机开始以金融危机的形式表现出来。金融危机虽然是在货币市场上作为危机表现出来,表现为货币资本运动的中断,但根本原因依然是资本主义社会的基本矛盾,并且金融危机持续的

① 《马克思恩格斯全集》第48卷,北京:人民出版社,1985年,第431页。

时间更长、波及面更广，对经济的破坏力更强。总之，只要资本主义制度存在，资本主义科技的进步、生产率水平的提高都不能自动消灭周期性经济危机这一痼疾，经济危机对物质文明的破坏就会一直持续下去。

第二，生产资料私有制与资本主义民主政治的不兼容。相对于封建专制而言，资本主义民主政治体现了商品经济中的自由、平等原则和竞争机制，这是其进步性的表现。不过，我们也需要看到，资本主义民主政治是建立在生产资料私有制基础之上的，在实际政治运作中，资本权力广泛渗透到国家政治生活的方方面面，资本主义民主政治由于受制于资本权力难以真正保证人民当家作主的社会地位。对此，马克思和恩格斯在《共产党宣言》中指出："现代的国家政权不过是管理整个资产阶级的共同事务的委员会罢了。"①资本主义社会选举只不过是资产阶级内部不同派别的斗争，选举表面上是平等的，但经济上的严重不平等和金钱政治的影响，它在实质上是不平等的，这也是资本主义政治文明不可克服的缺陷。

第三，社会风气的腐化及其对精神文明的破坏。资本主义社会中，"金钱万能""赚钱发财"成了资本主义社会中普遍的思想观念。对此，马克思和恩格斯在《共产党宣言》中指出："它无情地斩断了把人们束缚于天然尊长的形形色色的封建羁绊，它使人和人之间除了赤裸裸的利害关系，除了冷酷无情的'现金交易'，就再也没有任何别的联系了。"②在价值标准上，金钱成为衡量人的价值标准，影响人们的社会地位。正如恩格斯所指出的："金钱确定人的价值：这个人值一万英镑(he is worth ten thousand pounds)，就是说，他拥有这样一笔钱。谁有钱，谁就'值得尊敬'。"③

第四，新奴役制度的产生与阶级矛盾尖锐化。资本家对剩余价值的追求决定，资产的积累和扩张是建立在对劳动者高度剥削基础之上，尤其是产品的生产过程，工人受到严重的剥削和奴役，表现为肉体和精神的双重折磨，这是一种文明的、精巧的剥削。资本家对工人阶级的奴役和剥削，使劳动者不能享受自身创造的文明成果，必然导致社会的两极分化和阶级矛盾尖锐。

第五，资本扩张及其对生态文明的破坏。主要表现为：一是工业化大生产对生态的破坏。对此，恩格斯在致尼古拉·弗兰策维奇·丹尼尔逊的信中就指出工业革命对自然的影响，他指出："地力耗损——如在美国；森林消失——如在英国和法国，目前在德国和美国也是如此；气候改变、江河干涸在俄国大概比其他任何地方都厉害。"④二是人们的生活环境受到冲击，身心健康受到影响。对此，马克思在《1844 年经济学哲学手稿》中就指出："完全违反自然的

---

① 《马克思恩格斯文集》第 2 卷，北京：人民出版社，2009 年，第 33 页。
② 《马克思恩格斯文集》第 2 卷，北京：人民出版社，2009 年，第 34 页。
③ 《马克思恩格斯文集》第 1 卷，北京：人民出版社，2009 年，第 477 页。
④ 《马克思恩格斯文集》第 10 卷，北京：人民出版社，2009 年，第 627 页。

荒芜,日益腐败的自然界,成了他的生活要素。"[①]资本的扩张以及其对自然资源的无限制攫取,必然导致资本无限扩张与自然承载力之间的矛盾。生态危机是资本主义内在危机,是资本扩张的必然结果。

第六,资本扩张中伴随着野蛮的殖民侵略。资本主义文明向世界传播绝不只是通过贸易交往完成的,它往往伴随着血腥的殖民侵略。尤其在西方资本主义工业革命之后,为了拓展商品市场和原料产地,西方国家用坚船利炮打开了亚洲、非洲国家的大门,逐步把这些国家和地区沦为殖民地和半殖民地,从而使资本主义殖民体系初步确立起来。辩证地看,西方殖民者对落后国家的侵略,最终破坏了落后国家前资本主义会形态赖以生存的基础,为资本主义文明在这些国家成长、发展奠定了一定的基础。但是我们也必须看到,西方殖民者野蛮掠夺、残酷统治给广大亚非拉国家和地区带来前所未有的灾难。包括从非洲掠夺人口、贩奴;在美洲大批屠杀印第安人,在亚洲发动殖民战争、肆意勒索、攫取财富,使亚非拉广大人民生活在水深火热之中。对此,马克思就明确指出:"你们把文明带到世界的各个角落,以便赢得新的地域来扩张你们卑鄙的贪欲;你们使各民族建立起兄弟般的关系——但这是盗贼的兄弟情谊。"[②]资本主义文明的扩张不仅伴随着侵略掠夺,同时还形成了以西方为中心的等级化的世界秩序,造成全球范围内的贫富差距;在政治方面,形成了霸权主义的国际秩序;在文化方面,形成了以"西方为中心"的文明观,等等。

总之,资本主义文明是资本占主导地位基础上所形成的一种崭新的文明形态。它在推动人类文明走向现代化的同时,也在经济、政治、文化、社会、生态等各个领域产生悖论,出现了自我否定的因素,尤其是它解决不了社会不公、阶级对抗、生态污染、全球范围内民族矛盾冲突加剧等一系列问题。资本主义文明的内在矛盾决定它必然向新的、更高级的社会文明形态过渡。

三、超越资本主义文明的趋势和路径:共产主义文明

相对于封建文明,资本主义文明的进步性是毋庸置疑的,但又内含着一系列无法克服的矛盾,表现出文明中的"野蛮"。在马克思和恩格斯看来,共产主义文明才是人类"真正的普遍的文明"。那么,为什么说共产主义文明是"真正的普遍的文明"? 或者说共产主义文明有哪些基本的特征呢?

第一,以人的自由全面发展为根本价值取向。实现人的自由全面发展是马克思一生的奋斗目标。不过需要强调是,在对实现人的解放和发展路径的认识上,马克思也有一个思想深化的过程。青年时代马克思主要是从抽象意

① 《马克思恩格斯文集》第1卷,北京:人民出版社,2009年,第225页。
② 《马克思恩格斯文集》第1卷,北京:人民出版社,2009年,第62页。

义讨论人的自由和发展,追求理性自由、精神自由,“以哲学批判的方式从事着批判现实的活动”①。随着马克思唯物史观和剩余价值理论创立,马克思不再抽象讨论人的“自由”问题,而是立足于资本主义社会制度的现实,指出要消灭资本主义私有制,实现对资本主义文明的超越,唯有如此,才能实现人的自由全面发展。对此,马克思和恩格斯在《共产党宣言》中就明确指出共产主义社会“将是这样一个联合体,在那里,每个人的自由发展是一切人的自由发展的条件”②。恩格斯在《反杜林论》中阐述了“必然王国”和“自由王国”关系,指出了在共产主义制度下,人终将成为社会的主人,成为自然界的主人,成为自己本身的主人——自由人的完整思想。总之,共产主义文明是无产阶级的文明,它以“现实的人”作为逻辑起点,坚持人民主体地位,这与资本主义文明在性质上是有着根本区别的。

第二,共产主义新文明的基本内容和主要特征。作为人类文明发展的新阶段,共产主义文明也主要体现在经济、政治、文化、社会、生态五大领域,这五大领域的每一个方面也都表现出与资本主义文明不同的特征,主要表现为:(1)物质文明方面。共产主义文明是以生产力高度发达为基础的。资本主义基本矛盾决定,周期性经济危机会对物质文明造成巨大破坏,共产主义则实行生产资料归社会占有,实行生产资料公有制是与社会化生产本性相适应,不仅可以为物质文明发展提供制度保障,也有利于保证人们公平地享有社会财富。(2)政治文明方面。共产主义由于实行了生产资料公有制、消除了阶级剥削,因而其政治文明是追求全面平等的政治文明。在《共产党宣言中》,马克思和恩格斯就指出:“工人革命的第一步就是使无产阶级上升为统治阶级,争得民主。”③之后,在总结巴黎公社革命经验基础上,马克思论述了新型无产阶级国家政治文明建设思想,包括实现人民当家作主,对政府公职人员实行选举、监督和罢免,取消官吏的高薪和特权等。此外,马克思认为,向共产主义过渡是一个很长的历史时期内,在这个过渡时期,在政治上要实行无产阶级专政。无产阶级专政的目的是要消灭剥削,最终实现共产主义。到共产主义社会,人们真正成为国家的主人,公共权力重新回归社会。(3)精神文明方面。人们树立无产阶级的世界观和思想观念,提倡共产主义道德。不过,在资本主义向共产主义过渡阶段,它还不能完全摆脱资本主义私有观念的影响。(4)社会文明方面(狭义)。共产主义社会是“自由人的联合体”,其社会文明主要表现为:一是人和人之间是一种平等、互助的关系,个人的发展也不再以牺牲他人为条件;二是消灭旧式劳动分工,消除脑体劳动对立的现象,劳动变成人的第一需要;三是消除了资本主义社会分配不公现象。当然在共产主义的第一阶段,还只

---

① 黄树光:《马克思人的解放理论与马克思历史观》,南昌:江西人民出版社,2011年,第14页。
② 《马克思恩格斯文集》第2卷,北京:人民出版社,2009年,第45页。
③ 《马克思恩格斯文集》第2卷,北京:人民出版社,2009年,第52页。

能实行按劳分配，由于劳动者的劳动能力、家庭构成等方面的差异，按劳分配还不可能完全实现公平公正，但是，相对于资本主义不劳而获的现象，按劳分配是以劳动为尺度进行消费品分配的，这无疑是巨大的进步。(5)生态文明方面。共产主义是人与自然和谐相处的社会，是“人同自然界的完成了的本质的统一，是自然界的真正复活”①。

第三，在深化“普遍交往”中推进人类文明发展。在资本主义阶段，跨地区、跨民族交往越来越普遍，促使“普遍交往”的形成，并使人类社会进入世界历史时代。但由于这一“交往”伴随着侵略，其所形成的世界秩序和文明结构也带有明显的等级性。“新唯物主义的立脚点则是人类社会或社会的人类。”②正是基于从“人类社会或社会的人类”立场出发，马克思和恩格斯认为，由于每个国家、民族历史长短、具体国情等情况的不同，文明发展也必然表现出很大的差异性，这就需要破除民族国家中心主义，加强文明交流。对此，马克思和恩格斯在《神圣家族》中就强调了坚持民族平等，以及推进不同民族文明交流借鉴、取长补短的重要性，指出：“现在每个民族同另一个民族相比都具有某种优点。”③当然，在马克思和恩格斯看来，要从根本上克服资本全球化带来的世界冲突和矛盾，就必须超越资本全球化的世界秩序。

四、总结与思考

自人类文明进入现代文明，马克思和恩格斯第一次运用辩证唯物主义和历史唯物主义方法，分析了资本主义文明的“二重性”，揭示其内在的诸多矛盾，包括生产和消费的矛盾、资本家与工人之间的矛盾、工业化大生产与生态环境之间的矛盾、资本主义生产关系全球扩张与落后民族国家之间的矛盾，等等。所有这些决定它必然被共产主义文明所超越。马克思和恩格斯超越资本主义文明思想深刻揭示了人类文明的发展规律，指明了人类文明的发展方向。

在我国，自鸦片战争之后，中国有识之士为实现民族复兴进行艰辛探索。尤其是资产阶级维新派和革命派试图模仿西方资本主义文明，在我国建立资本主义制度，但都没有成功。马克思主义在我国的传播和俄国十月革命社会主义胜利，使处于彷徨中的中国人看到了新的希望，点燃了中国走向新文明的曙光。自此之后，中国共产党人带领中国人民为建立社会主义制度进行艰苦的斗争。1956年社会主义制度在我国建立，但这并不代表社会主义文明优越性就自动显现出来。经过长时期探索，尤其是改革开放以来的探索，形成了“五位一体”的中国特色社会主义总布局，以及与之相适应的“五大文明体系”，

---

① 《马克思恩格斯文集》第1卷，北京：人民出版社，2009年，第187页。
② 《马克思恩格斯文集》第1卷，北京：人民出版社，2009年，第5页。
③ 《马克思恩格斯文集》第1卷，北京：人民出版社，2009年，第354页。

中国实现了从“站起来”到“富起来”，再到迈向“强起来”的伟大转变，中国特色社会主义文明逐步彰显。

“纵观人类文明发展史，一个民族的振兴、一个大国的崛起，往往伴随着文明超越。”①当前美国霸权主义肆虐，大搞单边主义贸易壁垒。2020 年新冠疫情的发生发展，进一步使世界格局加速调整，尤其是美国为了遏制中国的发展，穷尽一切手段打压中国，在此背景下加快推进中国特色社会主义文明建设意义尤为重大。总的来说，需要我们做到：

第一，坚守以人民为中心的理念。共产主义文明之所以是“真正的普遍的文明”，就是它以人的自由全面发展为价值导向。马克思主义理论之所以保持生机活力，被人们普遍接受，也在于它始终站在劳动人民的立场上。新时代中国特色社会主义文明建设，要求我们在坚守这一价值取向的同时，牢固树立以人民为中心的理念，并将之落实到治国理政全过程以及各级领导干部的行为中。在日常工作中，各级党委要注重加强对广大党员群众路线教育，完善服务、联系群众的工作机制，使广大党员牢固树立以人为中心的理念，实现党的群众工作制度化、规范化。在重大灾难、疫情面前要将人民健康、生命安全放在第一位。如 2020 年初新冠疫情期间，党中央集中统一领导，统筹协调各方资源，坚决遏制疫情蔓延，广大党员积极奔赴灾区，践行初心。在这场抗疫中，中国共产党所付诸的努力被广泛关注，被世界卫生组织称赞为中国速度、中国规模、中国效率。这与西方一些国家不顾人民利益，应对疫情迟缓，检测费用高昂，而且富人优先的政策形成鲜明对比。

第二，协调推进中国特色社会主义文明体系。一个社会文明进步离不开经济发展，但决不能简单等同于经济发展。衡量一个社会文明形态先进还是落后也决不能仅以 GDP 为衡量标准。中国特色社会主义文明建设要求我们协调推动物质文明、政治文明、精神文明、社会（狭义）文明和生态文明建设，具体来说，尤其需要做到：(1)物质文明建设方面，要坚持公有制为主体、多种所有制共同发展的基本经济制度。这一经济制度是促进国民经济持续健康发展，维护人民利益重要保证，也是社会主义制度优越性的重要体现。“我国公有制为主体、多种所有制经济共同发展的社会主义基本经济制度，实现了对西方私人垄断和国家垄断的资本主义新形式的超越，成为所有制和产权新理论的实践源泉。”②新时代中国特色社会主义建设要求我们始终不移坚持公有制主体地位和国有经济主导作用，积极引领非公有制经济健康发展。(2)在政治文明建设方面，要坚定不移走中国特色社会主义民主政治发展道路。中国特色社会主义民主政治要依据中国的具体国情，反对照搬照抄西方民主政治模

---

① 李占才：《中国近代以来超越资本主义文明的理想与追求》，《湖湘论坛》2018 年第 4 期。

② 程恩富：《我国政治经济学能产生丰富原创性成果》，《人民日报》2016 年 10 月 11 日。

式,将党的领导、人民当家做主和依法治国统一起来,统筹推进党内民主与人民,选举民主和协商民主,既注重完善社会主义民主制度,又鼓励基层创新性的探索。(3)精神文明建设方面,要注重培育和践行社会主义核心价值观。将社会主义核心价值观贯穿于精神文明建设的全过程,不断增强人们的道德素养。同时为了推进社会主义文化繁荣兴盛,还要注重建立健全人民文化权益保障制度,培育积极健康的文化产品,满足人民的精神文化需求。(4)社会(狭义)文明。要促进社会公平正义为重要目标,加大社会保障建设力度,满足人民在教育、医疗、卫生等多方面的利益诉求,同时要完善共建共治共享的社会治理制度、建立健全社会矛盾纠纷多元预防调处化解制度,促进社会和谐等。(5)生态文明。要秉持"人与自然和谐共生"的原则,牢固树立绿水青山就是金山银山的理念,完善生态文明绩效考核和责任追究制度,推进绿色发展,建设美丽中国。

第三,积极推动人类命运共同体建设,构建合作共赢的"全球文明新秩序"。与美国为代表资本主义国家奉行单边主义、霸权主义不同的是,中国在对外交往中一贯反对冷战思维,倡导多边外交、平等外交,着力改变不公正不合理的国际秩序。十八大以来,为了推动全球治理体系的变革,习近平总书记多次提出构建人类命运共同体思想。人类命运共同体主张扩大世界各国利益交汇点,同时尊重文明的多样性,增进彼此理解,建设持久和平、普遍安全、共同繁荣、开放包容、清洁美丽的世界。人类命运共同体是对资本主导的全球秩序的超越,体现了马克思主义理论在当代的创新,对当前不断变化的世界中寻求新的"文明发展共识"具有重大的理论和实践意义,也正因为此,人类命运共同体思想提出以来,已经得到越来越多国家认同,并被载入联合国多项决议之中。

Marx and Engels' Thought of Surpassing Capitalist Civilization and the Realistic Enlightenment

Chen Huajuan　Kuai Zhengming

Abstract Civilization is a unique phenomenon in the historical evolution of human society. Capitalist civilization is based on the dominance of capital in society. While promoting the transformation of human society from traditional society to modern society, capitalist civilization has also realized the modernization of human civilization. As for the capitalist civilization, Marx and Engels not only affirmed its progressiveness, but also profoundly revealed its inner contradictions. The inherent contradictions of capitalist civilization determine that it will inevitably transit to a new and more advanced social civilization form. The construction of socialist civilization with Chinese characteristics should adhere to the concept of taking the people as the center, and pay attention to promoting the construction of material civilization, political civilization, spiritual civilization, social civilization and ecological civilization. At the same time, in global exchanges, we should respect the diversity of civilizations, promote exchanges and mutual learning among civilizations, and actively promote a community of shared future for mankind.

Key words　civilization; Marx; Engels; capitalism; socialism

新时代旗帜鲜明讲政治的深刻内涵、紧迫性和科学路径

朱继东

内容提要 虽然“政治”一直是个颇有争议的词汇,对这个词汇的解释也是多种多样、五花八门,但讲政治一直是马克思主义政党特别提倡和强调的。中国共产党从建党之初就把讲政治放在了重要位置。尤其随着中国特色社会主义进入了新时代,特别是在党中央大力加强政治建设的今天,讲政治更有着重要的内涵和意义。因此,我们不仅要牢记讲政治是马克思主义政党的优良传统和根本优势,而且要深刻认识到新时代的众多挑战更要求我们必须旗帜鲜明讲政治,勇于直面问题、深入剖析问题,这样才能真正搞好党的政治建设。

关键词 讲政治;政治建设;马克思主义;毛泽东;习近平

中图分类号 F014.3

2017年2月13日,习近平同志在省部级主要领导干部学习贯彻十八届六中全会精神专题研讨班开班式上发表重要讲话时开篇便特别强调,历史经验表明,我们党作为马克思主义政党,必须旗帜鲜明讲政治,严肃认真开展党内政治生活。① 这是他对以往多次强调过的讲政治问题的再强调、再诠释、再宣示,更是对全党必须旗帜鲜明讲政治的一次再号召、再警示、再出发。党的十九大报告指出,旗帜鲜明讲政治是我们党作为马克思主义政党的根本要求。2019年1月31日出台的《中共中央关于加强党的政治建设的意见》更是在第一部分“加强党的政治建设的总体要求”开篇第一句话就特别强调:“旗帜鲜明讲政治是我们党作为马克思主义政党的根本要求。”② 2020年4月20日,习近平同志在陕西考察时又进一步强调,要自觉讲政治,对国之大者要心中有数,

---

作者简介:朱继东,中国社会科学院国家文化安全与意识形态建设研究中心常务副主任、秘书长,马克思主义研究院毛泽东思想研究室主任、研究员,中国历史唯物主义学会秘书长。

基金项目:本文为中国社会科学院习近平新时代中国特色社会主义思想研究中心重点项目“习近平总书记关于意识形态工作的重要论述研究”(2019XYZD06),中央马克思主义理论研究和建设工程重大项目、国家社科基金重大项目“掌握意识形态工作领导权、话语权、管理权研究”(2015MZD048)的阶段性成果。

①《习近平在省部级主要领导干部学习贯彻十八届六中全会精神专题研讨班开班式上发表重要讲话强调 以解决突出问题为突破口和主抓手 推动党的十八届六中全会精神落到实处 李克强主持 张德江俞正声刘云山王岐山张高丽出席》,《人民日报》2017年2月14日。

②《中共中央关于加强党的政治建设的意见》,《人民日报》2019年2月28日。

关注党中央在关心什么、强调什么，深刻领会什么是党和国家最重要的利益、什么是最需要坚定维护的立场，切实把增强“四个意识”、坚定“四个自信”、做到“两个维护”落到行动上，不能只停留在口号上。习近平同志的一次次强调不仅让我们想起了毛泽东同志 1957 年 2 月在后来定名为《关于正确处理人民内部矛盾的问题》的著名讲话中强调的那个光辉论断——“没有正确的政治观点，就等于没有灵魂。”[①]深入研究不难发现，我们党的两位领袖在讲政治这个共产党人的核心优势上心灵相通地高度重视，绝不仅仅是巧合，而是值得我们认真研究、深入思考、大力践行的关系到我们党和国家前途命运的重大问题。这就要求我们在新时代必须真正做到头脑清醒、立场坚定、观点鲜明、作风优良、能力过硬、行动坚决，在亮明身份、勇于担当、敢于亮剑、不怕牺牲、争做表率中根治以往某些地方、部门、单位虚讲政治、假讲政治、不讲政治等顽症，让旗帜鲜明讲政治成为新时代加强党的政治建设、毫不动摇推进党的建设新的伟大工程的重要突破口和最关键抓手，在政治、经济、文化、社会、生态文明、国防军事、外交等多个领域建设中高高举起旗帜鲜明讲政治的旗帜。

一、讲政治在新时代的主要内涵

虽然从诞生之日起就备受关注，但“政治”却一直是一个颇有争议的词汇，对这个词汇的解释也是多种多样、五花八门。在阶级社会里，体现出鲜明的阶级性的“政治”更是一个政治性很强的概念，主要表现为相互对立的阶级之间的关系，是一定阶级、社会集团、政党参与和治理国家的全部活动。虽然讲政治主要是马克思主义政党，也就是无产阶级政党在提倡，但资产阶级政党同样也非常讲政治，只是很少通过语言或者文字明确表达出来。因此，当今时代，马克思主义政党、资产阶级政党的主要区别不在于是不是讲政治，而是究竟讲什么样的政治。正如习近平同志所指出：“我们党作为马克思主义政党，讲政治是突出的特点和优势。没有强有力的政治保证，党的团结统一就是一句空话。我国曾经有过政治挂帅、搞‘阶级斗争为纲’的时期，那是错误的。但是，我们也不能说政治就不讲了、少讲了，共产党不讲政治还叫共产党吗？”[②]

在党和国家事业发生历史性变革，中国特色社会主义进入了新时代的今天，讲政治的主要内涵是什么？习近平同志强调指出，党的高级干部要注重提高政治能力，牢固树立政治理想，正确把握政治方向，坚定站稳政治立场，严格遵守政治纪律，加强政治历练，积累政治经验，自觉把讲政治贯穿于党性锻炼

---

① 《毛泽东文集》第 7 卷，北京：人民出版社，1999 年，第 226 页。

② 《习近平关于严明党的纪律和规矩论述摘编》，北京：中央文献出版社、中国方正出版社，2016 年，第 23 页。

全过程，使自己的政治能力与担任的领导职责相匹配。[①] 这就告诉我们，政治能力、政治理想、政治方向、政治立场、政治纪律、政治历练、政治经验等，都是讲政治在新的历史起点上的主要内容，其中政治能力是最重要的。

因此，在中国进入新时代的今天，我们要真正把握好讲政治的主要内涵，就应该真正做到头脑清醒、立场坚定、观点鲜明、作风优良、能力过硬、行动坚决。其中，头脑清醒就是要坚定正确的政治方向，坚定共产主义的远大理想，牢记无产阶级政党的本质属性，始终坚持社会主义道路，决不能犯方向性错误；立场坚定就是要牢牢站稳共产党人的政治立场，主动亮明共产党员的身份，牢记人民立场是中国共产党的根本政治立场，旗帜鲜明地坚持四项基本原则，始终和以习近平同志为核心的党中央保持高度一致，对党绝对忠诚；观点鲜明就是在大是大非面前旗帜鲜明地亮出观点、表明态度，不态度暧昧、不当骑墙派，要当战士而不是"绅士"，在错误思潮、敌对势力面前敢于亮剑；作风优良就是要进一步继承和发扬理论联系实际、密切联系群众、批评和自我批评等优良作风，坚决反对形式主义、官僚主义、享乐主义、奢靡之风，严守党的政治纪律和政治规矩，主动接受党和人民群众的监督，积极发扬自我革命精神，坚决同一切消极腐败现象作斗争，始终永葆共产党人政治本色；能力过硬就是敢于直面广大党员、干部中存在的本领恐慌、能力不足问题，大力加强以意识形态能力为核心的政治能力建设，在经受"四大考验"、防止"四大危险"中真正做到能力过硬、能打胜仗；行动坚决就是坚决服从以习近平同志为核心的党中央的指挥和召唤，积极奉献、不怕牺牲，在推进"四个全面"战略布局和实现中华民族伟大复兴中国梦的进程中冲锋在前、奋勇争先，在进行具有许多新的历史特点的伟大斗争中敢于争取新的伟大胜利。

二、讲政治是马克思主义政党的优良传统和根本优势

国际共产主义运动的实践和经验一再表明，讲政治是马克思主义政党的鲜明特色和突出特点，更是其优良传统和根本优势。共产党与其他政党的重要区别就是一直坚持旗帜鲜明地公开自己的政治意图，从来不隐瞒自己的政治观点，这是旗帜鲜明讲政治的生动展现，也是先进政党的先进性的重要体现。马克思、恩格斯就特别强调，为了形成无产阶级政党的团结统一，必须消除宗派，严明政治纪律。在很多共产党人都熟知甚至能背诵的《共产党宣言》中，马克思、恩格斯不仅指出："一切阶级斗争都是政治斗争。"[②]"过去的一切

---

① 《习近平在省部级主要领导干部学习贯彻十八届六中全会精神专题研讨班开班式上发表重要讲话强调 以解决突出问题为突破口和主抓手 推动党的十八届六中全会精神落到实处 李克强主持 张德江俞正声刘云山王岐山张高丽出席》，《人民日报》2017年2月14日。

② 《马克思恩格斯文集》第2卷，北京：人民出版社，2009年，第40页。

运动都是少数人的或者为少数人谋利益的运动。无产阶级的运动是绝大多数人的、为绝大多数人谋利益的独立的运动。"①而且进一步强调指出:"代替那存在着阶级和阶级对立的资产阶级旧社会的,将是这样一个联合体,在那里,每个人的自由发展是一切人的自由发展的条件。"②列宁不仅指出了讲政治的极端重要性:"政治同经济相比不能不占首位。不肯定这一点,就是忘记了马克思主义的最起码的常识。"而且进一步强调:"一个阶级如果不从政治上正确地处理问题,就不能维持它的统治,因而也就不能解决它的生产任务。"③这不仅是对托洛茨基、布哈林等人指责他"从政治上"看问题这一非常荒谬的非难的驳斥,坚决反对把从政治上看问题和从经济上看问题结合起来的折中主义立场,更是在讲政治这一重大问题上旗帜鲜明地宣示,强调了一个阶级从政治上正确地处理问题的极端重要性,强调了马克思主义者、无产阶级政党旗帜鲜明讲政治的极端重要性。

而毛泽东同志更是讲政治的典范,他不仅最早提出思想建党、政治建军等要求全党、全军都要旗帜鲜明讲政治,而且从此一直坚持下来,尤其是在新中国成立后更是如此。在1929年底召开的古田会议上,他不仅批评了"认为军事政治二者是对立的,不承认军事只是完成政治任务的工具之一"和"把红军的政治工作机关隶属于军事工作机关"④等单纯军事观点、做法的严重错误,而且旗帜鲜明地提出了"从教育上提高党内的政治水平,肃清单纯军事观点的理论根源"和"加紧官兵的政治训练"⑤等纠正方法。并且,他在批判了主观主义的错误及危害后,提出的纠正方法就是"主要是教育党员使党员的思想和党内的生活都政治化,科学化"⑥。进而明确提出将"政治观念没有错误的(包括阶级觉悟)"⑦作为新分子入党,也就是发展新党员入党的首要条件。这都是其高度重视、率先垂范讲政治的生动体现,也标志着我党从此开始积极开展党内思想斗争、严格党内政治生活,吹响了全党、全军都要旗帜鲜明讲政治的号角。从此,在革命战争年代里,旗帜鲜明讲政治不仅是对全党、全军的重要要求,而且成为全党、全军的思想自觉、行动自觉,成为革命不断取得胜利的重要力量源泉。1939年5月,在纪念抗日军政大学成立三周年时,毛泽东同志更是明确将"坚定正确的政治方向,艰苦奋斗的工作作风,灵活机动的战略战术"⑧确定为其教育方针,其中,坚定正确的政治方向是第一位的。而他在《论

① 《马克思恩格斯文集》第2卷,北京:人民出版社,2009年,第42页。
② 《马克思恩格斯文集》第2卷,北京:人民出版社,2009年,第53页。
③ 《列宁选集》第4卷,北京:人民出版社,1995年,第407—408页。
④ 《毛泽东选集》第1卷,北京:人民出版社,1991年,第86页。
⑤ 《毛泽东选集》第1卷,北京:人民出版社,1991年,第87页。
⑥ 《毛泽东选集》第1卷,北京:人民出版社,1991年,第92页。
⑦ 《毛泽东文集》第1卷,北京:人民出版社,1993年,第90页。
⑧ 《毛泽东文集》第2卷,北京:人民出版社,1993年,第188页。

联合政府》中强调的那句“我们共产党人从来不隐瞒自己的政治主张”①，更是广为流传，被认为是讲政治的有力宣示。新中国成立后，毛泽东同志不仅没有淡化讲政治这一重要立场和要求，而且进一步深化并率先垂范引领全党、全军继续旗帜鲜明讲政治进行到底。1955年12月，他在为《中国农村的社会主义高潮》一书中《严重的教训》一文所写的按语中提出了“政治工作是一切经济工作的生命线”②这个著名论断。1957年2月，他又在后来定名为《关于正确处理人民内部矛盾的问题》的著名讲话中强调了“没有正确的政治观点，就等于没有灵魂”③。这一光辉论断传诵至今，成为讲政治的重要指南。而且在1958年1月《工作方法六十条(草案)》中，他不仅进一步强调：“一定要批判不问政治的倾向。”而且特别指出：“政治和经济的统一，政治和技术的统一，这是毫无疑义的，年年如此，永远如此。这就是又红又专。”“不注意思想和政治，成天忙于事务，那会成为迷失方向的经济家和技术家，很危险。”“思想和政治又是统帅，是灵魂。只要我们的思想工作和政治工作稍为一放松，经济工作和技术工作就一定会走到邪路上去。”④不仅生动形象、旗帜鲜明地强调了讲政治的极端重要性，而且一针见血地揭示了不讲政治的巨大危害性。既从理论的高度指出讲政治是马克思主义政党的优良传统和根本优势，更为我们在新时代的今天旗帜鲜明地讲政治提供了重要理论遵循和思想指南。

作为毛泽东同志的学生和战友，邓小平同志也深知讲政治的极端重要性，并多次强调在改革开放和社会主义现代化建设的整个过程中都必须坚持讲政治。党的十一届三中全会后，他就强调：“马克思主义的思想理论工作是不能离开现实政治的。我这里说的政治，是国内外阶级斗争的大局，是中国人民和世界人民在现实斗争中的根本利害。不能设想，离开政治的大局，不研究政治的大局，不估计革命斗争的实际发展，能成为一个马克思主义的思想家、理论家。”⑤既澄清了当时一些人的错误认识，又阐明了政治的深刻含义，很好地统一了全党思想。后来，针对改革开放中出现的一些问题，他又强调：“在工作重心转到经济建设以后，全党要研究如何适应新的条件，加强党的思想工作，防止埋头经济工作、忽视思想工作的倾向。”⑥“改革，现代化科学技术，加上我们讲政治，威力就大多了。到什么时候都得讲政治。”⑦既揭示了讲政治在我们党发展壮大过程中的重要作用，更警示全党要牢记讲政治是我们党的真正优势。江泽民同志、胡锦涛同志在继承和发展毛泽东同志、邓小平同志关于讲政

① 《毛泽东选集》第3卷，北京：人民出版社，1991年，第1059页。
② 《毛泽东文集》第6卷，北京：人民出版社，1991年，第449页。
③ 《毛泽东文集》第7卷，北京：人民出版社，1999年，第226页。
④ 《毛泽东文集》第7卷，北京：人民出版社，1999年，第351页。
⑤ 《邓小平文选》第2卷，北京：人民出版社，1994年，第179页。
⑥ 《邓小平文选》第3卷，北京：人民出版社，1993年，第48页。
⑦ 《邓小平文选》第3卷，北京：人民出版社，1993年，第166页。

治的思想的基础上，也都对讲政治做过许多重要论述，强调要继承、发扬好马克思主义政党这一优良传统和根本优势。

新时代，以习近平同志为核心的党中央更是将我们党对讲政治的重视提高到了改革开放以来的一个新高度，特别是习近平同志一次次强调“必须旗帜鲜明讲政治”，推动其成为全党的思想自觉、行动自觉。2016 年 9 月 27 日，他主持召开中共中央政治局会议，研究全面从严治党重大问题。这次会议就强调：“我们党作为马克思主义政党，必须旗帜鲜明讲政治，严肃认真开展党内政治生活。”[①]在党的十八届六中全会上，“必须旗帜鲜明讲政治”更是成为大会的亮点之一，全会通过的《关于新形势下党内政治生活的若干准则》和《中国共产党党内监督条例》更是对全党如何旗帜鲜明讲政治做出了明确的要求和规范，开启了全面从严治党的新时代。而随着习近平同志在省部级主要领导干部学习贯彻十八届六中全会精神专题研讨班开班式上发表重要讲话时再次特别强调，特别是党的十九大的进一步强调和《中共中央关于加强党的政治建设的意见》的出台，推进党的政治建设工作责任制得以建立健全，各级党委（党组）已经切实负起本地区本部门党的政治建设工作主体责任，并将其纳入党委（党组）工作总体布局，摆在首要位置来抓，认真研究部署、大力推进落实，“必须旗帜鲜明讲政治”正在一步步成为全党的思想自觉、行动自觉。

三、新时代的众多挑战要求我们必须更加旗帜鲜明讲政治

勇于直面问题、深刻剖析问题、彻底解决问题，是我们党的优良传统。强化问题意识，突出问题导向，是习近平新时代中国特色社会主义思想的重要特色之一，也是习近平同志一再强调的。习近平同志说得好，什么时候全党讲政治、党内政治生活正常健康，我们党就风清气正、团结统一，充满生机活力，党的事业就蓬勃发展；反之，就弊病丛生、人心涣散、丧失斗志，各种错误思想得不到及时纠正，给党的事业造成严重损失。[②] 在新时代的今天，站在新的历史起点上，习近平同志强调“必须旗帜鲜明讲政治”正是经过长期深入、认真的思考后向全党发出的号召，是突出问题导向的结果，是应对当前面临的众多挑战所要求的。

首先，一些党员、干部政治意识淡漠、理想信念动摇甚至理想信念丧失、贪污腐化堕落等严峻现实要求我们必须旗帜鲜明讲政治。党的十八大之前的较长一个历史时期，一些地方、部门、单位由于忽视意识形态工作，放松了对党

---

① 《中共中央政治局召开会议 讨论拟提请十八届六中全会审议的文件》，http://news.xinhuanet.com/politics/2016—09/27/c_1119634077.htm.2016 年 9 月 27 日。

② 《习近平在省部级主要领导干部学习贯彻十八届六中全会精神专题研讨班开班式上发表重要讲话强调 以解决突出问题为突破口和主抓手 推动党的十八届六中全会精神落到实处 李克强主持 张德江俞正声刘云山王岐山张高丽出席》，《人民日报》2017 年 2 月 14 日。

员、干部的理想信念教育,再加上全球化、市场化、网络化大潮的巨大冲击,一些党员、干部政治意识淡漠、理想信念动摇而迷失了方向,更有的党员、干部理想信念丧失、贪污腐化堕落,党的建设出现了严重问题。打铁还需自身硬,党的十八大以来,以习近平同志为核心的党中央郑重向全党、全军和全国各族人民作出“党风廉政建设和反腐败斗争永远在路上”的庄严承诺,以零容忍反腐的态度坚定不移地推进全面从严治党。而剖析腐败分子堕落的根源,最重要的原因就是不讲政治,轻视、忽视甚至漠视理想信念教育,不学习、不信仰马克思主义、共产主义,忘记了共产党人的政治本色和根本宗旨,不仅理想信念丧失、无视党规党纪,而且排斥信仰、嘲讽崇高。不仅有的人买官卖官、贪污受贿、生活腐化,更有的人道德败坏、为非作歹、作恶多端,在广大党员和群众中间造成了极其恶劣的影响。要根治腐败,就必须旗帜鲜明讲政治,必须把坚定理想信念作为开展党内政治生活的首要任务,大力加强全党的理想信念教育。

其次,一些党员不守政治纪律、政治规矩,一些党组织纪律涣散、组织涣散的严峻挑战要求我们必须旗帜鲜明讲政治。严守政治纪律、政治规矩,本来是我们党的光荣传统和优良作风,毛泽东同志就是这方面的表率。1937 年 9 月,他在《反对自由主义》一文中列举出的自由主义的 11 种表现,也都是不讲政治的表现,是不守政治纪律、政治规矩所致。比如他严厉批评的自由主义的第六种表现:“听了不正确的议论也不争辩,甚至听了反革命分子的话也不报告,泰然处之,行若无事。”以及自由主义的第八种表现:“见损害群众利益的行为不愤恨,不劝告,不制止,不解释,听之任之。”[①]不仅在当时危害极大,而且在今天更是危害巨大,并且这些问题在今天依然存在。如果我们对这样的党员、干部一味纵容,不仅会造成非常恶劣的影响,而且会贻误甚至严重危害党的事业。一个时期以来,一些党员之所以无视党纪党规,不仅党员身份意识淡化、模范带头作用丧失,甚至屡屡违反党的政治纪律、破坏党的政治规矩,更有的党员公然发表反共反社会主义言论,一个很重要的原因就是忘记了党的光荣传统和优良作风,再加上其所在党组织存在纪律涣散、组织涣散等问题,不敢、没有旗帜鲜明讲政治,不敢坚定地对不合格党员说“不”,甚至放纵一些谣言“大 V”、无良“大 V”、汉奸“大 V”等问题党员屡屡挑战政治底线、社会底线,造成了非常恶劣的影响。而这些问题党员不仅没有得到应有的处理,有的人甚至还被评为优秀共产党员,造成的影响更加恶劣。而要应对一些党组织纪律涣散、组织涣散带来的严峻挑战,就必须旗帜鲜明讲政治,敢于动真格去严肃处理甚至坚决清除不合格党员。

再者,个别地方、部门、单位政治生态恶化甚至发生影响极其恶劣的塌方式腐败,凸显旗帜鲜明讲政治的重要性、迫切性。政治生态问题是在党的十八

① 《毛泽东选集》第 2 卷,北京:人民出版社,1991 年,第 360 页。

大以后引起全党重视的，尤其是山西、江西、四川、辽宁等一些省区市的政治生态在一个时期内严重恶化的问题发人警醒。而深入剖析后可以发现，凡是政治生态污浊的地方、部门、单位，不仅是因为其主要领导没有旗帜鲜明讲政治甚至不讲政治，忘记了共产党人的初心，将共产主义远大理想和中国特色社会主义共同理想抛在脑后，更是由于其没有意识到政治生态出问题的巨大危害性，不注重良好政治生态的涵养，更没有真正从严治党，自然无法担负起执行和维护政治纪律和政治规矩的责任，更没有营造出一个风清气正的政治生态，导致整个领导班子中的不少人理论不清醒、政治不坚定，信仰迷失、理想信念丧失而背叛了党和人民，发生了影响极其恶劣的塌方式腐败。党的十八大以来，习近平同志多次提醒全党高度重视政治生态问题，一定要努力营造风清气正的政治生态。正如他所强调："做好各方面工作，必须有一个良好政治生态。政治生态污浊，从政环境就恶劣；政治生态清明，从政环境就优良。政治生态和自然生态一样，稍不注意，就很容易受到污染，一旦出现问题，再想恢复就要付出很大代价。"①不仅体现出对涵养风清气正的政治生态的高度重视，更是提醒全党要高度重视政治生态问题。而要想真正建设一个风清气正的良好政治生态，就必须旗帜鲜明讲政治，这样才能让正气压倒邪气，让越来越多人自觉弘扬正能量。

第四，美国等西方资本主义国家对中国和平演变的巨大冲击让有的党员、干部不知不觉中成为西方的意识形态俘虏，要求我们必须旗帜鲜明讲政治。早在20世纪50年代，美国等西方资本主义国家就开始对社会主义国家进行和平演变。虽然毛泽东同志、邓小平同志等老一辈无产阶级革命家都曾多次警醒全党要警惕资本主义的和平演变，邓小平同志更是一次次强调要坚决反对资产阶级自由化，并明确指出："西方国家正在打一场没有硝烟的第三次世界大战。所谓没有硝烟，就是要社会主义国家和平演变。"②但这些警示却没有引起一些党员、干部应有的重视和警醒，更没有从政治上高度重视。尤其是东欧剧变后，美国等西方资本主义国家对社会主义国家的和平演变攻势不仅没有停止，而且把主要矛头对准中国后越来越猛烈，意识形态渗透成为最主要的手段，使得资产阶级自由化思潮蔓延问题在前些年不仅再度抬头，而且呈现出问题越来越严重、危害越来越巨大的趋势。而国外的和平演变攻势和国内的资产阶级自由化思潮相互呼应，使得我国意识形态领域的形势变得更加复杂，再加上党的十八大之前一个较长时期内多年来没有真正讲政治，有的党员、干部不知不觉中成为西方的意识形态俘虏，背叛了党和国家。习近平同志就一针见血地指出了这个问题："有的人奉西方理论、西方话语为金科玉律，不

① 《习近平关于全面从严治党论述摘编》，北京：中央文献出版社，2016年，第33页。
② 《邓小平文选》第3卷，北京：人民出版社，1993年，第344页。

知不觉成了西方资本主义意识形态的吹鼓手。”①面对这样的巨大冲击和严峻形势，我们要捍卫党和国家的意识形态安全，就必须旗帜鲜明讲政治，坚决对美国等西方资本主义国家对我国的和平演变说“不”。

最后，要在进行具有许多新的历史特点的伟大斗争中争取新的伟大胜利，要求我们必须必须旗帜鲜明讲政治，坚决做到“两个维护”。从力主将“进行具有许多新的历史特点的伟大斗争”写进党的十八大报告以来，习近平同志先后多次在重要场合和重要讲话中一再强调：“我们正在进行具有许多新的历史特点的伟大斗争。”而进行具有许多新的历史特点的伟大斗争不仅仅是在政治领域，同样在经济、文化、军事、外交以及党的建设等各个领域都在进行，既面临众多机遇，更面临“四大考验”和“四种危险”等很多挑战。坚决做到“两个维护”，是我们党不断增强凝聚力、战斗力和执行力的必然要求，也是全党上下步调一致、攻坚克难、取得胜利的法宝，就是当前最大的政治，也是旗帜鲜明讲政治的最重要体现。因此，要想在进行具有许多新的历史特点的伟大斗争、全面推进党的建设新的伟大工程、推进中国特色社会主义伟大事业中、实现中华民族伟大复兴的伟大梦想的伟大征程中争取新的伟大胜利，确保党和国家事业始终沿着正确方向胜利前进，真正坚持好、发展好中国特色社会主义，早日更好引领世界进入中国时代，就必须旗帜鲜明讲政治，更加自觉地在思想上、政治上、行动上坚决与以习近平同志为核心的党中央保持高度一致，并且这是一个重要前提和根本保障。

四、新时代我们应该如何旗帜鲜明讲政治

正如习近平同志所强调，只有进一步把党建设好，确保我们党永葆旺盛生命力和强大战斗力，我们党才能带领人民成功应对重大挑战、抵御重大风险、克服重大阻力、解决重大矛盾，不断从胜利走向新的胜利。② 党的政治建设是党的根本性建设，决定党的建设方向和效果。当必须旗帜鲜明讲政治成为全党共识之后，如何使旗帜鲜明讲政治真正成为思想自觉、行动自觉就是我们广大党员、干部必须直面和回答好的重大问题，也是确保我们党永葆旺盛生命力和强大战斗力的关键所在。这就要求我们要亮明身份、勇于担当、敢于亮剑、不怕牺牲、争做表率，以高度的言行一致根治以往某些地方、部门、单位虚讲政治、假讲政治、不讲政治等顽症，让旗帜鲜明讲政治成为中国共产党人在新的历史起点上一面最耀眼的旗帜，成为全面从严治党的重要突破口和最关键抓手，成为推进“四个全面”战略布局和实现中华民族伟大复兴中国梦的强大动

---

① 习近平：《在全国党校工作会议上的讲话》，《求是》2016年第9期。

② 《习近平：为决胜全面小康社会实现中国梦而奋斗》，http://news.xinhuanet.com/politics/2017-07/27/c_1121391548.htm，2017年7月27日。

力源泉。

首先，我们要牢固树立政治理想，进一步坚定政治信仰，主动亮明党员身份，在坚定理想信念中真正发挥出先锋模范作用。理想信念动摇是最危险的动摇，理想信念滑坡是最危险的滑坡。党的十八大之前的较长一个时期内，一些党员、干部虽然口头上喊着讲政治，却根本没有坚定正确的政治信仰——共产主义信仰，现实中自然体现不出党员的先锋模范作用。他们不愿意亮明自己共产党员的身份，甚至不好意思承认自己是共产党员，在很多方面连普通群众都不如。今天，我们要旗帜鲜明讲政治，就应该大力加强理想信念教育，真正把坚定理想信念作为开展党内政治生活的首要任务，把理想信念教育作为思想建设的战略任务，保持全党在理想追求上的战略定力，不仅主动坚定革命理想、严格遵守政治纪律，更牢记我们党从成立起就把为共产主义、社会主义而奋斗确定为自己的纲领，坚定共产主义远大理想和中国特色社会主义共同理想，真正做到明大德、守公德、严私德，真正做到对党绝对忠诚，真正做到“不忘初心、牢记使命”。在此基础上，牢记党的政治领导的基础在于思想理论，深刻认识到理论是实践能够不断创新发展的重要动力，要求全体党员、干部不仅要始终坚持思想建党、理论强党，深入学习马克思列宁主义、毛泽东思想和以习近平新时代中国特色社会主义思想为代表的中国特色社会主义理论体系，始终保持对远大理想、奋斗目标的清醒认知和执着追求，而且要向全社会亮明自己共产党员的身份，通过佩戴党徽、设立党员示范岗等形式进一步增强党员意识、主动接受人民群众的监督，进一步增强“四个意识”、坚定“四个自信”，坚决做到“两个维护”，真正发挥出先锋模范作用，展现出强大的影响力、号召力、凝聚力、引领力。

其次，我们要真正做到在现实中勇于担当，不怕苦难、迎难而上，始终站稳人民立场这一共产党人的根本政治立场。政治立场事关根本。《中共中央关于加强党的政治建设的意见》强调：“全党必须始终坚定马克思主义立场，坚持党性和人民性相统一，坚决站稳党性立场和人民立场。”①这就要求我们必须坚持以党的旗帜为旗帜、以党的方向为方向、以党的意志为意志，把旗帜鲜明讲政治体现在勇于担当的实际行动中，始终做到在党言党、在党忧党、在党为党，即使面临再多、再大的困难，也要不怕苦难、迎难而上，通过不断加强政治历练，始终牢记、努力践行全心全意为人民服务的根本宗旨，始终坚持以人民为中心的发展思想，真正把做到人民放在心中最高位置，把人民对美好生活的向往作为奋斗目标。要把对党负责和对人民负责高度统一起来，确保党始终同人民想在一起、干在一起，真正实现好、维护好、发展好最广大人民根本利益，把人民拥护不拥护、赞成不赞成、高兴不高兴、答应不答应作为衡量一切工

① 《中共中央关于加强党的政治建设的意见》，《人民日报》2019年2月28日。

作得失的根本标准,通过始终坚持以人民为中心的发展思想、工作导向,着力解决人民群众最关心最直接最现实的利益问题,让人民更多分享到改革发展的巨大成果,进一步不断增强人民的获得感、幸福感、安全感,努力让人民过上更加幸福美好的生活。

再者,要深刻认识到政治腐败是最大的腐败,以营造良好政治生态、坚决惩治政治腐败为抓手加强党的政治建设。说起腐败,很多人最容易想到的是贪污、受贿、腐化等经济和生活方面的腐败,而容易忽视政治腐败。其实,政治腐败恰恰是最大的腐败,是对党危害最大的腐败。政治腐败不仅包括结成利益集团妄图窃取党和国家权力,也包括通过山头主义宗派主义搞非组织活动破坏党的集中统一,更包括通过大搞形式主义、官僚主义对党中央的决策阳奉阴违甚至打击报复真正敢于亮剑、敢于担当的好同志等等。党的历史上一些问题表明,政治腐败是最大的腐败,政治腐败和经济腐败相互交织的利益集团对党危害更大。全党要站在党和国家前途命运的高度清醒认识到政治腐败的巨大危害性,旗帜鲜明地坚决做到“两个维护”,将对党忠诚作为对每一名党员、干部最基本、最重要的要求,进一步严肃党内政治生活、净化政治生态、严明政治纪律,探索建立政治生态评价体系,大力倡导清清爽爽的同志关系、规规矩矩的上下级关系、干干净净的政商关系,要深刻认识、高度警惕被围猎的巨大危险,自觉抵制商品交换原则对党内生活的侵蚀;进一步突出政治标准选人用人,始终把政治标准放在第一位,注重选拔任用牢固树立“四个意识”、自觉坚定“四个自信”、坚决做到“两个维护”、全面贯彻执行党的理论和路线方针政策、忠诚干净担当的干部,对政治不合格的干部实行“一票否决”,已经在领导岗位的坚决调整,并对“带病提拔”的干部实行倒查,对政治标准把关不严的严肃处理;进一步加强党的纯洁性、先进性建设,坚决防止和纠正一切偏离“两个维护”的错误言行,坚决反对和严厉禁止搞任何形式的“低级红”“高级黑”,严厉批判、坚决打击两面派言行,全面排查和坚决清除两面人,坚决防止党内形成利益集团,铲除滋生政治腐败的土壤,决不允许任何人对党中央阳奉阴违做两面人、搞两面派、搞“伪忠诚”。

第四,我们要在斗争中敢于亮剑、敢于斗争,不仅要始终正确把握政治方向,更要对错误思潮、对不合格党员说“不”。今天,在大是大非面前是否敢于挺身而出,面对错误思潮是否敢于亮剑,对不合格党员是否敢坚决说“不”,是对所有党员、干部的一个重大考验,更是衡量我们是否真正做到了旗帜鲜明讲政治的一个重要标准。这就要求我们要始终正确把握政治方向,大力发扬斗争精神,面对错误思潮敢于亮剑、敢于斗争,即使面临再大的压力也不动摇,更不能左右摇摆、退避三舍。我们必须在旗帜鲜明讲政治中坚决严明党的政治纪律,要求广大党员干部明确树立并强化“失语”“失声”即“失职”“失责”的意识,带头敢于亮剑、善于发声,在大是大非问题上旗帜鲜明、理直气壮、积极主动、强势发声，关键时刻决不能掉队、缺位、“失声”，同时必须敢于问责、坚决问责、严厉问责，严肃处理不作为、乱作为者，坚决清除不作为、不担当、尸位素餐的“稻草人”和台上一套台下一套、人前一套人后一套、阳奉阴违的“两面人”，坚决用铁的纪律从严治党，无论是高级领导干部、“红二代”“红三代”“官二代”，还是地产大亨、金融大亨、网络大亨、能源大亨，或者是法学家、经济学家、历史学家、演艺明星等等，无论其地位多高、财富多丰、名气多大、后台多硬，都要用铁的纪律严肃处理，对不合格党员进行严肃处理甚至清除出党，决不能姑息纵容，更不能狼狈为奸，使得越来越多党员干部真正做到对党忠诚、个人干净、敢于担当。

第五，我们要深入查摆、努力解决以往讲政治活动中存在的问题，大力加强政治历练，为了党的事业不计较个人得失甚至不怕牺牲。在以往的讲政治活动中，由于种种原因，某些地方、部门、单位长期存在虚讲政治、假讲政治、不讲政治等顽症，有的从内心深处认为讲政治是“左”或极“左”、是“文革思维”、是“阶级斗争为纲”的思维作怪，不愿讲政治、不肯讲政治；有的只是简单喊口号、表态度，只是开会、发文件或者写一些大而空的表态文章，却不体现在具体的实际行动中；还有的是嘴上喊着讲政治，实际上却无视党的政治纪律、政治规矩而胡作非为甚至走向党和人民的对立面。之所以出现这些问题，就是形式主义、官僚主义长期得不到根治，党的优良传统、优良作风被淡忘，从而使得从严治党在某种程度上被架空，甚至成为空话。这虽然是某些地方、部门、单位的个别现象，但却在全党、全国范围内产生了极其恶劣的影响。今天，我们要旗帜鲜明讲政治，就应该按照党的十九届四中全会审议通过的《中共中央关于坚持和完善中国特色社会主义制度、推进国家治理体系和治理能力现代化若干重大问题的决定》所提出的：“坚决同一切影响党的先进性、弱化党的纯洁性的问题作斗争，大力纠治形式主义、官僚主义，不断增强党的创造力、凝聚力、战斗力，确保党始终成为中国特色社会主义事业的坚强领导核心。”①进一步强化问题意识、坚持问题导向，注重“靶向治疗”，坚决反对大力纠治、形式主义、官僚主义，针对政治意识不强、政治立场不稳、政治能力不足、政治行为不端等突出问题采取切实有力举措强弱项补短板，并进一步发扬斗争精神，不要怕得罪某些人或势力，大力加强政治历练，注重积累政治经验，以对党和人民高度负责的精神直面存在的问题，并深入剖析其根源，真正彻底解决问题。正如《中共中央关于加强党的政治建设的意见》中所要求：“要增强斗争精神，强化政治担当，敢于亮剑、善于斗争，发现违反政治纪律、危害政治安全的行为坚决抵制，做勇于斗争的‘战士’，不做爱惜羽毛的‘绅士’，严防对挑战政治底线

① 《中国共产党第十九届中央委员会第四次全体会议文件汇编》，北京：人民出版社，2019 年，第 27 页。

的错误言论和不良风气听之任之、逃避责任、失职失察。”①我们一定要结合建立不忘初心、牢记使命的制度，进一步发扬斗争精神，为了党的事业不计较个人得失，勇于奉献甚至不怕牺牲，切实做到在旗帜鲜明讲政治方面理论彻底、言行一致，对言行不一、阳奉阴违的要进行批评教育甚至予以党纪党规处理，决不允许以往虚讲政治、假讲政治、不讲政治等顽症继续存在下去。

最后，我们要大力加强以意识形态能力为核心的政治能力建设，真正做到本领过硬，争做旗帜鲜明讲政治的表率。党员干部特别是领导干部要大力加强政治能力训练和政治实践历练，切实提高把握方向、把握大势、把握全局的能力和辨别政治是非、保持政治定力、驾驭政治局面、防范政治风险的能力。特别是要强化忧患意识、风险意识，增强政治敏锐性和政治鉴别力，对容易诱发政治问题特别是重大突发事件的敏感因素、苗头性倾向性问题，对意识形态领域各种错误思潮、模糊认识、不良现象，保持高度警惕，做到眼睛亮、见事早、行动快。其中，最重要的是大力加强意识形态能力建设。意识形态能力就是通过新的理论观念、理论概括、理论创新来辨别、引领、掌控社会思潮、社会主流意识的实际水平，主要体现为思想辨别力、理论创新力、共识凝聚力和话语支配力。② 改革开放四十多年来面临的众多新挑战，要求我们必须把握正确政治方向、价值取向、舆论导向，要善于从政治上研判形势、分析问题，勇于推进实践基础上的理论创新，使得以意识形态能力为核心的政治能力成为每一位领导干部必须具备的核心能力。要把提升政治能力作为各级党委(党组)班子建设的首要任务，不断增强政治清醒、政治定力，大力提高把握政治方向、站稳政治立场、驾驭政治局面、防范政治风险、改善政治生态、积累政治经验、开创政治局面等方面的能力，并使之成为每一名党员、干部的自觉行动，人人争做旗帜鲜明讲政治的表率，大力发扬斗争精神，主动进行自我革新、自我革命，敢于亮剑、主动作为，既要敢于斗争，又要善于斗争，不断坚定坚定对中国特色社会主义的道路自信、理论自信、制度自信、文化自信，努力在革故鼎新、守正出新中实现自身跨越，推动党内民主建设再上新台阶，推动党的纯洁性和先进性再上新台阶，推动全面从严治党实现新突破、新跨越。

参考文献

[1]《马克思恩格斯文集》第2卷，北京：人民出版社，2009年。

[2]《毛泽东文集》第7卷，北京：人民出版社，1999年。

[3]《列宁选集》第4卷，北京：人民出版社，1995年，第407页。

[4]《邓小平文选》第3卷，北京：人民出版社，1993年，第48页。

[5]习近平：《在全国党校工作会议上的讲话》，《求是》2016年第9期。

① 《中共中央关于加强党的政治建设的意见》，《人民日报》2019年2月28日。

② 朱继东：《新时期领导干部意识形态能力建设》，北京：人民出版社，2014年，第2页。

The Profound Connotation, Urgency and Scientific Path of a Clearer Political Stance in the New Era

Zhu Jidong

Abstract Although politics has always been a controversial term, and interpretations of this term have been varied and multifarious, the political stance has always been particularly advocated and emphasized by a Marxist Party. From the very beginning of its founding, the Communist Party of China (CPC) has placed an important position on the political stance. As socialism with Chinese characteristics has entered a new era, especially at a time when the Party Central Committee is vigorously strengthening our Party's political foundations, the political stance has even more important connotations and significance. Therefore, we should not only keep in mind that a clear political stance is the fine tradition and fundamental advantage of the Party, but also deeply realize that the many challenges to the new era require us to be political, to face problems and analyze them in depth, so that we can reinforce our Party's political foundations.

Key words political stance; political foundations; marxism; Mao Zedong; Xi Jinping

互联网舆论场视角下主流意识形态话语权建设研究

葛　聪　赵　姗

内容提要　随着信息技术的迅猛发展和互联网普及率的日益提高,互联网成为方式更加隐蔽、手段更加多样的意识形态斗争的主战场以及国家主流意识形态建设的重要场域。互联网舆论场的演化机理是经历提出、发展、形成、高潮、衰弱、消失等几个阶段的相对复杂的动态演变过程。针对互联网给我国意识形态建设带来的机遇和挑战,深入剖析互联网舆论场演化机理,将主流意识形态的建设融入其全过程特别是关键环节,对于主流意识形态建设具有十分重要的意义。新舆论格局中主流媒体和网络媒体由原本互相独立的存在,转变为彼此融合、交互作用、求同存异的两个"同心圆"。把好互联网舆论场演化机理的脉搏,科学分析和把握互联网舆论场的演化机理,进而寻求舆论观的最大公约数,更好地凝心聚力,从以下几个方面正确构建主流意识形态网络话语权:用好大数据、加强网络舆情的监测预警,抢夺主动权、优化舆论热点的议程设置,抢占全媒体、培养优秀的意见领袖队伍;发挥主流舆论优势重塑传播理念,有坚守地进行话语范式转换与创新,构建平衡和谐的网络舆论生态环境。

关键词　互联网舆论场;主流意识形态建设;关键环节

中图分类号　D64/G206

伴随经济全球化发展步伐的加快、世界形势的巨变以及新媒体的日新月异发展,互联网舆论对大众的影响也越来越大,呈现出错综复杂、良莠杂陈、参差不齐、隐蔽性增强的态势。据人民网舆情监测室公布的数据:"2017 年上半年,从舆情爆发及传播看,微博、微信、知乎等社交媒体依然是舆情发生的主要信息源及舆情发酵的关键渠道。社交媒体对于突发事件、社会民生、环境保护等热点事件进行讨论,瞬间扩散能力强,许多热点事件传播以'亿'为单位,无论是数量还是传播范围、传播频率,均超过传统媒体。但信息传播过程中蕴含

作者简介:葛聪,山东英才学院副校长,副教授,中国社会科学院大学博士研究生,郑州工商学院当代马克思主义经济学研究中心主任;赵姗,郑州大学马克思主义学院马克思主义理论专业(思想政治教育)博士研究生,郑州工商学院副教授。

基金项目:本文系河南省高等教育教学改革研究与实践项目(2019SJGLX172)、河南省高等学校青年骨干教师培养计划项目(2019GGJS290)、河南省高等学校重点科研项目(21B790015)的阶段性成果。

① 廖灿亮:《舆情观察:人民网舆情监测室发布 2017 年上半年舆情分析报告》,http://yuqing.people.com.cn/n1/2017/0710/c209043—29395003.html,2020 年 9 月 2 日。

着传播内容碎片化、情绪多事实少、观点片面等问题。"①在当今如此复杂的传播生态圈中，网络舆论不仅仅只是通过互联网媒介的一种意见表达，更体现为建构在网络化社会情感结构之上的多方位、立体化的传播新秩序和新格局。新舆论格局中主流媒体和网络媒体由原本互相独立的存在，转变为彼此融合、交互作用、求同存异的两个"同心圆"。面对这种网络舆论环境，科学分析和把握互联网舆论场的演化机理，进而寻求舆论观的最大公约数，更好地凝心聚力，正确构建主流意识形态网络话语权已经成为亟待解决的问题。

一、互联网舆论场视角下主流意识形态建设的关键环节

（一）互联网舆论场的构建要素

互联网舆论场是什么？"从分析的角度来看，一个场域可以被定义为在各种位置之间存在的客观关系的一个网络（network），或一个构型（configuration）。"①大数据时代和全媒体环境给全体网民提供了无比广阔的信息获取和表达思想的空间，网民在这个空间中形成了不同倾向性的舆论圈，这些群体性的舆论意见相互影响、相互作用，形成了舆论场域，称为互联网舆论场。同时，网民在舆论场中意见相互碰撞和作用结果的变化会造成互联网舆论场对外界的影响范围和强弱。

网民围绕社会现象、国家要闻等某些话题设置讨论议程并展开的讨论形成了舆论议题，议题的产生是互联网舆论场构建的前提。这个议题和围绕议题相关的信息以及讨论的内容在互联网中被部分网民持续关注并参与其中，这些议题受众的意见不断聚集、分化推动着舆论场慢慢形成。意见领袖在议题的讨论过程中行为积极踊跃、频频活动，专门为别人提供议题的相关信息，并对他人施加思想引导和观点影响，进而对互联网舆论场的形成、稳定和舆论走向起主导作用。在全民网络时代，所有的网民都是集信息创作、发布、传播、接收、回应等为一体的自媒体人，网络为舆论形成、传播、交流提供了广阔、快速、顺畅的传导平台，在网络自由市场中，每个网民在网络平台上自由发表言论，其他网民通过"加好友"和"加关注"等方式参阅其意见，通过分享和转载等形式传播意见，通过评论、打赏等功能强化或分流意见，进而完成了互联网舆论场传播的整个链条。由此看来，网络中舆论议题、议题受众、意见领袖和舆论传导载体，相互链接，缺一不可，构成了互联网舆论场。

（二）主流意识形态话语权建设的关键环节

通过对互联网舆论场构建要素的分析可以清晰地看到，主流意识形态网

---

① ［法］皮埃尔·布迪厄、［美］华康德：《实践与反思：反思社会学导引》，李猛、李康译，北京：中央编译出版社，1998 年，第 133 页。

络话语权的构建必须抓住其演化过程的几个关键环节，即焦点议题的产生与传播、议题受众的分解与汇流、意见领袖的出现与交锋、互联网舆论场强的衰弱与消亡。

第一，焦点议题的产生与传播。任何一个舆论议题在产生和传播过程中逐步升级为焦点议题，其发布的来源、方式、时间、途径都起着关键作用。“在新媒体催生的‘熟人社会’中，人们接触信息的渠道具有圈子化特征”①，因此，主流意识形态话语权的构建必须在第一环节占据舆论发声的优势位置，需要对进入网络的各种信息和议题严格把关，给予高度关注、审查和判断，在焦点议题产生的过程中掌握主导权。

第二，议题受众的分解与汇流。对大多数网民来说，虽然人数规模巨大，但并没有自己独立的倾向性意见和立场，在焦点议题产生之后，他们最容易人云亦云、跟风成为某一议题的追随者。因此，这些网民为主流意识形态网络话语权建设提供了广泛的人员支持，应该受到积极、正向引导，防止他们被误导和渗透。同时，对于那些立场明确、意见倾向性强、有独立见解的网民受众，其中必然存在特定势力和固定组织的发声代表，这些人对主流意识形态建设造成消极的负面影响，必须对他们的身份、背景和言论给予高度警惕和必要的制止，甚至相应的惩罚。

第三，意见领袖的出现与交锋。在焦点议题被受众分流和汇集之后，意见领袖必然出现，他们不仅建立带有权威性和意见倾向性的舆论，还借助自己的影响力广泛传播舆论，并依靠频繁参与活动引导和支配受众，形成舆论的强力共振或者干扰持有不同观点的其他舆论走向。目前，国内互联网的大型门户网站中存在许多被西方培植的舆论代言人，他们在互联网舆论场中扮演意见领袖的角色，严重影响着主流意识形态的构建。因此，在意见领袖的出现与交锋环节，必须作为重要关口加大关注力度。

第四，网络意见传导平台运行。伴随全媒体时代和大数据时代的到来，网民表达意见的渠道更加自由畅通，网络相对宽松的环境使舆论不再仅仅被主流媒体掌控，而是渐渐形成了互联网舆论自由市场。在这个自由市场中，网民的各种观点和意见都可以尽情表达，彼此的意见被互相审视和参阅，经过各种意见在筛选、传播、交流和碰撞过程中的优胜劣汰与分化整合，尤其是意见领袖之间的观点较量和意见交锋，一些高质量的、鲜明立场的意见获得了高度认可，越来越多的网民通过加好友、关注、转载、评论、分享、圈粉、打赏等方式把这种意见订阅和强化起来，使其在互联网传播和扩散中转过程中影响范围与程度进一步扩大，逐渐形成为数不多的认可度和支持率很高的群体性舆论，决定着舆论场的走向。

---

① 陈叶军:《有温度的政治传播话语才能入耳入心》,《中国社会科学报》2014年10月15日。

第五，舆论场强的衰弱与消亡。网民在舆论场中意见相互碰撞和作用结果的变化会造成互联网舆论场对外界的影响范围和强弱。场强理论是由学者项德生提出的，用于测量互联网舆论场的强弱程度。公式是 $P=f(N,Z,S,B,T)$。P 是场强的代号，有正负之分；N 代表舆论参与者的人数比重；Z 代表舆论议题的重要程度；S 代表舆论议题被关注评论的深度；B 代表舆论表达方式的强弱；T 代表舆论场的时间变化。场强理论认为互联网舆论场的形成要经历一个动态复杂的运动过程，其强弱和走向要受到任何一个变量的影响，N,Z,S,B,T 中任何一个要素的衰减都可能直接造成场强的衰弱或者消亡。随着互联网舆论场的场强由于议题参与者的减少、新的议题产生、受众兴趣点弱化、关注度降低等原因逐渐衰弱，最终消亡。网络主流意识形态建设要抓住最后这个环节，分析其衰亡的原因，能够对网络谣言、西方价值观渗透、舆论攻势的策略等起到回顾、应对、消解作用。

二、互联网舆论场视角下主流意识形态话语权建构困境剖析

网络为网民提供更加广阔的学习和对外交流平台的同时，也为多元化的网络舆论传播提供了温床。相比于传统的以主流媒体和主流舆论构建的舆论环境，在全媒体背景下互相对立的舆论场几乎不存在，但网络舆论呈现出来的往往是非主流、标新立异的话语表达方式和“反意义”的情感结构，这为主流意识形态话语权的建构带来了严峻的挑战。

（一）舆论升级周期短，舆论主体多元复杂

开放自由、匿名隐蔽、无拘无束的网络环境带来了纷繁多杂的低俗、扭曲和错误的舆论观点，这些没有经过筛选的信息规模巨大，呈几何速度增长，网民接收到的更多是感官上的刺激和信号，这些信息在互联网的复杂传播环境和传播媒介中以更快的速度完成线上线下联通，使信息的舆论接收、传播、发酵、升级的周期越来越短暂。“人们通过主观认识功能对现实环境的一种描绘、摹写、重构和再现，它以现实环境为蓝本，运用符号系统在媒介上构建出反映现实环境的信息，形成一个符号化的信息环境。”①同时，网络舆论的形成是在一个开放性强、互动频繁、去主流的话语和传播空间中进行的，热点事件一发生，由于网络舆论市场竞争激烈，第一时间五花八门的网络媒介为了追求高关注度，追逐利益，有的不惜采用非正常手段对事件推波助澜、添油加醋，通过富有煽动性的文字、带有倾向性的鲜活图片、断章的选择性音视频等手段传播着各种各样的观点，这些材料的选取是随机的、碎片化的，一定程度上可以帮助人们快速了解事件的来龙去脉，但与事件的真相和全貌的距离有时候是背

---

① 曹劲松：《论拟态环境的主体建构》，《南京社会科学》2009 年第 2 期。

道而驰的，进而混淆视听、形成片面甚至偏激的舆论观点，对社会共识的凝聚带来很大的难度。

（二）西方糖衣炮弹袭击，社会共识凝聚挑战加大

"众所周知，计算机和互联网都起源于美国，全球大多数的核心元器件设备、最核心的计算机软件服务也都来自美国等西方国家。他们利用发达的网络技术手段，牢牢控制着全球信息网络，在信息技术领域的发展中占有绝对的优势地位。"①著名经济学家程恩富教授认为："在历史上，西方社会的每一次大的政治或经济危机，往往都是西方主流思潮与非主流思潮换位的节点。"②当前在青年中颇具市场，并日益尘嚣直上的历史虚无主义思潮，西方价值观包裹着糖衣不断侵蚀着中国的年轻人，给主流价值观的凝聚带来了空前的严峻挑战。历史虚无主义作为一种政治思潮在20世纪八九十年代泛滥蔓延中国，冲击我国的主流意识形态，它的哲学基础是唯心主义，反对革命，支持改良，否定五四运动和中国共产党的执政合法地位，认为历史和人民选择社会主义是歧路，诽谤中国共产党的领导给人民带来灾难，是严重错误的，歪曲、攻击改革开放过程中的曲折和问题，否定新中国的历史和社会主义现代化建设。同时，新自由主义思潮仍然试图影响社会舆论和经济社会政策的制定，围绕国有企业改革、政府与市场的作用、土地制度改革、金融市场改革等问题，与其他思潮依旧交锋不断，对我国的意识形态安全造成严峻挑战。政治上"新自由主义者反对社会主义、贸易保护主义、环境保护主义和民粹主义，认为这会妨碍个人自由，极力鼓吹以超级大国为主导的全球一体化"③，否定社会主义制度和国家宏观调控，主张直接选举、议会制、总统制和多党制；意识形态上宣扬资产阶级民主、自由、人权。诸如此类的西方价值观对青年人的国家认同感产生了严重的负面影响，消解了主流意识形态话语权，破坏了网民的价值观和信仰，对青年人具有严重的欺骗性、渗透性和迷惑性。

（三）资本渗入互联网舆论场，掠夺舆论调控主权和领地

"随着互联网技术的飞速发展，资本渗透越来越深，在网络舆论导向中，资本逻辑越来越多地影响和控制舆论话语权和社会心理动向，需要引起高度重视。"④虽然资本和网络的联姻很大程度上调动了网民参与网络活动的兴趣，并推动了互联网经济的迅猛发展，但过度追逐资本和利益至上的逻辑造成了网络市场秩序混乱，不断试图掠夺舆论调控的主权和领地，给意识形态安全带来危险，"一些人热衷互联网消费不是为了满足实际需要，而是满足不断被制

① 李殿仁：《高度重视网络意识形态安全》，《中国社会科学报》2014年6月13日。

② 程恩富：《国外新自由主义思潮影响日趋式微》，《理论参考》2016年第6期。

③ 张南燕：《从英国"脱欧"看欧洲新自由主义的危机与走向》，《湖南行政学院学报》2020年第5期。

④ 陈联俊：《警惕资本逻辑影响网络舆论导向》，《红旗文稿》2018年第9期。

造出来、被刺激起来的物质欲望"①。表现在：第一，境外资本无孔不入，企图掌控我国意识形态话语权。境外资本的渗透主要是通过注资、控股、合资或参股等形式参与我国大型互联网公司的管理，作为隐形的存在影响企业决策和网络意识形态走向。第二，境外资本衍生的消费主义，不断盛行于网络空间中，其"物化"倾向刺激着网民脆弱的心理，艰苦奋斗、勤俭节约、理想信念等主流价值观慢慢被取代、被消解，而拜金主义、享乐主义、个人主义、实用主义等西方价值观不断泛滥，人们的物质欲望被无穷激发出来。为了追逐金钱和消费，雇佣水军灌水、大 V 被收买、网络传销、网络谣言、网络诈骗等泯灭良知、突破道德底线的行为层出不穷，许多网络个人或公司为了利益出卖良知，诋毁革命先烈、戏弄经典、侮辱或丑化国家领导人、诽谤党的路线方针政策。比如，某知名企业与网络大 V 合作，诋毁革命志士邱少云，戏谑其为"单面烧烤"，恶意炒作，社会影响极其恶劣。正如鲍德里亚所说，实际上这种消费是根据"既具技术性又具'传奇性'的编码规则切分、过滤、重新诠释了的世界实体。世界所有的物质、所有的文化都被当作成品、符号材料而受到工业式处理，以至于所有的事件的、文化的或政治的价值都烟消云散了"②。第三，瞄准青年人喜好和需求，借助直播、动漫、社区论坛、贴吧、公众号等各类平台全方位渗透西方价值观，掠夺主流意识形态话语权的领地，试图抢占网络话语的主权。网络中西方社会思潮正在以潜在的霸权式渗透蛊惑着中国网民所谓的自我意识，导致许多网民实质上迷失自我，主体感缺失，被无辜地牵着鼻子，走向精神的误区。由于受到实用主义思潮的不良影响，部分网民思想狭隘，只看眼前利益，忘记了自己的使命和责任，一切行为处事紧紧围绕"钱途"进行，人际交往也陷入功利主义，就业取向"利字当头"，误把"有用性"简单等同于真理，不懂得处理个体和社会的关系，被动、消极、功利地对待人和事。如果这种现象不予重视，势必会对青年网民的未来产生极其严重的危害。

(四)网络议题碎片化风险巨大，主流意识形态话语弱势

由于时空限制，"每个社会主体很难亲身感知和体验这个世界上所有的事件或现象，而那些不能够为人所直接感知的事物，大部分由新闻媒介机构提供"③。在网络虚拟空间中，网民的话语权和自由权得到了充分的表达，他们放飞自我、畅所欲言，对任何一个网络议题都随心所欲发表着自己的见解，但由于网络信息传播具有明显的碎片化和选择性特点，网民所获得的信息大多是被刻意加工和变形之后的碎片化信息，因此他们针对网络议题的见解和情感不是建立在对客观事实的评价上，大多早已偏离本真，失去事件的本来面

---

① 王观：《网络助推"消费主义"吗?》，《人民日报》2015 年 4 月 24 日。

② [法]鲍德里亚：《消费社会》，刘成富、全志刚译，南京：南京大学出版社，2014 年，第 115 页。

③ 侯劭勋、都晓琴：《网络拟态环境下社会主义核心价值观教育的困境与出路》，《社会主义核心价值观研究》2016 年第 1 期。

目，导致主流意识形态叙事缺乏完整性，甚至经常处于被断章取义和遮蔽掩埋的状态，网民在这种情况下接触到的是非真实的、非主流的、不全面的，甚至是虚假的、反面的意识形态。同时，由于网络议题所承载的利益取向、关注角度和传播导向不同，传播过程中自然出现各种冲突矛盾，而当主流意识形态对冲突的处理不及时或者给出的解释达不到网民的心理预期时，对立性的谩骂、挖苦、抹黑、粗口、攻击等充斥着对抗和火药味的舆论及情绪就蔓延开来，在舆论场中不断传播、扩大，最终群体极化现象由此而生，导致政府公信力降低，负面舆论此消彼长，严重削弱了主流意识形态的权威性和力量，给了西方价值观以可乘之机。究其原因，主要是在网络意识形态话语权场域的争夺战中，主流意识形态的表达方式还停留在传统的"自上而下"的、"宏大叙事"式的说教或灌输，这种宣传方式在网民结构和受众性格特点以及时代变迁的背景下已经难以适应当下的网民需要。面对碎片化的网络信息带来的巨大风险，主流意识形态话语弱势主要表现在：一是主流意识形态话语权建构主体主要集中在政府层面和官方权威媒介，对民间媒介的融合度不高，使网民产生距离感；二是主流意识形态话语权建构较多发生在事后，总是以被动和滞后回应的姿态现身，丧失了话语权建构的最佳时机以及引导力、调控力和主导力；三是主流意识形态话语权的表达方式与网络接轨不够，说教和灌输色彩浓厚，往往产生逆反效果。

三、互联网舆论场视角下主流意识形态话语权建设的对策

"中国主流意识形态功能提升需要由虚入实、先虚后实，在理念和方法论指导下创新主流意识形态，同时应对多样化社会思潮，批判并引领之。"①立足于对互联网舆论场演化机理分析得出的启示，我们可以从几个方面提出针对性的建议，多维度地形成建设主流意识形态的合力。

（一）用好大数据，加强网络舆情的监测预警

在开放自由、匿名隐蔽、无拘无束的互联网环境中，虽然难以在事前对网络信息和网络议题产生做出审核和筛选，但在网络议题发酵和传播过程中可以做到实时监测和预警，并且大数据分析技术的应用使网络舆情分析和监督变得更加便利。因此，在对互联网舆论场演化机理做出正确分析之后，需要充分利用大数据技术，配备科技含量高、时代感强、性能高的硬件设备和软件系统，建立一支专业好、素质高、经验足的舆情监管队伍，时刻做到对纷繁多杂网络信息的提取、抽样调查和科学分析，既要能够通过提取与网络议题相关的全方面信息，分析网络舆情的时空分布状况，根据舆情的不同走向提供详细正确

① 程恩富：《提升主流意识形态功能的新视角》，《中国社会科学报》2018年5月17日。

和实时的舆情监测报告，进而对有可能会发生的舆情问题未雨绸缪，又要通过科学的大数据分析及时了解和掌握网民的心理诉求和精神追求，切实提高主流意识形态话语权建构和引导的有效性、针对性。

（二）抢夺主动权，优化舆论热点的议程设置

根据对互联网舆论场演化机理的分析得知，议题的产生是互联网舆论场构建的前提。这个议题和围绕议题相关的信息以及讨论的内容在互联网中被部分网民持续关注，并参与其中，这些议题受众的意见不断聚集、分化推动着舆论场慢慢形成。由此看来，最先发声的网络用户角色至关重要，他所制造的议题本身所附有的价值取向直接和率先影响着其他网民对事件的首要判断。“理论只要说服人，就能掌握群众；而理论只要彻底，就能说服人。”[①]因此，主流媒体需要对每时每刻发生的事件提高曝光效率，一定要在第一时间占据议题网络设置的主导权，并灵活运用网络传播的艺术技巧，通过大众容易接受和引起共鸣的表达方式把主流意识形态的价值导向转化为群体性价值追求，导入舆论场演化过程中，优化焦点议题和舆论关注的出彩点，使主流意识形态在潜移默化中主导着舆论场的走向、发展和消解。

（三）抢占全媒体，培养优秀的意见领袖队伍

在舆论场演化过程中，意见领袖在议题的讨论过程中行为积极踊跃、频频活动，专门为别人提供议题的相关信息，并对他人施加思想引导和观点影响，进而对互联网舆论场的形成、稳定和舆论走向起主导作用。因此，打造一支抢占全媒体各个阵地并坚定代表主流意识形态立场的意见领袖队伍意义重大。不仅需要积极主动和自发自觉地提供引导性观点，与主流媒体传达的言论巧妙配合和互相作证，充分发挥全媒体平台在舆论场演化过程中的整合作用，帮助主流意识形态构建绝对优势的舆论环境，而且要不断提高自身修养和专业水平，能够在网络议题的出现、发展和焦点议题的产生过程中，有能力与各式各样反主流、非正统的意见领袖开展对话和交锋，并能赢得更广泛的群众支持和拥护。

（四）重塑传播理念，发挥优势，占据主动

根据勒温“场论”理论，网络为舆论形成、传播、碰撞交流提供了广阔、快速、顺畅的传导平台，在全民网络时代，所有的网民都是集信息创作、发布、传播、接收、回应等为一体的自媒体人，在网络自由市场中每个网民在网络平台上自由发表言论，其他网民通过“加好友”和“加关注”等方式参阅其意见，通过分享和转载等形式传播意见，通过评论、打赏等功能强化或分流意见，进而完成互联网舆论场传播的整个链条。由此可见，对立的舆论场是不存在的，只是不同的表达方式构建了不同的舆论场。习近平总书记强调：“一种价值观要真

① 《马克思恩格斯文集》第1卷，北京：人民出版社，2009年，第11页。

正发挥作用，必须融入社会生活，让人们在实践中感知它、领悟它。”①因此，在互联网舆论场的演化过程中，主流意识形态更应该“发挥公信力的权威优势，通过深度报道占据价值观引导的主动权，有责任有义务为大众明辨是非”，尽力秉承反应及时又不盲目跟风、客观真实又主动理性的传播理念，充分发挥主流媒体的天然优势，占据舆论传播的主导地位。

（五）有坚守地进行话语范式转换与创新

经验丰富的西方国家在进行价值观渗透时，往往打着“反思”的旗号，对其他社会思想进行不切实际的批判和武断的指责，使得一些心智尚不成熟、思考问题容易简单化和理想化的网民，被那些思潮的时髦又富有蛊惑性的辞藻所迷惑。例如，新自由主义思潮片面强调自主性、民主、自由和人权，排斥和反对权威，这些理念迎合了一些网民渴望自由、反对约束的诉求，受到了广泛推崇和传播，出现了无视法规、自由散漫的不端行为。“在公众问题上，个人自由的追求也太容易失去节制和造成社会涣散。”②因此，面对网络中的这场意识形态话语权争夺战，主流意识形态要变劣势为优势，主动积极地进行话语转换和表达创新，在语言表达过程中及时利用大数据调研网民尤其是青年网民的语言习惯和话语表达方式，尽量能够通过话语范式的革新达到传递教育目的，比如当前新闻联播的“直播说主播”节目在语言表达方式上进行的改革，获得了观众的普遍认可。语言是有力量的，只有使网民喜欢听、喜欢看，才能在“润物细无声”和循序渐进中实现教育效果。

（六）构建平衡和谐的网络舆论生态环境

意识形态并不是束之高阁的、抽象晦涩的孤零零存在，而是根植于生活、扎根于人民群众实践的。因此，在互联网舆论场的演化过程中，主流意识形态要通过贴近群众生活情感在平衡和谐的网络舆论环境中传播出来。具体而言，一方面，积极构建和谐健康纯净的网络舆论环境。习近平总书记要求建设风清气正的网络空间，在互联网舆论演化的全过程中，对那些是非不分、三观不正、行为失范的网民要加大制裁力度，对主流价值和正能量要加大弘扬和宣传力度，形成主流价值观和主流意识形态的宏大威力和信服力，在无形和有形中变成网民的自觉思想引领和行为指导。网络的虚拟性对网络环境的净化提出了更高要求，“在这个空间里，做事的环境不会受到现实的监督，做事的结果也不会遭到现实性的惩罚”③。对网络环境的优化是当务之急，对善举要坚决鼓励、支持、倡导和奖励，对失范行为必须坚决抵制、谴责和惩罚，这样才能够

---

① 习近平：《把培育和弘扬社会主义核心价值观作为凝魂聚气强基固本的基础工程》，《人民日报》2014年2月26日。

② [美]大卫·哈维、赵夫增：《新自由主义和阶级权力的复辟》，《海派经济学》2007年第2期。

③ 孙海亮、严耕：《网络主体异化的原因分析》，《北京邮电大学学报（社会科学版）》2016年第7期。

给网民树立惩恶扬善、扶正祛邪的端正理念,只有在这种良好的舆论环境中,网民才会主动自觉地将网络道德内化为行为标杆。还要加强对网络信息的有效监管,建立应急工作机制,努力组建更加高端的监管机构,及时跟踪网民网络行为,净化网络空间,及时应对突发网络事件,并对网民的网络舆论做到有效疏导,达到对个别网络道德异化行为进行第一时间矫正和处理。另一方面,还需要网络管理者树立网络权威意识,可以通过不定期开展网民网络互动交流活动,加强面对面的网络道德教育,随时做好应对突发网络事件的应急预案,努力把任何一种的网络道德异化行为消除在萌芽中。尤为重要的是,加强网络监管人才培养和队伍建设。通过构建和完善全方位、全覆盖的网络监管队伍,要善于运用快速发展的科技革命的胜利果实和日新月异的高科技软件系统,采取拉网式排查和零遗漏监管对任何上传到终端的海量信息进行全面检查,树立主流意识形态的网络权威力量,为网络生态的良性运转提供强力的人才支撑。

四、结　论

习近平总书记在致中国记协成立80周年的贺信中明确提出:"希望广大新闻工作者坚定'四个自信',保持人民情怀,记录伟大时代,讲好中国故事,传播中国声音,唱响奋进凯歌,凝聚民族力量。"①面对这种复杂的社会舆论环境,科学分析和把握互联网舆论场的演化机理,进而寻求舆论观的最大公约数,更好地凝心聚力,正确构建主流意识形态网络话语权已经成为亟待解决的问题。2019年4月30日,习近平总书记在纪念五四运动100周年大会上的讲话中又指出:"把青年一代培养造就成德智体美劳全面发展的社会主义建设者和接班人,是事关党和国家前途命运的重大战略任务。"对于网民而言,网络媒体的开放性、便捷性和大众性使得任何人都可以成为网络信息的传声筒和评审员,促使网络舆论形成和传播神速,信息流还可以辐射到任何方向,舆论缺少把关人,舆论的导向功能弱化抑或是缺失,极易造成网络舆论失范。尤其在5G时代,一旦一个焦点事件被关注,立刻会引起网络上的火热讨论,这种舆论又以"蝴蝶效应"神速地波及到其他领域,引来各界的关注。然而由于许多网民思想和心理的不成熟,部分人思想道德素质欠缺,主体意识和反叛意识又强,对问题的看法和评价很难客观、科学,极易出现网络舆论活动的失范现象,其中网络炒作与网络恶搞、网络谣言和网络舆论暴力这三种现象最常见、影响最大。通过教育网民时时刻刻关注国情、了解党情,坚定不移跟党走,遵

① 习近平:《习近平致中国记协成立80周年的贺信》,http://www.xinhuanet.com/2017-11/08/c_1121925575.htm,2017年11月8日。

守国法党规、网络秩序和网络文明要求,始终坚持网络文化是互联网发展和进步的软实力,在吸收优秀传统文化的基础上,坚持时刻从网民网络行为参与的实际情况出发,引导网民树立"让尊重成为一种美德""让宽容成为一种品质""让文明成为一种习惯"的正确网络交往观念,形成良好的网络文化氛围,尤其是针对互联网给我国意识形态建设带来的机遇和挑战,深入剖析互联网舆论场演化机理,将主流意识形态的建设融入其全过程特别是关键环节,进而从几个方面做好主流意识形态话语权的提升工作:用好大数据、加强网络舆情的监测预警,抢夺主动权、优化舆论热点的议程设置,抢占全媒体、培养优秀的意见领袖队伍,发挥主流舆论优势重塑传播理念,有坚守地进行话语范式转换与创新,构建平衡和谐的网络舆论生态环境。

Research on the Construction of Mainstream Ideology Discourse Power from the Perspective of Internet Public Opinion Field

Ge Cong　Zhao Shan

Abstract With the rapid development of information technology and the increasing popularity of the Internet, the Internet has become the main battlefield of ideological struggles with more covert methods and more diverse means and an important field for the construction of mainstream national ideology. The evolution mechanism of the Internet public opinion field is a relatively complex and dynamic evolution process that goes through several stages, such as proposal, development, formation, climax, weakness, and disappearance. In view of the opportunities and challenges that the Internet brings to my country's ideological construction, an in-depth analysis of the evolution mechanism of the Internet public opinion field and integrating the construction of mainstream ideology into its entire process, especially the key links, is of great significance to the construction of mainstream ideology. In the new public opinion landscape, mainstream media and online media have changed from being independent of each other into two "concentric circles" that merge, interact, and seek common ground while reserving differences. Take a good look at the pulse of the evolution mechanism of the Internet public opinion field, scientifically analyze and grasp the evolution mechanism of the Internet public opinion field, and then seek the greatest common divisor of public opinion, better cohesion, and correctly construct the mainstream ideological network discourse from the following aspects power: make good use of big data, strengthen the monitoring and early warning of online public opinion, seize the initiative, optimize the agenda setting of public opinion hotspots, seize the entire media, cultivate excellent opinion leaders; use the advantages of mainstream public opinion to reshape the communication concept, and speak firmly Paradigm shift and innovation, and build a balanced and harmonious ecological environment of online public opinion.

Key words　Internet public opinion field; mainstream ideology construction; key links

2020 年新马克思经济学综合学派的新观点

陆　夏

内容提要　2020 年以程恩富教授为代表的新马克思经济学综合学派继往开来,针对世界政治经济形势的新变化,在不断创新马克思主义政治经济学的同时,也在新时代中国特色社会主义政治经学、资本主义政治经济学、国外经济学等四个研究领域提出了一系列创新性的理论及相应的政策思路。本文对其主要理论观点进行了归纳、总结和阐述,以进一步繁荣新马派经济学和中国经济学的学术研究。

关键词　马克思主义政治经济学;中国特色社会主义政治经济学;经济改革开放;当代资本主义经济;新马派经济学

中图分类号　F0-0

以中国社会科学院大学首席教授程恩富学部委员为主要代表的"新马克思经济学综合派"(以下简称"新马派"),遵循"马学为体、西学为用、国学为根、世情为鉴、国情为据、综合创新"的学术创新原则,以马克思经济学为基点,吸取古今中外合理经济思想,结合中外经济史和经济现实,试图构建超越马克思经济学、苏联经济学和西方经济学的中国经济学学派。从 20 世纪 90 年代至今,以"海派经济学"为前身并不断发展的"新马派",以其"海纳百川、推陈出新、探求真理"的学术风格在国内外学术界独树一帜,提出了一系列新观点,如"新的活劳动价值一元论""公平与效率同向交促变动论""社会主义三阶段论""'四主型'经济制度论""公有高绩效论""市场与国家功能性双重调节论""知识产权优势论""五次社会大分工论""新帝国主义论""全球化基本经济矛盾论""理论假设方法论""五过程政治经济学体系论""五观政治经济学体系论"等,形成了日渐完整的经济学学理体系,受到中外学术界的广泛关注。"新马派"是开放性的,2020 年自愿持"新马派"核心要义的学者又有不少经济学新作。本文梳理和归纳其中的部分新观点,以飨读者。

作者简介:陆夏,上海财经大学马克思主义学院副研究员。

一、马列主义政治经济学研究的新观点

(一)纪念恩格斯诞辰:重要思想与当代价值

2020 年恰逢恩格斯诞辰 200 周年。程恩富、苏州大学马克思主义研究院朱炳元教授发表《恩格斯对马克思主义政治经济学的重大贡献》一文[①],全面阐发恩格斯对创立和发展工人阶级政治经济学的巨大贡献。中国社会科学院大学马克思主义研究系博士生吕晓凤和程恩富教授撰写的论文[②]提出几个新观点:其一,当代工人阶级仍然具有历史发展的主体地位。有舆论否定恩格斯工人阶级自我解放思想的科学性,认为工人阶级的主体地位和历史使命并不存在。他们批评马克思主义经典作家从"经济决定论"出发,先验性地将工人阶级的利益与实现社会主义联系,并主观地赋予工人阶级历史主体地位。这一观点通过否认经济的决定性作用,割裂马克思主义经典作家从经济层面解决政治性问题的内在逻辑,得出经济领域的剥削不能必然使工人阶级成为革命主体的结论,因而把工人阶级争取自我解放的斗争看成是偶然发生的历史事件。这是十分荒谬的观点。恩格斯的"合力论"并没有否定经济是直接或间接或最终决定历史发展的基础和动力,而以拉克劳和墨菲为代表的学者不过是对恩格斯早已澄清的庸俗化唯物史观的理论进行当代翻版,企图消解马克思主义的阶级基础,否定当代工人阶级历史主体地位的客观性,其观点是无法立足的。当代工人阶级仍是资本主义社会劳动人口的绝大多数,当代工人阶级的历史主体地位没有改变。其二,否认或模糊阶级立场与利益的多元主体联合的观点具有暂时性,极易造成思想混乱。实践证明,真正彻底主张社会主义和共产主义的革命主体只能是工人阶级及其先锋队,其他各进步阶级和阶层只是这一革命的辅体、同路人、同盟军或统一战线对象。诚然,工人阶级与非工人阶级的具体人士是会随着思想政治言行的性质不同而改变原阶级属性的,是会流动的。资本主义基本矛盾并未改变,出卖劳动力受资本家雇佣的工人始终处于与资本家的对立中,当代工人阶级仍然具有彻底变革社会的诉求,仍然是实现社会主义的现实变革力量。其三,遵循恩格斯的教导,要增强工人阶级政党的领导。毋庸置疑,当代西方工人阶级政党的力量基础在于工人阶级,而当代工人阶级状况变化较大,但依然是分阶层、分行业和分地区的,因而政党工作必须处理好变化中的蓝领与白领、移民与非移民、城市与农村、民族与种族以及工青妇、工农商学媒(媒体)等各种关系,以增加党员人数和党的政

① 程恩富、朱炳元:《恩格斯对马克思主义政治经济学的重大贡献》,《马克思主义研究》2020 年第 10 期。

② 吕晓凤、程恩富:《恩格斯的工人阶级自我解放思想及其当代价值》,《湖湘论坛》2020 年第 5 期。

策影响力为主攻方向，积极维护以工人阶级为主体的全体劳动人民的应有权益，有效反击对工人阶级政党的各种造谣污蔑和遏制政策，充分施展工人阶级及其政党的斗争力和吸引力。其四，遵循恩格斯的教导，要灵活运用斗争方式和策略。恩格斯与马克思一样，都主张革命暴力与非暴力两种基本斗争方式，强调随时随地都要以当时的历史条件为转移。在当代，应首选合法的议会斗争、维护权益、媒体宣传和"街头政治"等非暴力的和平手段，但不否定搞暴力革命，尤其是那些穷人多、山地多、森林面积大、贫富差距大的国家，又有卓越军事家才能的革命领袖及其政党，在国内外条件具备时可以开展游击战争，进行武装斗争。其五，遵循恩格斯的教导，要促进当代工人阶级及其政党实行多种新形式的国际联合。世界社会主义的未来取决于国际无产阶级有效联合行动。目前，在新帝国主义占优势的国际格局下，要在充分认知资本主义与社会主义的"一球两制"共存竞争，"工人阶级共同体"与"人类命运共同体"并存发展的新形势、新课题，灵活借鉴恩格斯和马克思领导第一国际和第二国际的经验和原则，进一步加强多种新型的"国际联合"和国际统一战线。

程恩富教授在国外发表的不少论著受到重视。俄共中央主席久加诺夫在《真理报》发表《纪念恩格斯诞辰200周年：恩格斯的三大功勋》一文指出："马克思、恩格斯的主要著作创作至今已过去一个半多世纪。在这段时间里，资本主义变得更加残酷、不道德和破坏性。而资产阶级制度的深刻的、不可逆转的危机，从来没有像今天这样明显。国际研究机构的调查也证实了这一点，根据这些调查，地球上60%的人确信资本主义给他们带来了伤害，欧美一半以上的年轻人把自己列为社会主义的支持者。美国和世界的主要经济学家也在最近的言论中谈到了这一点：像约瑟夫·斯蒂格利茨、保罗·克鲁格曼、努里埃尔·鲁比尼、托马斯·皮凯蒂、程恩富。"①

（二）纪念列宁诞辰：重要思想与当代价值

列宁关于马克思学说的历史命运以及市场经济相关论述的当代启示。2020年恰逢列宁同志诞辰150周年。程恩富教授在2020年8月全国马克思主义原理论坛致辞时指出，列宁是俄国和国际无产阶级革命的伟大导师和精神领袖，列宁主义仅仅是马克思主义俄国化理论吗？列宁主义既是马克思主义普遍真理同世界无产阶级革命运动的具体实践相结合的产物，从而成为指导世界社会主义运动的理论、帝国主义和无产阶级革命时代的世界级马克思主义，又是马克思主义普遍真理同俄国革命和社会主义建设的具体实践相结合的产物，从而成为指导俄国革命和社会主义建设的理论、马克思主义俄国化

① [俄]久加诺夫：《纪念恩格斯诞辰200周年：恩格斯的三大功勋》，《真理报》2020年11月26日。

苏联化的理论。福州大学马克思主义学院舒展教授、郝睿琦[①]结合世界社会主义运动曲折前进的历史，结合中国特色社会主义进入新时代的现实，深入解析了列宁《马克思学说的历史命运》这篇经典著作所蕴含的价值，认为它不仅为我们揭示了唯物史观的马克思学说的科学性，而且昭示着我们该如何继承和发展马克思学说。第一，马克思主义的科学性，在世界社会主义运动和建设的实践中不断得到检验，并将在今后不断获得新证明，我们要坚定信仰，增强马克思主义理论自信；第二，形形色色的机会主义从来就没有停止过他们对马克思学说的诋毁或冒充，尤其是在世界社会主义运动低谷时期，因此，我们要坚持立场，继续批判各种非马克思主义的错误思想；第三，在进入 21 世纪，伴随资本主义制度固有的弊端和矛盾进一步加深和社会主义的深刻转变，我们应当坚守创新，续写 21 世纪马克思学说的新篇章。此外，复旦大学马克思主义学院张新宁教授[②]重温列宁关于市场经济的理论，尤其是列宁对市场经济与生产社会化内在联系的认识，指出列宁把社会分工作为市场经济的基础，市场经济同一定所有制关系的结合会随着生产力水平及其社会化程度的提高而呈现不同的层次，并在历史进程中呈现一定的阶段性。由此，张新宁教授提出，列宁关于市场经济的论述启示我们：我国自改革开放以来建立的社会主义市场经济不是照搬资本主义国家的“舶来品”，社会主义市场经济体制实际上是生产社会化的必要平台，因此，从生产社会化的视角分析社会主义市场经济的优势，要把握两个要点：一是坚持加强党对经济工作的集中统一领导；二是进一步发挥生产社会化的优势，着力建设现代化经济体系、深化供给侧结构性改革，实现产业链现代化，从而充分发挥社会主义市场经济体制的制度优势，不断丰富和完善社会主义基本经济制度，为实现中华民族伟大复兴提供更加成熟、稳定的制度保证。

关于列宁缔造的共产国际的历史价值及其精神的时代价值。共产国际成立 100 年来，在其存续的 24 年中为世界共产主义事业和民族国家的解放事业做出了不可磨灭的历史贡献。近几十年来，由于苏联解体和西方舆论的误导，共产国际的历史价值及其精神的时代价值被低估甚至歪曲。基于此，北京理工大学马克思主义学院刘新刚教授、程恩富教授[③]首先肯定了共产国际在思想、政治、经济以及军事领域具有重要的历史价值，指出共产国际通过编写文献资料、建立宣传平台和培养理论人才的方式传播思想，打破了思想理论层面的禁锢和封锁；通过协助在多个国家建立共产党组织推动各国共产党的建立

① 舒展、郝睿琦：《列宁〈马克思学说的历史命运〉价值评鉴与当代启示》，《毛泽东邓小平理论研究》2020 第 3 期。

② 张新宁：《论列宁对市场经济与生产社会化内在联系的揭示》，《经济纵横》2020 年第 7 期。

③ 刘新刚、程恩富：《共产国际的历史价值及其精神的时代价值》，《世界社会主义研究》2019 年第 12 期。

和发展以及世界反法西斯统一战线的形成;通过为世界各国革命事业提供强有力的资金支持及经济建设提供思路和方法上的指导促进了经济上的平稳发展;通过为各国共产党提供军事思想和军事斗争方法方面的支持以及提供军事物资和军事人才培养方面的支持促进了各国革命斗争的胜利,因此,可以说,共产国际为世界社会主义事业和民族国家的解放运动做出了不可磨灭的历史贡献。同时,他们还分析了围绕共产国际的三个主要问题,即共产国际解散问题、共产国际与苏共关系问题以及共产国际与中国革命关系问题,并深刻指出:第一,共产国际解散是为建立更广泛的统一战线以共同应对法西斯主义威胁而做出的战略抉择,共产国际的解散有益于其独立开展工作;第二,苏共只是承担大党责任而不是操纵共产国际,这主要是由各国共产党发展状况和共产国际的相关制度安排决定的;第三,尽管共产国际在对待中国革命问题上有若干失误,但为中国革命提供了马克思列宁主义的思想武器,为中国共产党确立毛泽东在全党领导的核心地位做出了重大贡献,其功绩大于失误。此外,当前面对当代资本主义以及社会主义发展的新状况,共产国际精神对于现时期推动社会革命、实现中华民族的复兴、构建人类命运共同体及社会主义事业具有重大时代价值,因此要推进共产国际精神的创造性转化。

(三)关于现代政治经济学的新体系和新观点

从2000年开始,程恩富、马艳、冯金华教授先后主编和出版了“五过程体系”《现代政治经济学》初级版、中级版和高级版一套新体系的完整教材。2020年,由程恩富教授、上海财经大学经济学院伍山林教授主编的《21世纪马克思主义政治经济学研究丛书》又是一个现代政治经济学的新体系,试图贯彻以劳动为元概念和主导概念、以剩余劳动为主线的思路。丛书由五册构成,分别是《渺观政治经济学》《微观政治经济学》《中观政治经济学》《宏观政治经济学》《宇观政治经济学》,分别由伍山林教授、刘美萍教授、韩艳红副教授、兰玲教授、陆夏副教授等撰写而成,属于国家出版规划重点项目,已由长春出版社出版。

湖南第一师范学院马克思主义学院贺汉魂教授①提出,马克思的劳动价值论实际上论证了财富由劳动者获取才合正义,劳动的根本意义决定了劳动既是劳动者的基本人权,也是有劳动能力者应履行的基本义务,劳动权利、义务公正分配是财富生产主体正义的实质所在。此外,关于利润率趋向下降规律,中国人民大学经济学院周钊宇博士、北京理工大学人文与社会科学学院宋宪萍教授②针对当前学术界存在的五个方面质疑(第一,规律是恩格斯而非马克思的,规律并非马克思危机理论的基础;第二,资本家能像节约劳动力那样

① 贺汉魂:《马克思进人民幸福的财富生产正义思想研究》,《西部论坛》2020年第5期。

② 周钊宇、宋宪萍:《马克思利润率趋向下降规律是错误的吗?——质疑检视与理论澄清》,《马克思主义研究》2020年第10期。

节约资本，资本技术构成不一定提高；第三，资本技术构成提高引致单位生产资料价值等因素发生变动，资本有机构成不一定随之提高；第四，“规律本身”无法从理论层面论证，且现实中存在一般利润率随资本有机构成提高而提高的微观机制，因此利润率不一定随资本有机构成提高而下降；第五，“起反作用的各种原因”能使“规律本身”无效），分别从理论层面做出了批判与澄清，并深刻指出，否定利润率趋向下降规律，否认利润率趋向下降规律在经济危机理论中的基础地位，就会动摇“两个必然”的正确性，就会危及科学社会主义的合理性。同时，两位学者还讨论了《资本论》中马克思危机理论的完整性与系统性①，批判了对马克思危机理论进行任意解构所形成的“没有马克思的马克思主义”的危机理论。刘新刚教授②则针对当前不断深化的金融虚拟化趋势指出，要合理利用金融工具达到其服务人类而非敌视人类的目的，亟须从“范畴发现史”和“范畴本质规定”两个层面深刻把握《资本论》中的虚拟资本范畴，如虚拟资本不同于一般资本的特殊经济关系规定性以及虚拟资本所具有的独特运行规律等，以得出深刻的、整体的和全面的认识，以立足马克思的虚拟资本理论探索合理规范金融发展的中国方案。四川大学经济学院贺立龙副教授、张衔教授等③也提出，根据马克思的虚拟资本理论，金融资本的积累必然取得独立的膨胀“自循环”逻辑，最终将推动金融部门和实体经济的反向运动态势。

张衔教授④通过对《资本论》及其手稿的文本研究发现，马克思对资本主义生产方式的研究包含着对数学方法的运用。马克思创造了一套关于资本主义社会生产的符号语言和体系，并用符号语言建构了与理论分析等价的经济模型。显然，数理方法是马克思经济学方法论的重要组成部分。运用数理方法研究和重述马克思经济学，使马克思经济学中蕴含的数理方法显性化，在一定意义上使马克思经济学形式化，是符合马克思经济学启发法的。但是，将马克思经济学形式化必须严格遵循马克思经济学原理，否则会导致严重问题。

加拿大艾伦·弗里曼教授⑤校对程恩富教授、汪桂进博士、朱奎教授著《劳动创造价值的规范与实证研究》英文版上下卷（卡努特国际出版社2018、2019年版）并发表评论，高度评价此专著对马克思经济学的传承和若干创新。

---

① 周钊宇、宋宪萍：《“没有马克思的马克思主义”危机理论批判：论〈资本论〉中马克思危机理论的完整性与系统性》，《经济纵横》2020年第11期。

② 刘新刚：《〈资本论〉中的虚拟资本范畴及其中国语境》，《马克思主义与现实》2020年第2期。

③ 贺立龙、张衔、曾钰婷：《金融与试题经济反向运动及再平衡的政治经济学分析》，《海派经济学》2020年第3期。

④ 张衔：《马克思经济学的形式化：概要性尝试——以〈资本论〉第一卷为例》，《政治经济学研究》2020年第2期。

⑤ ［加拿大］艾伦·弗里曼：《技术劳动和创造劳动的解释与管理：中国经济奇迹背后的理论——程恩富等著〈劳动创造价值的规范与实证研究——新的活劳动价值一元论〉第一卷评述》，《政治经济学研究》2020年创刊号；《劳动价值论、价值和价格：中西方马克思主义学者的历史性会晤——程恩富等著〈劳动创造价值的规范与实证研究〉第二卷评述》，《政治经济学研究》2020年第2期。

二、中国特色社会主义政治经济学研究的新观点

(一)关于中国特色社会主义政治经济学

程恩富教授、王朝科教授①提出，要形成一套逻辑自洽的现代马克思主义政治经济学的学术范畴体系，其进一步发展的基本思路是：第一，从中国特色社会主义经济发展的历史中抽象出中国特色社会主义经济的若干特征事实，正像当年马克思研究资本主义经济以英国为典型例证从而对当时英国的资本主义经济进行一系列抽象一样，如可以抽象出社会主义初级阶段、中级阶段、高级阶段以及共富、共享等范畴；第二，系统梳理马克思主义政治经济学的范畴体系并与中国特色社会主义经济的若干典型特征事实进行比对，发现二者之间的一致性和匹配性，构成中国特色社会主义政治经济学对马克思主义政治经济学范畴体系的直接继承，如商品、货币、价值和价格等范畴；第三，基于中国特色社会主义的特征事实，把那些虽不能直接构成中国特色社会主义政治经济学范畴体系的马克思主义政治经济学范畴，植入中国特色社会主义经济的实践素材加以发展，从而构成中国特色社会主义政治经济学范畴体系的一部分，如扩展改造后的公有资本、公有剩余价值等范畴；第四，从西方经济学或其他学科批判性地吸收科学合理的范畴，如制度费用、主权基金等范畴；第五，根据中外经济发展实践创造性地提出新的范畴，如新经济人、知识产权优势、准中心、新帝国主义等范畴；第六，依据科学范畴来建构话语体系，如依据"合作博弈"范畴来构建"一带一路"、金砖国家、上合组织等国际合作共赢，反对经贸关系中的霸凌主义等话语，依据"共同富裕"范畴来构建国民收入初次分配就要处理好公平与效率的关系、再分配更加注重公平，以及扶贫和提高低收入、扩大中收入、调控高收入等财富和收入分配领域等话语体系。

南开大学马克思主义学院石镇平教授②从总体上探讨了中国特色社会主义政治经济学的性质，提出，中国特色社会主义政治经济学是马克思主义政治经济学与现阶段我国具体国情相结合的产物，是马克思主义政治经济学在当代中国的具体实践和运用。要明确现实实践中的社会主义并非马克思所说的共产主义第一阶段，而只是从落后国家向共产主义第一阶段的过渡时期，中国特色社会主义政治经济学也并非马克思所说的共产主义第一阶段的政治经济学，而是过渡时期的政治经济学。我们要从实际出发，把科学社会主义基本原则与现阶段我国具体国情相结合，更好地建设中国特色社会主义，其最终目的

① 程恩富、王朝科：《中国政治经济学三大体系创新：方法、范畴与学科》，《政治经济学研究》2020年创刊号。

② 石镇平：《论中国特色社会主义政治经济学的性质》，《经济纵横》2020年第10期。

是为了过渡到共产主义。王天义教授[①]通过对新中国成立之初毛泽东同志所做的重大贡献提出,中国特色社会主义政治经济学的理论探索始于毛泽东。“解放、保护和发展生产力”“社会主义发展阶段”“走中国自己的工业化道路”“发展社会主义商品经济”“党对经济工作集中统一领导”“统筹兼顾地发展经济”“立足自力更生、积极‘向国外学习’”等都源于毛泽东的理论探索,它们奠定了中国特色社会主义政治经济学的理论基础。

(二)抗击新冠肺炎疫情与中国特色社会主义制度优势

程恩富教授与中国农业大学马克思主义学院罗玉辉讲师[②]、程恩富教授与上海财经大学马克思主义学院徐文斌博士[③]、浙江东方职业技术学院马克思主义学院谭劲松教授和边春慧助教[④]先后撰文,在全面梳理关于新冠肺炎疫情发生和蔓延的若干观点的基础上,阐述了抗击新冠肺炎疫情所彰显的我国制度优势。他们指出,中国特色社会主义的制度优势体现在:第一,党对抗击疫情的统一领导的中国特色社会主义制度的政治优势;第二,公立医院再现了以人民为中心、全心全意为人民服务的底色;第三,国有企业发挥了国之脊梁和民族希望的重大作用;第四,“两山”医院展现了社会主义集中力量办大事的制度优势;第五,封城封省、发扬中华民族牺牲小我保全大我的气节。这与美国福山教授和约瑟夫·奈教授认为中美抗击疫情的不同只是政府能力不同,而非中国制度优越的谬论形成鲜明对照。

(三)关于初级社会主义基本经济制度

1996年,程恩富教授主编《国家主导型市场经济论》一书认为公有制主体型多种产权制度、劳动主体型多种分配制度、国家主导型市场经济制度,是社会主义初级阶段的三项主要经济制度。党的十九届四中全会审议通过的《中共中央关于坚持和完善中国特色社会主义制度、推进国家治理体系和治理能力现代化若干重大问题的决定》提出社会主义基本制度的三项新内容。程恩富教授与上海对外经贸大学马克思主义学院王朝科教授[⑤]、程恩富教授与中国社会科学院马克思主义研究院张福军副研究员[⑥]的两篇文章,指出三项内容和层次是不同的,公有制为主体的所有制结构是整个经济制度的基础,决定了社会主义经济性质的总体格局,属于初级社会主义的根本经济制度;按劳分配为主体的分配结构是所有制结构的利益实现,决定了共富共享的总体格局;

---

① 朱鹏华、王天义:《毛泽东对中国特色社会主义政治经济学的理论探索》,《毛泽东邓小平理论研究》2020年第4期。

② 程恩富、罗玉辉:《中国特色社会主义制度优势和国家治理任务——由抗击“新冠肺炎”重大疫情引起的思考与建言》,《西部论坛》2020年第30卷第2期。

③ 程恩富、徐文斌:《抗击疫情彰显中国特色社会主义制度优势》,《唯实》2020年第3期。

④ 谭劲松、边春慧:《从与资本主义制度比较中把握中国社会主义制度自信》,《海派经济学》2020年第3期。

⑤ 程恩富、王朝科:《我国基本经济制度的新概括》,《前线》2020年第5期。

⑥ 程恩富、张福军:《要注重社会主义基本经济制度》,《上海经济研究》2020年第10期。

社会主义市场经济体制是经济资源配置的主要方式,决定了市场与政府双重调节的总体格局。关于这一问题,山东大学经济学院朱鹏华博士、中共中央党校(国家行政学院)经济学部王天义教授①也评析说,社会主义基本经济制度是理论创新、实践创新和制度创新相统一的重大成果,使公有和非公、公平和效率、政府和市场三维"坐标方向"从确立并存发展到向着有机统一的方向发展,从而为社会主义初级阶段的总体生产关系运动规律构建了更加全面和科学的"坐标系"。

(四)关于社会主义三阶段论

浙江省委党校杨俊副教授②、中国社会科学院大学本科生陈泓宇认为,程恩富教授在国内首创性地提出的"社会主义三阶段论",其核心要义和思想精华在于,首先研究划分社会主义发展阶段的基本视角,然后扼要提出社会主义发展的三个阶段,接着重点考察社会主义初级阶段的经济特征,最后概略分析社会主义中级阶段和高级阶段的经济特征。这一学说的学术价值、理论价值与现实价值在中外马克思主义和科学社会主义发展史的谱系与链条中具有基石性,而"社会主义初级阶段无规定论""社会主义初级阶段永恒论""社会主义初级阶段非科学论"等思潮都是错误的。

(五)关于农村集体经济

程恩富教授与河北金融学院张杨博士③客观评析了当前国内主张土地私有化或变相私有化的四个错误观点,包括"农村土地集体所有制产权不清""土地私有制是农村土地改革方向""农村土地私有化会使农民更为富裕"以及"'一田两主'制度是农村土地改革有效途径",并深刻揭示了这些主张实质上是通过固化家庭土地承包关系、架空农村土地集体所有权来变相实现农村土地私有化,根本违反了习近平总书记所强调的坚持农村土地农民集体所有、坚持"统分结合"发展集体经济与合作经济以实现全面小康和共富共享的总目标。而中国农业大学罗玉辉等④也对未来我国农村集体经济的前景感到担忧,他指出在"大集体"向"小集体"动态演进过程中,集体所有制的公有制性质可能会不断地演进为私有制,从之前保障公平的作用演变成为极少数人的私人财产,应当予以高度关注。

(六)关于对外开放

关于金融开放中的人民币国际化问题。东莞理工学院经济与管理学院刘

---

① 朱鹏华、王天义:《社会主义基本经济制度的理论创新与认识升华》,《马克思主义研究》2020年第8期。

② 杨俊、陈泓宇:《论新马克思经济学综合学派的"第一创新学说"——程恩富"社会主义三阶段论"思想评述》,《海派经济学》2020年第4期。

③ 程恩富、张扬:《坚持社会主义农村土地集体所有的大方向——评析土地私有化的四个错误观点》,《中国农村经济》2020年第2期。

④ 罗玉辉:《集体所有制将往何处去:基于一个理论假设的思考》,《深圳社会科学》2019年第6期。

伟教授与程恩富教授[①]提出，人民币国际化应该在马克思主义经济学指导下，充分考虑中国的实际情况和国际环境的影响，走不完全国际化道路，即让人民币在国际事务中充分发挥计价和结算职能。在短期内，进一步完善人民币计价和结算手段，保持汇率稳定，锚定石油或黄金等商品期货，实行人民币与石油或者黄金等商品期货以及其他国际货币双挂钩机制；在长期内，人民币随着国际货币体系的根本变革，以非主权国际中心货币"世元"体系重要组成部分的身份国际化。

关于对外开放理论和实践。苏州大学马克思主义学院朱炳元教授[②]指出，马克思关于世界市场的理论与考察经济全球化的方法论，是中国特色社会主义对外开放思想的理论基础。中国特色社会主义理论体系明确了对外开放的必要性、基本原则、基本要求和具体的实施方法，引领对外开放取得了巨大成就。朱炳元教授就此提出，要遵循以习近平同志为核心的党中央所提出的一系列对外开放的新思想、新理念和新战略，如在更大范围、更宽领域和更高层次上提高对外开放水平、打造人类命运共同体、构建以合作共赢为核心的新型国际经济关系、积极参与全球经济治理体系的改革和完善、推进"一带一路"倡议的实施、统筹国内国际两个大局等，从而把我国的对外开放理论提升到了一个新的水平，构建系统和完整的中国特色社会主义对外开放理论体系。

上海财经大学中国特色社会主义政治经济学研究中心马艳教授[③]阐发程恩富教授提出的"中国特色社会主义政治经济学八个重大原则"之首，即科技领先持续性原则，认为科技领先持续性原则首先是指科技要素作为社会经济系统的首要要素的决定性作用，其次是指科技作为系统的推动力具有可持续性，强调在对外开放中必须从"吸收、引进、模仿"向"自主研发、自主创新"转变。

关于现代化经济体系的产权基础。复旦大学马克思主义学院高建昆副教授[④]强调，公有制为主体、国有制为主导、多种所有制共同发展的社会主义现代化产权体系，是我国现代化经济体系的产权基础。社会主义现代化产权体系在我国现代化经济体系中的基础性地位，体现在现代化经济体系的各个环节、各个层面、各个领域，尤其是产业体系、市场体系、收入分配体系、城乡区域发展体系、绿色发展体系、开放体系、经济调节体系等核心子系统的建设过程中。

---

① 刘伟、程恩富：《人民币国际化战略选择问题探析——基于马克思货币理论》，《上海经济研究》2020 年第 7 期。

② 朱炳元：《中国特色社会主义对外开放理论和实践》，《新时代马克思主义论丛》2020 年第 2 期。

③ 马艳：《中国特色社会主义政治经济学科技领先持续性原则》，《政治经济学研究》2020 年创刊号。

④ 高建昆：《论现代化经济体系的产权基础》，《海派经济学》2020 年第 1 期。

关于零工经济剥削。厦门大学马克思主义学院肖斌副教授等①指出，随着互联网的不断发展，作为一种与生产资料相结合的新的劳动形态——零工经济。基于王亚南的《中国经济原论》关于工资形态变化与劳动形态演化之间内在联系的相关理论，肖斌等认为，零工经济在表象上确实具有更加贴合虚拟生活和吸引新型劳动者加入的特性，但是它在本质上不过是依托平台资本、数字资本存在且被新型外表包裹下的旧式用工形态，不管是在传统零工经济中，还是在新零工经济中劳动形态更加多样化，在劳动方式、雇佣关系、劳动保障方面较传统劳动者都具有极大的不确定性，在工资形态上，零工劳动所得在支付方式和数量上也极不稳定，因此，在零工经济形式中，资本对劳动剥削与榨取的本质并未改变。

（七）关于新经济人论

江西省社会科学院马克思主义研究部卢根源研究员②认为，程恩富教授提出的利己利他经济人理论即"新经济人论"具有学理性的重要价值。利己经济人必然会灭亡，利己利他经济人必然会诞生，利己经济人必然会向利己利他经济人转化是人类社会发展的必然规律。我国是以马克思主义为指导的社会主义国家，我国也是有以《易经》为源的五千多年历史文化的国家。中国共产党领导中华民族是在这样的国家建设中国特色社会主义，构建中华民族命运共同体。因此，必须高度重视马克思主义与以《易经》为源的中华文化关联的研究及其所具有的重大战略意义。而利己利他经济人理论所蕴含着的重大理论创新，不仅为这种研究指明了方向，而且还为认识中国特色社会主义制度和国家治理体系的显著优势提供了学理的视野。

（八）关于重提劳动竞赛

上海财经大学马克思主义学院徐文斌博士、上海海事大学马克思主义学院董金明教授③提出，社会主义市场经济的建立推动我国经济快速发展，但是市场竞争在激发市场的活力、提高劳动者积极性的同时，也存在着一定的弊端。通过对资本主义与社会主义的市场竞争进行对比，以及对劳动力在经济发展过程中的重要作用的分析，可以认为通过开展劳动竞赛来发挥劳动力的主体作用，是解决市场竞争效率缺失的重要途径。为此，应在企业内部管理以及企业外部经济环境中通过政府、市场和企业等各种力量组织劳动竞赛，以实现劳动者自身、企业以及社会经济整体的协调和可持续发展。

---

① 肖斌：《劳动形态对工资形态的影响及其对零工经济剥削研究的价值——基于王亚南〈中国经济原论〉文本的分析》，《当代经济研究》2020年第8期。

② 卢根源：《新经济人理论与中华民族命运共同体——基于马克思人的本质的视角》，《海派经济学》2020年第3期。

③ 徐文斌、董金明：《资本主义、社会主义与市场竞争——重提社会主义劳动竞赛》，《海派经济学》2020年第1期。

(九)关于中国与若干国家收入差距的比较

厦门工学院马克思主义学院李立男副教授①认为,中国经济体量增长迅速,同时收入差距也在扩大,基尼系数一度超越警戒线,中国最富1%、10%人口收入占比逐年增大。其中,基尼系数与日本、瑞典、德国、新加坡、英国、美国、法国相比,中国处于较高的位置;中国最富10%人口与最穷10%差距数值在这些国家中也较大。文章分析提出:(1)除了中国发展模式的特殊性外,历史与文化以及国家责任、市场化、层级化等都是影响收入差距的重要因素;(2)从日本、瑞典、德国、新加坡、英国、美国、法国实施的社会保障政策看,20世纪70年代以来实行的新自由主义经济政策是其根源;(3)中国想要缩短收入差距,应该摒弃国际上导致收入差距的做法。在具体的实施措施上注重政府的作用,从税收、教育、劳动者地位的提高、公共财富的管理等方面入手,缩短收入差距。

(十)关于依照宪法规定坚持推行计划生育

广东省委党校郑志国教授和程恩富教授②强调,在新时代应当依照宪法规定坚持推行计划生育,争取我国总人口回归适度区间,从根本上缓解对资源环境的压力,为实现社会主义现代化目标和中华民族永续发展创造必要条件。如果我国现在全面放开生育,总人口很可能在本世纪中叶突破极限规模,这是我国资源环境条件和社会主义现代化目标不能允许的。通过实行科学的人口规划和严密的法律、政策,对人们的生育行为进行合理引导、规范和调节,使总人口回归适度区间是完全可能的。要制定同第二个百年目标相适应的长期人口发展战略,积极预防和化解总人口适度缩减对经济发展的某些负面影响,正确处理坚持计划生育和应对人口老龄化的关系,做好新时代坚持推行计划生育的舆论导向工作。

三、资本主义政治经济学研究的新观点

(一)关于西方福利制度

针对百年以来西方资本主义国家福利制度理论和政策的主要变动和实质,以及当前资本主义国家通过削减社会福利来解决财政赤字的困境,曲阜师范大学经济学院冯玲玲副教授与程恩富教授③在回顾西方福利制度变动历史的基础上,深刻剖析指出,资本主义国家社会福利的理论、制度和政策的产生

---

① 李立男:《中国居民收入差距现状的国际比较研究——与日本、瑞典、德国、新加坡、英国、美国、法国的对比分析》,《海派经济学》2020年第1期。

② 郑志国、程恩富:《依照宪法规定坚持推行计划生育》,《海派经济学》2020年第1期。

③ 冯玲玲、程恩富:《从政治经济学视角认清西方福利制度变动及其实质》,《东南学术》2020年第2期。

和变化，既是马克思主义的影响、工人阶级的斗争和苏联社会主义国家的示范等综合发生作用的结果，也是资产阶级从长远整体利益出发进行缓和阶级矛盾和提高工人素质的改良主义的结果。他们同时指出，与马克思所处时代不同，当代资本主义国家工人获得劳动力商品价值的途径主要有两种：一种是通过企业初次分配而获得的工资类收入；另一种是通过国家再分配而获得的福利类收入，其中福利类收入只是资产阶级把剥削来的一部分劳动力价值以社会福利的形式返还给劳动者而已。在影响财政收支的四大因素中，削减社会福利不应当成为当前西方国家解决财政赤字问题的良好出路，而应更关注惠及富人和大公司的历次税改方案、巨额军费开支以及与效率低下共存的逐年膨胀的政府行政开支。当前在影响西方财政收支困境的四大因素中，垄断资产阶级政府维持或增加巨额军费开支和行政开支，减少富人税收和社会福利（主要是穷人等劳动阶级获得），这种“紧缩”财政对策本质上是“以垄断寡头为中心”的发展思想，而非“以人民为中心”的发展思想，必然遭到工人阶级和广大劳动人民的反抗。

谢长安副教授[①]研究当代西方资本主义国家存在的治理危机问题并提出，西方国家治理的实质是以资本为中心的治理，这是由生产关系的资本主义性质所决定的。西方国家治理危机的产生机理就在于少数寡头弱化了国家治理主体，跨国垄断资本侵蚀了国家主权，信息革命动摇了它们的民主制度根基。因此，随着危机的加剧，资本主义经济和政治制度的弊端以及西方国家治理体系的缺陷将更加凸显，并产生长期的负面效应。

（二）关于当代资本主义新特征

（1）监控资本主义。2008年美国金融危机后，以数字化、智能化和网络化技术为核心特征的“第四次工业革命”使美国进入监控资本主义时代。针对这一美国资本主义的新变化，辽宁大学马克思主义学院高斯扬副教授与程恩富教授[②]对监控资本主义视阈下的技术权力进行了全面的分析。他们指出，为资本增殖服务的技术权力是这一时代的独特标志。这一技术权力产生于智能系统占有行为剩余的活动，通过数字平台组织的动态不完全竞争扩展，入侵个体的现实生活。它的独特应用是个体生命政治，即通过控制信息文本规训个体的认知、行动和情感，将个体的自由转换为工具主义的必然。它的社会影响是“大他者”，即以剥夺循环、政治引导和文化牧领为特征的极端社会管理权力。在此基础上，他们提出，反思监控资本主义视阈下的技术权力，应警惕技术的政治属性。同时，针对新时代中国特色社会主义的科技创新，他们建议，应以社会主义制度作为根本保障，始终坚持以人民为中心的技术发展。

---

① 谢长安：《当代西方资本主义国际治理危机论析》，《贵州社会科学》2020年第7期。

② 高斯扬、程恩富：《监控资本主义视阈下的技术权力探析》，《内蒙古社会科学》2020年第41卷第4期。

(2)“逆全球化”。福州大学马克思主义学院舒展教授①研究指出，近年来西方发达国家的“逆全球化”趋势，不同于以往经济全球化进程中曾经出现的由于利益受损而转向的贸易保护主义，也不同于发展中国家由于处于经济全球化的不平等地位而采取的“反全球化”运动。它恰恰暴露了传统的经济全球化是西方资本主义国家维护其国际垄断资本利益的不合理的手段之所在。该文认为，西方发达国家尤其是美国特朗普政府的逆全球化举措的实质，并不简单是由于利益受损，而是预见优势将失情况下的反制，目的为了继续维持其在经济全球化秩序中的格局红利。韩艳红副教授②则运用列宁帝国主义论分析了美国对中国发起贸易战的原因并指出，中美贸易顺差是美国经济结构金融化、全球价值链分工体系、美国控制对中国高技术产品出口、美元霸权等原因造成的，根源在于帝国主义时代资本主义生产方式的社会矛盾、阶级矛盾的激化，美国向外转嫁危机，本质是帝国主义美国与迅速发展的社会主义中国两种不同社会发展道路在全球经贸领域的反映。

上海海事大学马克思主义学院尹兴讲师③认为，全球化进程因金融化的渗透而危机重重，而逆全球化进程却依然避开金融化问题而缘木求鱼。全球化和逆全球化从金融化视角看存在同一性，始终是选择性全球化，先通过双重标准强化金融霸权地位占有更多国际剩余价值，然后逃避由此带来的国内压力和国际责任，并日益依赖高度发达的全球金融体系来占有和实现国际国内剩余价值。此外，上海财经大学马克思主义学院陆夏副研究员④也指出，在全球资源控制这类领域中，伴随经济全球化以及金融与信息网络技术的创新与发展，当代国际垄断资本在跨国资源垄断中也呈现出了新的策略，包括借助经济援助与低成本融资模式深化对发展中国家水资源的控制、通过国际资本市场运作实现优质矿产资源全球化配置控制资源定价权、以垄断全球评级业的国际信用评级机构为依托主导国际话语权操控国际资本市场等。作为应对策略，我国应该扶持国有及大型民族企业，加大研发投入、实施“走出去”战略，与以外资为背景的强大国际垄断资本展开竞争。

(三)关于西方资本主义国家的文化传播

文化的国际传播指的是一个国家的文化理念通过文化产品或服务等载体传入其他国家，被其他国家民众了解、接受和认同的过程。当代，随着“冷战”的结束，全球化进程以及民族国家利益和意识形态对立的某种变化，各个国家

① 舒展、郑丛璟:《西方国家“逆全球化”的实质与中国新全球化方案》,《理论与评论》2020年第2期。

② 韩艳红:《美国发起对中国“贸易战”的动因及本质研究——基于列宁〈帝国主义论〉的视角》,《教学与研究》2020年第3期。

③ 尹兴:《金融化视角下的全球化和逆全球化》,《海派经济学》2020年第3期。

④ 陆夏:《当代国际垄断资本全球资源控制新战略及我国的对策》,《政治经济学研究》2020年创刊号。

逐渐将推动文化的国际传播上升为国家战略，使之具有明确的政治、经济和意识形态的现实诉求。新乡学院马克思主义学院郭志伟博士与程恩富教授[①]研究了美国、法国、英国、日本、韩国等西方主要资本主义国家出于自身政治、经济和意识形态需求，不断推动其本国文化的国际传播，增加了全球化的复杂性。他们指出，这些国家利用其先发优势，通过不同的手段不遗余力地向世界其他国家输出其意识形态，谋求文化霸权，目的是营造更加有利于其资本扩张和追逐更高剩余价值的文化环境。尽管它们之间有所竞争，但出于意识形态的一致性，它们相互合作、互为补充，在国际上构建了资本所好的文化话语范式，垄断了国际话语权。总体上看，这些国家文化的国际传播既有文化帝国主义扩张性和庸俗性的一面，也有满足他国人民文化需要的合理性和进步性的一面。因此，他们指出，分析其文化国际传播战略和策略，对我国抵制资本主义文化入侵，维护国家文化安全，推动中国特色社会主义文化的国际传播是有益的。

(四)关于世界贫富多极化

郑志国教授[②]认为，世界不同国家之间的贫富多级分化是自近代以来在资本国际侵蚀下出现的。发达资本主义国家通过国际贸易中的单向不等价交换、国际投资收入的不合理分割、国际金融活动、军事资本的职能作用，不断侵蚀广大发展中国家利益，实质上是通过资本国际运作，侵蚀中低收入国家的劳动成果。面对世界贫富多级分化与资本国际侵蚀，中国和其他发展中国家要大力提高开放质量和效益，调整和优化开放结构，纠正片面强调出口创汇和追求顺差的偏向，更加注重引进外资的质量和效益，改进评价指标和方法，在维护外资企业作为市场主体与内资企业平等地位的同时强调收入合理分割。国际社会有必要积极探索建立以国民总收入为中心指标的核算体系，完善按购买力平价法计算各国经济总量的方法。广大发展中国家只有发奋努力，加快自身发展，才能摆脱受侵蚀地位，最终消除世界贫富分化，实现全人类共同富裕。

关于与世界经济的不平衡发展。上海财经大学马克思主义学院王鹏博士[③]认为，不平衡发展是世界经济长期发展的一种客观存在。本文建立只考虑发达国家和不发达国家且每个国家都有工业部门和农业部门的模型来分析经济发展的不平衡。模型分析结果表明，当存在贸易且资本在不同国家流动时，世界经济是从不平衡发展走向平衡发展，再到不平衡发展的动态变化过程，发达国家为维护自身利益可能采取措施限制不发达国家的发展。当前，单

---

① 郭志伟、程恩富：《若干发达国家文化的国际传播——以美国、法国、英国、日本、韩国为例》，《马克思主义文化研究》2020 年第 1 期。

② 郑志国：《世界贫富多级分化与资本国际侵蚀》，《政治经济学研究》2020 年第 2 期。

③ 王鹏：《世界经济不平衡发展规律新考量》，《海派经济学》2020 年第 3 期。

边主义、保护主义等违背经济发展规律的手段被不断使用，这会为不平衡发展规律的研究，以及探索我国在世界经济不平衡发展中的解决办法提供依据。

(五)美欧抗疫情的新自由主义后果

刘新刚教授、北京理工大学人文与社会科学学院博士生裴振磊和博士后石秀[①]认为，2020 年新冠肺炎全球爆发并引发恐慌，美股暴跌，国际经济形势剧变。研判美国经济走势需引入"事件—金融—危机"连锁分析视角，而西方经济学中没有现成理论。由此文章提出：(1)《资本论》有大量相关论述，有助于提炼形成金属货币本位下的"事件—金融—危机"连锁理论；(2)鉴于货币政策成为当今影响金融运行的重要变量，因此可以进一步制定货币政策参与下"事件—金融—危机"连锁理论；(3)以此观察新冠疫情下金融、经济连锁运行，可以给出美国经济进入不可避免的衰退期这一基本判断和几种可能的具体轨迹。广东省社会科学院副研究员李雪阳、吉林财经大学副教授孙立冰[②]认为，一般主流观点将之归因为西方各国政府错失抗疫"窗口期"、无视中国抗疫模式和经验、"去工业化"等。然而，恰如马克思在《资本论》中指出的"工人的肺结核和其他肺部疾病是资本生存的条件"所深刻昭示的那样，导致欧美抗疫困局的深层原因无疑应当到作为当前资本主义主流意识形态和主要经济政治制度的新自由主义那里去探寻！

(六)关于美国财政危机与减税

河南大学任传普副教授[③]从 2018 年 12 月开始的美国政府停摆事件入手，通过对美国政府停摆及其原因进行分析，指出导致美国政府停摆的表面原因是积重难返的财政困境和债务危机而引起的两党关于预算提案和执政理念的斗争；内在原因是全球私有化进程中，两党背后的垄断寡头集团为了夺取政治资源、实现自身的政治利益和经济利益而进行的斗争；根本原因是生产资料的资本主义私有制及其政治制度与全球经济一体化之间的矛盾。兰州大学马克思主义学院庞庆明副教授[④]认为，当前美国政府大规模减税遵循的是公共利益私有化、资本流动自由化、民生领域市场化、美国利益最大化、利益实现短期化的新自由主义理念或原则。由于税改服务于少数大垄断资本利益最大化的现实需要，且违背利益共同体、责任共同体和命运共同体理念，因而随着减税短期效应的趋于消退，不仅两极分化、信用危机、经济萧条等资本主义制度痼疾并未消除，而且还加剧了全球金融风险，诱发国际贸易长期低迷，影响资源在全球的合理配置及世界生产力的中长期增长，甚至使世界战争发生的可

① 刘新刚、裴振磊、石秀：《疫情、危机与中国对策：〈资本论〉的视角》，《海派经济学》2020 年第 2 期。

② 李雪阳、孙立冰：《欧美抗疫实践及困局镜像之中的"新自由主义"魅影》，《海派经济学》2020 年第 2 期。

③ 任传普：《当前美国财政困境与垄断寡头的政治经济学分析》，《海派经济学》2020 年第 1 期。

④ 庞庆明：《美国减税的新自由主义实质及其影响》，《海派经济学》2020 年第 1 期。

能性大为增加。

(七)关于美国工人罢工运动

贵州财经大学经济学院钱玉波副教授①以1776年至2018年美国工人罢工运动为研究对象,分析了美国建国以来工人罢工运动的发展阶段和发展历程,并对罢工强度与经济周期、实际收入及工会密度的关系展开讨论,最后展望了近年来罢工运动新趋势。1776年至2018年美国工人罢工运动强度呈现出明显的先上升后下降趋势,工人罢工运动经历了孕育、成长、高潮和衰退四个阶段。美国工人罢工运动强度大多与经济周期、工会密度呈正向关系,与实际收入生产率差距呈负向关系。工人实际收入与生产率的差距扩大和工会密度下降分别从正反两个方面揭露了罢工强度持续下降的实质,即劳动所创造的价值本应由工人和资本家共同分享,但生产率提高形成的人口相对过剩伴随着产业转移、经济周期及所谓美式民主制度的出现,使得劳工在与资本的斗争中逐渐落入"权益分成少、抗争成本高"的囹圄境地。近年来以美国公立部门为主要力量的工会运动开始回归,公立部门员工争取自身权益的罢工活动亦在增多。

四、国外经济学研究的新观点

(一)关于庸俗化计量经济学

中山大学岭南学院朱富强副教授②指出,现代经济学的实证分析和计量应用变得越来越媚俗化和庸俗化,盛行这一学术取向的主要原因大体上在于:(1)研究者知识结构的日益狭隘,使得他们局限于事物的表象解释而无法深入揭示事物的本质;(2)学术界功利主义的日益盛行,使得他们以商人心态偏向容易被接受的主流化研究方法。众多经济学人在对现实社会环境缺乏基本理解的情况下牵强附会地运用计量软件来寻找各变量之间的关系,其所得出的结果根本无助于现象预测或实践指导,对此我们应该加以审慎反思。

(二)关于市场工资的不公平性和无效性

朱富强副教授③指出,现实市场定价具有明显的锦标赛制特征,其价格主要或仅仅与劳务或产品所属等级相联系,在劳动市场上表现为工资随职位提升而呈跳跃式增加。这种工资制度既不遵循生产成本原则或劳动投入原则,也不遵循客观功用原则或产出贡献原则,从而是不公平的。他同时指出,锦标赛定价体系之所以流行,根本原因在于,市场经济中的权力结构是不对称的;

---

① 钱玉波:《美国工人罢工运动:发展历程、特征与新趋势(1776—2018)》,《海派经济学》2020年第1期。

② 朱富强:《计量经济分析何以滥用:知识结构和学术风气的剖析》,《云南大学学报》2020年第3期。

③ 朱富强:《锦标赛制市场工资的性质拷问:公平性与有效性》,《当代经济研究》2020年第1期。

尤其是,权力碎片化发展使得极少数强势者拥有了市场定价的权力。这意味着,所谓的“人民资本主义”并不能实质上缩小收入差距,而只是少数人攫取社会大众财富的遮羞布。现代主流经济学的“理性”分析是建立在市场主体的同质化之基础上,它严重忽视和否定了现实市场中的权力结构问题,从而也就必然会漠视市场定价的社会基础,更无法识别市场机制的内在缺陷。

(三)关于自由主义企业家观

朱富强教授[①]指出,作为奥地利学派信徒的张维迎认为,通过自由竞争和企业家精神来为市场的有效性提供支持,由此主张废除政府监管,废除反垄断法,废除产业政策,这是错位的。原因在于,而他的这种分析都是建立在“为己利他”行为机理的基础上,既没有对这一行为机理的具体践行进行探讨,也无视了市场行为背离这一行为机理的可能现实。因此,张维迎对一些似是而非的命题(如市场经济是保持经济可持续增长的唯一制度,企业家精神是市场有效、有序运行的核心驱动力)也就缺乏反思;相应地,张维迎基于奥地利学派的企业家才能观所得出的一系列论断和政策主张也就经不住逻辑的考辨。

综上所述,2020 年是一个极不平凡的年份。在世界经济政治形势风云变幻的今天,在全国人民众志成城抗击新冠肺炎疫情、共克时艰的同时,“新马派”学者在学术研究中砥砺奋进,取得了丰硕的研究成果,在创新马列主义政治经济学、完善中国特色社会主义政治经济学、客观评析西方资本主义经济和国外经济学等四个领域中皆有建树,为 21 世纪和当代中国马克思主义经济学的发展贡献了自己的智慧和力量。

The New Perspectives of the Comprehensive School of New Marxist Political Economy

Lu Xia

Abstract　In 2020, the comprehensive school of new Marxist political economy, represented by Professor Cheng Enfu, carrying on the past and opening up the future put forward a series of innovative ideas in the fields of socialist political economy research with Chinese characteristics, capitalist political economy research and foreign economics research in view of the new changes in the world political and economic situation, while constantly innovating Marxist political economy in the new era. In this paper, the main theo-

① 朱富强:《张维迎的企业家观错在何处:假设与逻辑》,《当代经济研究》2020 年第 8 期。

ries and views are summarized, analyzed and elaborated, in order to further prosper the academic research of the comprehensive school of new Marxist political economy.

Key words Marxist political economy; socialist political economy with Chinese characteristics; economic reform and openning up; contemporary capitalist economy; the comprehensive school of new Marxist political economy

本刊已许可中国学术期刊(光盘版)电子杂志社在中国知网(CNKI)及其系列数据库产品以及万方数据库中以数字化方式复制、汇编、发行、信息网络传播本刊全文。作者向本刊提交文章发表的行为即视为同意我刊上述声明。

图书在版编目(CIP)数据

海派经济学.2021.第19卷.第1期:总第73期/程恩富,顾海良主编.—上海:上海财经大学出版社,2021.3

ISBN 978-7-5642-3790-5/F・3790

Ⅰ.①海… Ⅱ.①程… ②顾… Ⅲ.①经济学—丛刊 Ⅳ.①F0-55

中国版本图书馆CIP数据核字(2021)第095374号

□ 责任编辑 袁 敏

□ 封面设计 张克瑶

海派经济学

程恩富 顾海良 主编

上海财经大学出版社出版发行

(上海市中山北一路369号 邮编200083)

网 址:http://www.sufep.com

电子邮箱:webmaster@sufep.com

全国新华书店经销

江苏凤凰数码印务有限公司印刷装订

2021年3月第1版 2021年3月第1次印刷

787mm×1092mm 1/16 13.25印张 252千字

定价:24.00元